Daniela Kloock · Von der Schrift- zur Bild(schirm)kultur

Daniela Kloock

Von der Schrift-
zur Bild(schirm)kultur

Analyse aktueller Medientheorien

Wissenschaftsverlag Volker Spiess

Die Deutsche Bibliothek – CIP-Einheitsaufnahme

Kloock, Daniela:
Von der Schrift- zur Bild(schirm)kultur : Analyse
aktueller Medientheorien / Daniela Kloock. – Berlin :
Wiss.-Verl. Spiess, 1995
 ISBN 3-89166-184-3

© 1995 Wissenschaftsverlag Volker Spiess GmbH, Berlin
Titelphoto: Wolfgang Best, Heidenheim
Gesamtherstellung: WB-Druck, Rieden
ISBN 3-89166-184-3

Inhaltsverzeichnis

	Einleitung	7
1.	**Medien im Kontext gesellschaftswissenschaftlicher Theorienbildung**	**11**
1.1	Medien und soziologische Theorien: T. Parsons - N. Luhmann - J. Habermas - S. J. Schmidt	11
1.2	Medien und diskursanalytische, semiotische Theorien: F. Kittler - J. Baudrillard	25
1.3	Rekurs: M. McLuhan - M. Horkheimer/T.W. Adorno - W. Benjamin	38
1.4	Begriffsklärung - Zusammenfassung - Kritik	49
2.	**Aktuelle Medientheorien: N. Postman - V. Flusser - P. Virilio. Ergebnisse einer vergleichenden Analyse**	**57**
2.1	Realität(swahrnehmung) ist eine Konstruktion der Medien	58
2.1.1	Konstruktion von Realität durch Sprache und Fernsehen	58
2.1.2	Realitätswahrnehmung und Empfindung auf der Grundlage apparatetechnischer Modelle	60
2.1.3	Industrialisierung der Realitätswahrnehmung	64
2.2	Medienrevolutionen sind Kulturrevolutionen	67
2.2.1	Der medienökologische Ansatz	67
2.2.2	Revolutionierung kultureller Gedächtnisspeicher	71
2.2.3	Ästhetik des Verschwindens	74
2.3	Politik, öffentlicher Raum, gesellschaftliche Organisationsformen und Medien	78
2.3.1	Das totale Amüsement	78
2.3.2	Die telematische Gesellschaft	81
2.3.3	Démocratie cathodique	83
2.4	Der Mensch wird durch Medien ersetzt	86
2.4.1	Das Technopol	86
2.4.2	Korpuskeltheorie	89
2.4.3	Die Telepräsenz	91
2.5	Medienethische Forderungen	95
2.5.1	"We need storytellers"	95
2.5.2	"Analyse kommunikologischer Strukturen"	97
2.5.3	"Blockade des Transpolitischen"	99

2.6   Theoretische Ausgangspunkte   102
2.6.1 Toronto school   102
2.6.2 Entropie   106
2.6   Technikgeschichte/Militärwissenschaft/Urbanistik   109

2.7   Zusammenfassung/Kritik   110
2.7.1 Ad Postman   110
2.7.2 Ad Flusser   114
2.7.3 Ad Virilio   120

3.   Von der Schrift- zur Bild(schirm)kultur   125

3.1   Die aktuellen Medientheorien und ihr Verhältnis
       zur Problematik "Bild versus Schrift"   125
3.1.1 Ad Postman   125
3.1.2 Ad Flusser   128
3.1.3 Ad Virilio   132

3.2   Die Schrift   136
3.2.1 Schrift als Notationssystem   136
3.2.2 Orale Mnemotechniken   138
3.2.3 Orale Noetik   140
3.2.4 Phonetisches Schriftsystem   143
3.2.5 Chirographische und typographische Schriften   148
3.2.6 Wo beginnt Schrift?   152

3.3.   Das Bild   157
3.3.1 Der ontologische Realismus des
       photographischen Bildes   159
3.3.2 Der ontologische Realismus des Filmbildes   161
3.3.3 Apparatus-Theorie   165
3.3.4 Semiotik des Filmbildes   168
3.3.5 Fernsehbilder   170
3.3.6 Computerbilder   172
3.3.7 Was ist ein Bild?   174

4.   Zusammenfassung und Diskussion   179

5.   Interview mit Neil Postman   187
       Interview mit Vilém Flusser   200
       Interview mit Paul Virilio   216

       Literaturverzeichnis   225

Einleitung

Im historischen wie kulturellen Vergleich ist die Durchdringung unserer Gesellschaft mit technischen Informations- und Kommunikationsmedien etwas Neuartiges. Technische Medien bestimmen Kommunikationsverhältnisse, die jenseits von direkten in unmittelbaren Raum- und Zeitkoordinaten verorteten Gesprächen liegen, jenseits von direkter zwischenmenschlicher Verständigung und sprachlicher Konsensbildung. Mit den Medien der Telekommunikation, mit den informationsverarbeitenden Technologien werden immer deutlicher physikalische Systeme als Informationsproduzenten und "Informationsverarbeiter" ge- und benutzt, so daß bereits von einer weitreichenden "Technifizierung der informationellen Umwelt" (Haefner, 1989) gesprochen wird.

Die "Evolution der technischen Medien" wurde in der Zunahme von Medien pro Zeiteinheit empirisch nachgewiesen (Merten, 1994). Gezeigt wurde auch, daß sich einzelne technische Medien immer weiter ausdifferenzieren (Berg/Kiefer, 1992). Das Informationsangebot heute steigt innerhalb einer Generation um 4000 Prozent (Merten, 1994). Die wachsende Programmvielfalt des Fernsehens oder die Anzahl der täglich geführten Telefongespräche machen deutlich, daß Kommunikation, Informationsvermittlung und soziale Wahrnehmung immer abhängiger von Medientechnologien werden. Wenn man davon ausgeht, daß der Zugang zur Wirklichkeit insgesamt mehr und mehr über technische Medien erfolgt, üben diese eine Definitionsmacht aus, die progressiv anwächst (Adoni/Mane, 1984).

Empirische Untersuchungen zu diesem Thema liefern aufschlußreiche Daten über den Verbreitungsgrad, die Ausdifferenzierung und auch über die Nutzung und die Wirkung von Medien. Problematisch ist allerdings, daß die Empirie sich auf wissenschaftlich überholte Standards und widersprüchliche Grundkonzepte bezieht (Merten, 1994). Neuerdings wird dies von Vertetern des Faches kritisch diskutiert. Arbeit an den theoretischen Grundlagen sei dringend erforderlich, differenziertere Kommunikationstheorien würden benötigt.

In der vorliegenden Arbeit wird ein genuin theoretischer Zugang gewählt und zwar vor dem Hintergrund der Überlegung
- daß die Kommunikationsdimension die Entwicklung bzw. den Zustand einer Gesellschaft entscheidend markiert und

- daß der Übergang zu einer hochmodernen Gesellschaft nur durch den Einsatz und die Entwicklung damit korrespondierender Medien möglich ist.
Damit wird Information bzw. Kommunikation in den Fokus einer Gesellschaftsbeschreibung gerückt, die auf der Prämisse beruht, daß diese als Produktionsfaktor wie Konsumgut, als Kontroll- wie Steuerungsmittel wichtiger werden. Dies läßt sich einerseits belegen durch Ergebnisse des "information economy"-Ansatzes (Hensel, 1990; Ito, 1989; Machlup 1962) andererseits durch konstruktivistisch inspirierte Theorien selbstorganisierter Systeme, die auch in technik-soziologischen Studien zunehmend an Relevanz gewinnen (Bell, 1989; Brünne et al., 1987; Giesecke, 1991).

Davon ausgehend ist von zentralem Interesse, inwieweit die aktuelle soziologische Theorienbildung die neuen d.h. die technischen Informations- und Kommunikationsverhältnisse reflektiert, bzw. inwieweit sie Ansatzpunkte zu deren Konzeptualisierung liefert. Ausgewählt wurden zunächst die Theorien von Jürgen Habermas, Niklas Luhmann und Siegfried J. Schmidt, die sich vorrangig mit Fragen der Kommunikation vor dem Hintergrund des Gesamtsystems Gesellschaft beschäftigen und die Medien selbst - Medien hier im Sinne der Systemtheorie - in ihrem Funktions- und Organisationszusammenhang analysieren. Mittels Diskursanalyse soll 1. herausgearbeitet werden, welche Begriffe/Modelle dem Verständnis von Kommunikationsprozessen jeweils zugrunde liegen, 2. wie das Problem der veränderten Kommunikationsverhältnisse reflektiert wird, und 3. inwieweit das Phänomen der technischen Medien in die Konzepte integrierbar ist. Die Leerstellen, die sich aus den jeweils spezifischen Herangehensweisen der Theoretiker ergeben, sollen herausgearbeitet und kritisiert werden. In einem weiteren Schritt werden auch die Theorien von Jean Baudrillard und Friedrich Kittler sowie der "Vordenker der aktuellen Medientheorien" (Marshall McLuhan; Theodor W. Adorno, Max Horkheimer und Walter Benjamin) in bezug auf die formulierte Fragestellung hin untersucht.

Aktuell, aber bisher nicht wissenschaftlich diskutiert sind die Ansätze von Neil Postman, Vilém Flusser und Paul Virilio. Ihre Beiträge muten z.T. populärwissenschaftlich (Postman), z.T. kryptisch (Flusser) an. Ein Hauptanliegen der vorgelegten Untersuchung ist es daher, die Denkansätze von Postman, Flusser und Virilio erstmals einer genaueren Analyse zu unterziehen. Es wird untersucht, wie diese Autoren die (technischen) Medien reflektieren und ob hier von einer expliziten Medientheorie gesprochen werden kann. Nach einer ersten Sichtung der Literatur wurden folgende sechs zentrale Themen bzw. Kategorien extrahiert:

- veränderte Realitätswahrnehmung im Zusammenhang mit den technischen Medien
- medientechnische Neuerungen im Zusammenhang mit kulturgeschichtlichen Zäsuren
- der Zusammenhang zwischen den neuen Informations- und Kommunikationsverhältnissen und Politik, Öffentlichkeit und gesellschaftlichen Organisationsformen
- die Mensch-Maschine (Medien) Problematik vor dem Hintergrund der Frage von Mittel und Zwecksetzung
- die medienethischen Forderungen, die sich aus den theoretischen Ausführungen der Autoren ergeben
- das wissenschaftstheoretische Umfeld.

Auf dieser Grundlage werden die zentralen Ideen der Autoren herausgearbeitet. Die Argumentationslinien und Wertungen der Theoretiker werden vergleichbar. Durch die Art der Montage soll ein fiktives, kontroverses Gespräch entstehen. Es wird untersucht, ob die Theoretiker trotz unterschiedlicher wissenschaftlicher Ausgangspunkte Gemeinsamkeiten haben, bzw. an welchen Stellen sie sich konfrontieren lassen. An diesen archimedischen Punkten setzen die Korrespondenzen und Interviews an, um die herausgearbeiteten Thesen zu vertiefen bzw. zu radikalisieren.

Die Prognose vom Ende der Schriftkultur steht im engen Zusammenhang mit Diskussionen über die sogenannte Medien- oder Informationsgesellschaft. Die Obsession des Sichtbarmachens münde in eine Bilderflut, die uns zu ersticken droht. Von einer Metastase der Bilder ist die Rede (Kamper, 1994), die unser ältestes Notationssystem, die Schrift, zum Verschwinden bringe. Auch für Postman, Flusser und Virilio scheinen die (technischen) Bilder im Zusammenhang mit gesellschaftlichen Veränderungen zentral. Die neuen Informations- und Kommunikationssysteme werden hier weniger sprach- und schriftgebunden als vielmehr bild(schirm)gebunden verstanden. Ausgehend von diesen Überlegungen werden in einem nächsten Untersuchungsschritt die wichtigsten Argumente der Theoretiker zu dieser Fragestellung extrahiert und anhand von theoretischen und empirischen Ergebnissen der Sprach- und Schriftforschung sowie der Ethnologie und der Film- und Kunstwissenschaft evaluiert. Dabei wird untersucht, wie die Schrift die Struktur kultureller Überlieferungen geprägt und transformiert hat, bzw. welche Modi der Informationserzeugung, -speicherung und -verteilung eine Kultur kannte, bevor sich das Schriftsystem, mit dem wir uns noch heute ausdrücken, etablierte. Herausgearbeitet wird, welche substantiellen Besonderheiten der "oralen Kultur" bzw. dem Bild gegenüber der Schrift als "Informationssystem" zugeschrieben werden. In Analogie zu einer Sprach- bzw. Schriftwissenschaft stellt sich abschließend die grundlegende Frage nach einer Phänomenologie des Bildes.

1. Medien im Kontext gesellschaftswissenschaftlicher Theorienbildung

Ziel des ersten Kapitels ist es, die Dilemmata medientheoretischer Entwürfe innerhalb der Gesellschaftswissenschaften herauszuarbeiten. Ausgehend von der soziologischen Theorienbildung werden nur in der (neueren) Systemtheorie Medien als Gegenstand reflektiert. Anhand einer Re-Lektüre der wichtigsten Texte von Talcott Parsons, Niklas Luhmann, Jürgen Habermas und Siegfried J. Schmidt wird herausgearbeitet, welcher Medienbegriff hier vorliegt, bzw. welcher Stellenwert den technischen (Massen)Medien innerhalb der Gesamttheorie beigemessen wird. Die Leerstellen, die sich aus der jeweils spezifischen Herangehensweise der Theoretiker ergeben, sollen dargestellt und kritisiert werden. Da darüber hinausgehend in diskursanalytischen und semiotischen Theorien gesellschaftswissenschaftliche Horizonte erkennbar sind, nehme ich Friedrich Kittler und Jean Baudrillard in meine Analyse auf. Im dritten Teil dieses Kapitels werden die Denkfiguren aus älteren Theoriegebäuden herausgearbeitet, um der Frage nachzugehen welche Beziehungen zwischen den einzelnen Ansätzen existieren. Hier beginne ich mit Marshall McLuhan, um über Theodor W. Adorno/Max Horkheimer mit Walter Benjamin zu schließen.

1.1 Medien und soziologische Theorien: T. Parsons - N. Luhmann - J. Habermas - S. J. Schmidt

Talcott Parsons interpretiert die gesamte Lebenswelt des Menschen als eine Fülle von Systemen, die sich in verschiedenen Schichten überlagern. Wichtigstes System im Zusammenhang mit den medientheoretischen Überlegungen ist das Handlungssystem. Dieses wird von Parsons nicht als abgegrenztes System gedacht, sondern als Funktionskomplex in einer umfassenden Lebenswelt. Ausgangspunkt ist das Modell sich-selbst-regulierender Systeme, das aus der Biologie (Kybernetik) übernommen wird. Es stellt den "Bezugsrahmen" dar, der für Parsons das erste Erfordernis eines allgemein theoretischen Systems bildet (1968, S. 52). Dieser Bezugsrahmen, der in der Biologie "Organismus-Umwelt" genannt wird, findet sein Äquivalent bezogen auf soziale Systeme bzw. Handlungssysteme im Begriffspaar "Handelnder-Situation" (a.a.O.). Parsons Theorie versucht im Handlungssystem, das sich in weitere Systeme differenziert,

Schemata und Strukturen zu analysieren, die eine Regulierung bzw. eine Stabilisierung und Systemerhaltung des Gesamtsystems "Lebenswelt" garantieren (1971, S. 151f.). Stabilität sieht Parsons dann gewährleistet, wenn Menschen zur richtigen Zeit am richtigen Ort das Richtige tun, bzw. mit den Vokabeln der Systemtheorie, wenn der Austausch zwischen System und Umwelt innerhalb funktional spezifizierter Einheiten garantiert ist. Im Zentrum von Parsons Überlegungen stehen hierbei die Medien. Für die systematische Analyse der Prozesse von Handlungs- bzw. Sozialsystemen bilden sie das Leitschema. Parsons versteht die Medien dabei grundsätzlich als Zusatzeinrichtungen zur Sprache bzw. als spezialisierte Sprachen. Diese verstärken und sichern funktionale Bedingungen des Systems. Sie erfüllen die Funktion, Interaktionen zu lenken, zu kontrollieren und zu sanktionieren. Medien haben ihre Bedeutung darin, Erlebens- und Handlungszusammenhänge immer wieder aufbauen zu können und/oder Problemlösungen als Informationen rekonstruierbar zu machen. Denn um zu gewährleisten, daß ein soziales System funktioniert, muß es Mechanismen geben, die an die Verwendung bestimmter Symbole bestimmte reale Folgen knüpfen.

Jedes Medium, und deren gibt es viele, je nachdem, in welchem Subsystem man sich bei der Analyse von Systemen befindet, drückt sich für Parsons in einem funktional definierten institutionalisierten Komplex aus (1977, S. 206). Ist ein Handlungsmuster qua Medien institutionalisiert, so ist es Bestandteil der legitimen Erwartung der Gesellschaft. Parsons hat sich zunächst mit Geld als Medium beschäftigt.[1] Ausgehend davon, daß dieses die Transaktionen zwischen den Wirtschaftssubjekten steuert, kann untersucht werden, warum ein Individuum so handelt, wie es handelt. Geld ist ein symbolisches Medium. Seine primäre Funktion ist Kommunikation. Finanzielle Transaktionen bezeichnet Parsons folglich als eine Art "Konversation". Die Zirkulation von Geld ist in diesem Sinne dasselbe wie das Aussenden von Nachrichten. Sie dient "... dem Ausdruck und der Kommunikation von Nachrichten (messages), deren Bedeutungen (meanings) durch einen *Code*, d.h. eine Menge von Regeln für den Gebrauch, die Transformation und die Kombination von Symbolen, bestimmt sind." (1976, S. 291) Parsons bezieht sich mit seinem "Code-Begriff" auf die Linguistik. Die Codes konstituieren die norma-

---

1 Später folgten die Medien Macht, Einfluß und Wertbindung, dann Wahrheit, Religion, Intelligenz und Affekt (a.a.O., S. 206ff.).

tive Grundstruktur eines Gesellschaftssystems, d.h. selektive Informationen werden nach einem bestimmten Muster entschlüsselt und übertragen. In bezug auf das Medium Geld konstituiert das Rechtssystem den Code, nach dem sich die Transformationen zwischen Geld, Waren und Leistungen, so wie zwischen verschiedenen Formen von Geldbesitz vollziehen.

Im politischen System ist das Medium, das dem Geld entspricht Macht. Darunter versteht Parsons "... das generalisierte Medium zur Mobilisierung von Kapazitäten für effektives, kollektives Handeln;" (a.a.O.). Mit dem Medium Macht wird ein Kollektiv auf bestimmte Handlungen hin orientiert, wobei es um politische Zielsetzungen geht. Der Code, innerhalb dessen Macht als Medium operiert, ist Herrschaft. Es handelt sich beim institutionalisierten Machtsystem um ein Beziehungssystem, in dem bestimmte Zusagen und Verpflichtungen normativ bindend behandelt werden. Ein Machtsystem, das nur den Einsatz von direkter Gewalt kennt, ist unfähig ein komplexes System organisatorischer Interdependenzen zu mediatisieren. Macht als Medium muß symbolisch generalisiert und legitimiert werden, um effektives Kollektivhandeln, um die Mobilisierung von Ressourcen zu garantieren (1980, S. 70f.).

Als Ergebnis der Untersuchung des Parsonsschen Medienbegriffs kann festgehalten werden: Medien fungieren als normative Ausrichtung in bezug auf Vorstellungsmuster und liefern Orientierungen für das soziale Handeln der Individuen. Ihre Funktion ist 1. Interaktionen und Kommunikation zu regeln, zu sanktionieren bzw. zu belohnen, und 2. den raumzeitlichen "Transfers" von Kulturmustern zu garantieren. Damit ist gemeint, daß durch die Medien eine innere Kontinuität von Sinnstrukturen innerhalb kultureller Systeme aufgebaut ist. Das in Verbindung mit diesen kulturellen Systemen operierende Medium nennt Parsons Wertbindung (comittment). Hier geht es um die Herausbildung und Spezifikation von Wertmustern, um die Codifizierung von Sinnkomponenten. Glaube als Medium für ein Subsystem des Kultursystems, nämlich Religion, regelt beispielsweise das Erleben und Handeln der Menschen in bezug auf tranzendentale Fragen. Innerhalb eines religiösen Systems ist der transzendentale Kern die Religionsgemeinschaft und das Glaubenssystem. Hierdurch werden besondere Formen der Interaktion und Kommunikation garantiert (vgl. hierzu besonders 1976, S. 291ff.).

Niklas Luhmann geht davon aus, daß im Zusammenhang mit systemtheoretischen und evolutionstheoretischen Analysen eine aktuelle Gesellschaftstheorie ein drittes Fundament benötigt, nämlich eine explizite Theorie symbolisch generalisierter Kommunikationsmedien (1974, S. 236ff.). Hier bezieht sich Luhmann direkt auf Parsons, der davon ausging, daß bei zunehmender Systemdifferenzierung zusätzliche Steuerungsmechanismen vorhanden sein müssen, um systemische "Kompatibilität" zu garantieren. Diese Steuerungsmechanismen sind in Form von symbolisch generalisierten "Tauschmedien" wie z.B. Geld von der Gesellschaft herausgebildet worden. Wie gezeigt wurde, betrachtet Parsons die Medien Geld, Macht, Einfluß und Wertbindung als Folgeprobleme sozialer Differenzierung vor dem Hintergrund der Generalisierung von effektivem Kollektivhandeln. Demgegenüber versucht Luhmann, die Kommunikationsmedien zu verselbständigen, was bedeutet, sie werden *nicht* aus einer allgemeinen Systemtheorie abgeleitet (a.a.O., S. 239).

Der entscheidende Unterschied zu Parsons jedoch ist, daß soziale Systeme für Luhmann nicht aus einer Verkettung von Handlungen bestehen, sondern aus Kommunikation. Das soziale System der Gesellschaft wird bei Luhmann ausschließlich durch Kommunikationsprozesse *konstituiert:* "Kommunikation verwebt Gesellschaft zur Einheit" (1981, S. 309), bzw. "Gesellschaft muß ... definiert werden als das soziale System aller kommunikativ erreichbaren Erlebnisse und Handlungen; als System also, das aus allen kommunizierten Erlebnissen und Handlungen besteht." (a.a.O., S. 311)

Für Luhmann ist ein Kommunikationsakt verbunden mit einer dreifachen Selektionsleistung. Diese besteht darin, 1. aus einem Repertoire von Möglichkeiten Informationen zu selektieren, 2. aus einem Repertoire von Verhaltensmöglichkeiten eine Auswahl zu treffen, und 3. aus der Selektion einer Anschlußselektion, die zeigt, daß die Information verstanden wurde (a.a.O., S. 315ff.). Da Luhmann davon ausgeht, daß Kommunikation immer Nicht-Identität aller an ihr beteiligten Personen voraussetzt, außerdem Differenz der Perspektiven und die Unmöglichkeit vollkommener Kongruenz des Erlebens (1974, S. 239), sind Zustandekommen und Kontinuität von Kommunikation äußerst unwahrscheinlich. Jede Theorie der Kommunikation hat für Luhmann von diesem Tatbestand auszugehen, nämlich daß nicht-identische Selektionsperspektiven vorliegen und diese selektiv verknüpft werden (a.a.O., S. 240).

Hier nun führt Luhmann den Begriff der Medien ein. Diese transformieren Unwahrscheinlichkeiten zu Wahrscheinlichkeiten, indem sie innerhalb kommunikativer Prozesse, beispielsweise zwischen zwei Personen, zwischen der Selektion des einen und der Motivation des anderen vermitteln. Sprache z.B. ist ein Medium zur Steigerung der Wahrscheinlichkeit, daß Verstehen zustande kommt. Es faßt vorausliegende Wahrnehmung durch symbolische Generalisierung zusammen. Doch Sprache ist ein äußerst "grobfühliger Kommunikationsprozeß" (1975, S. 36), da zwar das Ankommen einer Information garantiert ist, vielleicht sogar das Verstehen des Sinns, aber nicht die Selektion eines anschließenden Erlebens und Handelns. Folglich müssen weitere Medien zur Ausdifferenzierung von Interaktionssystemen vorhanden sein: Wahrheit, Geld, Macht, Liebe, Recht, Kunst, Glaube, Einfluß und Wertbindung.

Luhmann nennt sie symbolisch generalisierte Medien, die - im Gegensatz zu Parsons - ohne jeden Rekurs auf Sprache definiert werden. Sie sind Anweisungen, Informationen zu selektieren bzw. Motivationen, die Selektionen anderer als Vorschlag anzunehmen. Sie dienen als Verhaltensmodell und Kommunikationsorientierung. Nur so funktioniert in einer hoch kontingenten Welt Kommunikation. Kontingenz meint hier, das "Auch-anders-möglich-sein" des Seienden, das durch Negation von Unmöglichkeit und Notwendigkeit definiert werden kann (1974, S. 238) bzw. als ein Horizont anderer Möglichkeiten (1981, S. 315). Das Kontingenzproblem bezogen auf Sprache als kommunikativer Akt meint: 1. ein Sachverhalt könnte so und auch anders ausgedrückt werden, 2. ein Kommunikator könnte über einen Sachverhalt reden oder auch schweigen, 3. ein Empfänger versteht/ akzeptiert die Information oder nicht. Damit wird deutlich, daß Luhmann mit seinem Medienbegriff nicht von den traditionell nachrichtentheoretischen Implikationen ausgeht. Denn das Modell von Sender, Empfänger und Kanal ignoriert grundsätzlich das Problem vom Zustandekommen und vom Verstehen einer Information. Es verkennt das Problem der Intersubjektivität sozialer Kommunikation vollständig. Somit kann an dieser Stelle festgehalten werden: Luhmann ersetzt das klassische Zwei-Personen Modell der Kommunikationswissenschaft durch ein systemtheoretisches Drei-Selektionen Modell von Information, Mitteilung und Verstehen vor dem Hintergrund einer prinzipiell kontingenten Welt.

Ebenso wie bei Parsons taucht auch bei Luhmann der Begriff des Codes auf, jedoch in einem anderen Sinnzusammenhang. Codes sind für Luhmann Strukturen, die Informationen duplizieren. Sie stellen positive/negative Fassungen (wahr/unwahr; schön/häßlich; Geld haben/nicht haben usw.) zur Verfügung. Im Gegensatz zu Parsons, der sich mit seinem Begriff des Codes an linguistische Modelle anlehnt, versteht Luhmann darunter eine Regel, die für Vorkommnisse und Zustände zwei mögliche "Ausrichtungen" bereitstellt. Damit wird Kommunikation auf zwei Werte hin vorstrukturiert und stabilisiert dabei eine Selektionskette, die nicht mehr auf eine quasi vollkommen willkürliche, subjektive Einzelentscheidung rückbezogen werden kann. Information wird in dieses Differenzschema gebunden, so daß sie immer Resultat einer systeminternen Verarbeitung ist. Damit ist Kommunikation nicht mehr in lebensweltliche Kontexte eingebunden bzw. von diesen (vor)strukturiert (a.a.O.).

Luhmann macht bezüglich seines Medienbegriffs jedoch noch eine weitere Unterscheidung: Das Medium, das sich durch Zeichengebrauch auszeichnet und das Verstehen von Kommunikation weit über die Wahrnehmung hinaus steigert, ist Sprache. Auf Grund von Sprache haben sich andere sogenannte Verbreitungsmedien wie Schrift, Druck und Funk entwickelt. Luhmann nennt diese Medien Verbreitungsmedien, da sie die Reichweite der Kommunikation enorm ausdehnen (1988, S. 220f.). Luhmann unterscheidet bei der gesellschaftlichen Evolution drei Phasen: die archaische Gesellschaft, die städtischen Hochkulturen und die technisch-industriell fundierten Gesellschaftssysteme. Die archaische Gesellschaft ist durch Sprache als Kommunikationsweise geprägt, die eine direkte Interaktion, also Anwesenheit aller Beteiligten, voraussetzt. Erst mit der Schrift wird der Kommunikationsprozeß von der Bedingung der Anwesenheit befreit. Schrift kann Raum und Zeit überbrücken, entzieht sich aber interaktioneller Gegenseitigkeiten und Vergewisserungen. Damit entstehen für Luhmann jedoch Kontrollücken, die nach und nach durch neu entwickelte Kommunikationscodes und Kriterien der Richtigkeit gefüllt werden. Mit dem Schritt zur "Weltgesellschaft" sind abermals einschneidende Änderungen des Kommunikationswesens verbunden. Die Verbreitungstechniken und Größenordnungen des kommunikativen Netzes sind weiter gewachsen. Die sogenannten Massenmedien ermöglichen gegenüber der Handschrift einen handlungslosen Vollzug der Reproduktion und beliebig viele Empfänger, außerdem deren Synchronisierung bzw. Sofort-Integration (a.a.O. S. 311ff.). Sie funktionieren nach folgenden Prinzipien: 1. nach dem Aktualitätsprinzip, 2. nach dem Prinzip des Interesses und der Aufmerksamkeit, und 3. nach dem Moment der organisatorischen Differenzierung in Form von Programmen. Doch die sogenannten Verbreitungsmedien bilden, im Unterschied zu den symbolisch generalisierten Medien Wahrheit, Geld, Macht, Liebe, Recht, Kunst, Glaube, Einfluß und Wertbindung, kein eigenes System. Für Luhmanns systemtheoretische Überlegungen der Kommunikation sind sie weitestgehend uninteressant.

Als Ergebnis der Untersuchung kann an dieser Stelle folgendes festgehalten werden: Luhmann sieht die Medien ausschließlich unter dem Aspekt der Systembildung. Sie wirken als evolutionäre Selektionsmechanismen und haben nur in diesem Zusammenhang innerhalb der Theorie ihre Bedeutung. Die durch die Verbreitungsmedien produzierte Kommunikationsrealität der postmodernen Gesellschaft wird zwar erwähnt, aber theoretisch nicht weiter behandelt.

Jürgen Habermas kritisiert an der Parsonsschen und von Luhmann weiterentwickelten Systemtheorie die Überbetonung funktionalistischer Überlegungen unter Vernachlässigung des Aspekts der Lebenswelt (1971, S. 140ff.). Für Habermas ist Gesellschaft nicht vorstellbar nach dem ausschließlichen Modell eines sich selbst steuernden Systems, das nur durch die Außenperspektive eines Beobachters untersucht werden kann. Gesellschaft muß auch lebensweltlich analysiert werden, d.h. aus der Teilnehmerperspektive handelnder, auf Verständigung hin orientierter Subjekte. System und Lebenswelt müssen folglich, so die Forderung, gleichzeitig konzipiert werden (1981, S. 180ff.).

Lebenswelt erschließt sich für Habermas über einen kommunikationstheoretischen Zugriff. Die Lebenswelt stellt einen kulturell überlieferten und sprachlich organisierten Vorrat an Deutungsmustern zur Verfügung (a.a.O., S. 189), der sich in kommunikativem Handeln niederschlägt, bzw. hier seinen Ausdruck findet. Die Strukturen der Lebenswelt legen die Formen der Kommunikation fest und bestimmen den Ort, an dem sich Sprechende und Zuhörende begegnen. "Lebenswelt ist der Horizont, in dem sich die kommunikativ Handelnden >immer schon< bewegen ..." (a.a.O., S. 182). Sie existiert quasi von vornherein, ist eine Art Totalität; sie steht für etwas Vortheoretisches, für eine kollektivistische Form des Daseins.

Im Gegensatz zu Luhmann, der Sprache marginalisiert, sie allein unter Steuerungsaspekten in beliebig andere Steuerungsmedien ausdifferenziert, liegt die Basis der Kommunikationstheorie von

Habermas in der Sprachtheorie. Durch Sprechakte realisiert sich ein über Vernunft herstellbarer Konsensus (a.a.O., S. 118ff.). Habermas unterstellt Kommunikation, die er in kommunikatives Handeln und Diskurs unterscheidet (1971, S. 114f.), prinzipiell Verständigung und Rationalität. Einverständnis, Konsensus, die Kriterien Wahrheit, Wahrhaftigkeit und Richtigkeit kennzeichnen die "ideale Sprechsituation" von Dialogen und Diskursen. Sprache ist für Habermas immer teleologisch auf Verständigung hin angelegt. Alter und Ego konstituieren im Sprechen, im kommunikativen Handeln, Sinn und zwar sowohl im Erleben von Intersubjektivität als auch auf der Ebene der Gegenstände, über die gesprochen wird. "Kommunikative Erfahrungen mit Personen und Äußerungen machen wir immer nur auf der Ebene der Intersubjektivität sprachlicher Verständigung." (a.a.O., S. 213) Relevant in bezug auf kommunikatives Handeln ist für Habermas folglich zweierlei: 1. ein Verständigungsvorgang, und 2. die Koordinierung zielgerichteter Handlungen, die sich an den oben zitierten kritisierbaren Geltungsansprüchen orientieren (1981, S. 392). In dem Moment, in dem die Lebenswelt komplexer wird, bzw. ihre "Naturwüchsigkeit" verliert, erhöhen sich Verständigungsbedarf, Interpretationsaufwand und Dissensrisiko. An dieser Stelle erhalten die Medien ihre Relevanz.

Entgegen Parsons Ansicht, die Medien Geld und Macht als Zusatzeinrichtungen zur Sprache zu begreifen, sieht Habermas diese Medien als "Ersatz für spezielle Sprachfunktionen" (a.a.O., S. 393). Sie dienen der Ersparnis von Information und Zeit und damit der Verringerung des Interpretationsaufwands. Außerdem minimieren sie das Risiko, daß Handlungssequenzen abreißen. Habermas nennt die Medien Geld und Macht Steuerungsmedien. Diese können zwar in bezug auf das kommunikationswissenschaftliche Modell von Code und "Message" in Analogie gesehen werden, hier stimmt Habermas Parsons zu, jedoch nicht in bezug auf den Faktor der Intersubjektivität sprachlicher Verständigung. "Insofern dürfen Steuerungsmedien nicht als eine funktionale Spezifizierung von Sprache verstanden werden" (a.a.O., S. 393).

Habermas geht davon aus, daß sich nur Funktionsbereiche der materiellen Reproduktion über Steuerungsmedien ausdifferenzieren. Demgegenüber bleiben "die auf kulturelle Reproduktion, soziale Integration und Sozialisation abgestellten Handlungssysteme ... den Strukturen der Lebenswelt und des kommunikativen Handelns verhaftet." (1981, S. 391) Vor diesem Hintergrund untersucht

Habermas die wichtigsten Parsonsschen Medien Geld, Macht, Einfluß und Wertbindung. Indem Geld z.B. Interpretationsleistungen verringert, ersetzt es Sprache in bestimmten Situationen. Hinsichtlich Anspruch und Einlösung ahmt Geld Sprache nach. Geld ist damit wie Sprache für Habermas ein eindeutiges Zeichensystem, das auf einem geregelten Code beruht. Geld ist ein Medium auf das man sich unabhängig von Kontexten und Situationen beziehen und unter Umgehung sprachlicher Kommunikation verständigen kann (a.a.O., S. 398ff.). Damit ist Geld von der Interaktion lebensweltlicher Kontexte abgekoppelt. Diese Abkoppelung qua Qualität des Mediums erfordert jedoch eine Rückkoppelung an die Lebenswelt in Form von institutionellen Verankerungen. Hierin sieht Habermas den markanten Unterschied zur Sprache. (Ein weiteres Charakteristikum des Steuerungsmediums Geld ist, daß es zirkulieren und deponiert werden kann.)

Für das Medium Macht existiert kein dem Geld äquivalentes Zeichensystem; eine Quantifizierung von Macht ist ebensowenig möglich wie die Tatsache, daß Macht zirkuliert (a.a.O., S. 402f.). Macht läßt sich weder kalkulieren, noch deponieren. Vor allem aber ist Macht immer personenbezogen. Der wichtigste Unterschied zwischen Geld und Macht besteht jedoch darin, daß Macht einer Legitimation bedarf, wofür es im Fall des Geldes keine strukturelle Analogie gibt. Macht muß auf einer höheren Stufe gesichert werden, um Vertrauen zu garantieren. Für Habermas ergibt sich daraus, daß Parsons die Asymmetrie zwischen Geld und Macht übersieht. Wenn Habermas Steuerungsmedien darüber definiert sieht, daß sie vom Aufwand und Risiko sprachlicher Konsensbildung entlasten sollen, ist das Medium Macht weniger als Steuerungsmedium geeignet als Geld. Macht bedarf der Konsensbildung und der Legitimation, ist damit letztendlich immer sprachlich bedingt. Später differenziert Habermas zwischen einer kommunikativ erzeugten und einer administrativ erzeugten Macht (1989, S. 472). Sowohl für das Medium Geld, wie auch im eingeschränkten Sinn für das Medium Macht, gilt, daß sie den zweckrationalen Umgang mit kalkulierbaren Wertmengen codieren und die Möglichkeit geben für "... eine generalisierte strategische Einflußnahme auf die Entscheidungen anderer Interaktionsteilnehmer unter Umgehung sprachlicher Konsensbildungsprozesse." (1981, S. 418) Indem aber sprachliche Kommunikation ersetzt wird, wird der lebensweltliche Kontext, in den Verständigungsprozesse stets eingebettet sind, entwertet. Die Lebenswelt wird für die Koordinierung von Handlungen nicht länger benötigt. Habermas nennt diesen Vorgang, die Umstellung des kommunikativen Handelns auf Steuerungsmedien, die Technisierung von Lebenswelt (a.a.O.). Einfluß und Wertbindung hingegen lassen sich als Medien keineswegs auf die Stufe mit Geld und Macht stellen. Hier existieren keine Institutionen, keine Äquivalente für Codes, nach denen die Medien Macht und Geld funktionieren. Vor allem aber sind sie nicht abgekoppelt von einem lebensweltlichen Kontext, denn sie machen sich die Ressourcen sprachlicher Konsensbildung zunutze. Dies erklärt auch, warum sie keiner institutioneller Rückkoppelung an die Lebenswelt bedürfen. Medien dieser Art können die Lebenswelt nicht technisieren.

Hinsichtlich der übergeordneten Fragestellung kann festgehalten werden: bei Habermas existieren zwei konträre Typen von Kommunikationsmedien: Steuerungsmedien, welche Sprache als Mechanismus der Handlungskoordination ablösen und Medien, die von Sprache und Lebenswelt abhängig bleiben (a.a.O., S. 413). Letztere nennt Habermas generalisierte Formen von Kommunikation (a.a.O., S. 573). Parsons wird folglich in seiner Behauptung widerlegt, daß über Medien prinzipiell ein gesteuerter Austausch mit allen "Umwelten" stattfinden kann. Habermas stellt dem entgegen, daß Medien zwar Handlungskoordination erweitern, vereinfachen und rationalisieren können, bestimmte Medien sich von der Lebenswelt abkoppeln, andere aber Verständigung im Sinne eines kommunikativen Handelns nicht ersetzen können.

Zu den generalisierten Formen der Kommunikation gehören für Habermas auch die Massenmedien. In der "Theorie des kommunikativen Handelns" finden sich auf einigen wenigen Seiten Ausführungen zu den Massenmedien: "Sie lösen Kommunikationsvorgänge aus der Provinzialität raumzeitlich beschränkter Kontexte und lassen Öffentlichkeiten entstehen, indem sie die abstrakte Gleichzeitigkeit eines virtuell präsent gehaltenen Netzes von räumlich und zeitlich weit entfernten Kommunikationsinhalten herstellen und Botschaften für vielfältige Kontexte verfügbar halten." (1981, S. 573) Gleichzeitig aber hierarchisieren diese Medienöffentlichkeiten den Horizont möglicher Kommunikation und schränken ihn ein. Sie sind zentralistisch organisiert und nicht reziprok. In diesen beiden konträren Momenten liegt für Habermas das ambivalente Potential der Massenmedien begründet. Diese ambivalente Einschätzung den Massenmedien gegenüber setzt sich auch darin fort, daß ein autoritäres Potential, im Sinne von Kontrolle und Zentralisation von Informationen, genauso gegeben ist, wie ein emanzipatorisches Potential. Zwanzig Jahre früher unterscheidet Habermas in seinem "Strukturwandel der Öffentlichkeit" zwischen zwei Formen der Massenkommunikation: die in der Tradition der Aufklärung stehende, am öffentlich geführten rationalen Gespräch orientierte Presse und die technischen Massenmedien Radio, Film und Fernsehen, denen er die Qualität "öffentliche Meinung zu sein" abspricht. Mit diesen "neuen Medien" sieht Habermas den endgültigen Zerfall der bürgerlichen Öffentlichkeit gekommen, da hier das Publikum nicht mehr durch Räsonnement gekennzeichnet ist, sondern durch Konsumverhalten. Den Menschen wird jede Mündigkeit genommen, die Chance sprechen und widersprechen zu können fehlt und auch die Distanz der Information gegenüber, die beim Lesen gegeben ist. "Funk, Film und Fernsehen bringen den Abstand, den der Leser zum gedruckten Buchstaben einhalten muß, gradweise zum Verschwinden - eine Distanz, die die Privatheit der Aneignung ebenso verlangte, wie sie die Öffentlichkeit eines räsonierenden Austausches über das Gelesene erst ermöglichte." (1962, S. 205) Inhaltlich betrachtet produzieren die Massenmedien für Habermas eine "Integrationskultur", d.h. Information und Belletristik, Publizistik und Literatur, "fact" und "fiction" werden ineinander geschoben. Politische Führer werden marktgerecht präsentiert, politisch relevante Nachrichten werden marginalisiert. An ihre Stelle treten "immediate reward news" (a.a.O., S. 204). Nicht länger geht es um den öffentlichen Gebrauch der Vernunft, sondern um "Entspannungsreize", um Geschmack, Sentimentalität und Zynismus. Öffentlichkeit wird zur Sphäre der Veröffentlichung privater Lebensgeschichten, zur Sphäre, in der Werbung und Konsum sich als neue Ideologie Raum schaffen. Für Habermas ist klar, die durch die Massenmedien erzeugte Welt ist eine Öffentlichkeit nur dem Schein nach, in ihr regiert das falsche Bewußtsein, das "werde, was Du bist" (Adorno) (a.a.O., S. 205ff.). Mit dieser Bewertung stand Habermas 1962 ganz in der Tradition von Adorno/Horkheimer, die in den Massenmedien nur den Ausdruck eines "Verblendungszusammenhanges", einer total gewordenen Kulturindustrie sahen (vgl. hierzu Kapitel "Rekurs").

Siegfried J. Schmidt bezieht sich in seinen medientheoretischen Überlegungen auf die Grundlagen des radikalen Konstruktivismus. Ausgangspunkt ist hier die Vorstellung von der prinzipiellen Eingeschlossenheit des menschlichen Erkennens in kognitive Systeme.

Die (radikalen) Konstruktivisten stützen sich dabei auf die Forschungsergebnisse aus der Neuro- bzw. Kognitionswissenschaft, die die Ansicht vertritt, daß nur operational geschlossene Systeme erkennen können. Für das "System Mensch" heißt das, daß das Gehirn gegenüber seiner Umwelt operational geschlossen, autonom und selbstbestimmt ist. Sein Zustand ist wesentlich konstituiert durch die Interaktion seiner Komponenten und nicht durch seine Umwelt. Natürlich ist das Gehirn über die Sinnesorgane mit der Außenwelt verbunden, die ihrerseits auf die Sinnesorgane einwirkt. Diese Reize aus der Umwelt werden in Form von elektrischen Impulsen an das Gehirn weitergeleitet und erfahren dort eine systemspezifische Verarbeitung und eine Bedeutungszuweisung. Die Rezeptoren im Gehirn werden durch Umwelteinflüsse in ihren elektronischen Eigenschaften verändert, "d.h. sie übersetzen Ereignisse, die dem Nervensystem als einem geschlossenen System unzugänglich sind, in dessen >Sprache<. Bei diesem Übersetzungsprozeß aber geht das >Original< verloren." (1991, S. 14-15) Da Bedeutungszuweisungen und Bewertungen neuronaler Prozesse ausschließlich nach gehirnspezifischen Kriterien erfolgen, wird die Welt nicht abgebildet wie sie ist, sondern sie ist das Ergebnis der Konstruktionsvorgänge des kognitiven Systems. "Durch die Organisation des lebenden Systems wird implizit die Umwelt ... bestimmt, mit der das System interagieren kann ... Lebende Systeme sind kognitive Systeme, Leben als Prozeß ist ein Prozeß der Kognition." (a.a.O., S. 23) Auf Grund dieser Überlegungen ergibt sich, daß lebende Systeme durch die Umwelt zwar modellierbar, aber nicht steuerbar sind. Die Konstruktivisten gehen zwar davon aus, daß kognitive Systeme eingebunden sind in evolutionäre Vorgaben, in Erfahrungen, in kollektives und individuelles Wissen, die Wirklichkeitsannahme bzw. Kommunikation und Handeln jedoch erfolgen durch die Kontrolle des kognitiven Systems selbst. Erkenntnis ist damit, wie Wahrnehmung auch, eine Operation eines von der Umwelt abgekoppelten Systems. Diese Abkoppelung wird erzeugt durch operationale Schließung, durch Selbstreferenz und Selbstorganisation. Damit wird weder die Realität der Außenwelt bestritten, noch das Bestehen von Beziehungen zwischen System und Umwelt. Behauptet wird jedoch die kognitive Unzugänglichkeit der Realität. Demnach existieren auch keine ontologisch gültigen Aussagen über die Realität. Realität basiert vielmehr auf einem auf Konsensus beruhenden Realitätsmodell. Terminologisch wird bei Schmidt zwischen einer Realität, die ontologisch gegeben, aber unerkennbar ist, und zwischen einer kognitiven Wirklichkeit, die von unserem Wissen gebildet ist, unterschieden (1992, S. 431). Sprache, Kommunikation und technische Medien erhalten hier ihre Funktion: Sie sind Instrumente der Wirklichkeitsbeschreibung. Mit ihrer Hilfe werden Erfahrungswirklichkeiten erzeugt, die dann auf ihre Viabilität hin überprüft werden, nicht aber auf ihre Übereinstimmung mit einer irgendwie wahrnehmungsunabhängigen ontologischen Realität. Folglich kann Kommunikation nicht begriffen werden als Information über oder als Beschreibung von unabhängige(n) Außenwelten, über die kommuniziert werden kann, sondern als Erzeugung eines Verhaltensbereichs zwischen z.b. sprachlich interagierenden Systemen zur Entwicklung eines kooperativen Interaktionsbereichs. ">Erfolgreiche< Kommunikation wird also nicht primär durch Konventionalität erklärt, sondern vielmehr durch die Parallelität des Gebrauchs kognitiver Funktionen in sprachproduktiven und sprachrezeptiven Zusammenhängen." (1991, S. 30)

Die Bedeutung dieses Ansatzes für kommunikationstheoretische Fragestellungen besteht darin, daß auch hier das traditionelle kommunikationswissenschaftliche Modell von der Informationsübertragung (vgl. dazu Kapitel 1.4) ersetzt ist durch ein Modell der Informationskonstruktion innerhalb des kognitiven Bereichs autopoetischer Systeme. Information ist demnach nicht mehr gedacht als Übertragung und Austausch, sondern als Konstruktionsvorgang im kognitiven System dessen, der die Nachricht erhält und die Koppelung dieser Struktur mit der Struktur anderer selbstreferenzieller Systeme. Kommunikation kann somit definiert werden als die wechselseitige Koppelung von Strukturen, bzw. als Kontrolle intersubjektiver Wirklichkeitsmodelle (1990, S. 152).

Die Konstruktion von Wirklichkeiten erfolgt jedoch keineswegs subjektiv, sondern in einem dauernden Prozeß von Interaktionen und Kommunikation, der die interagierenden kognitiven Systeme "parallelisiert".

"In dem Maße, in dem lebende kognitive Systeme solche Parallelisierungen ausbilden, erzeugen sie vergleichbare Wirklichkeitskonstrukte, wodurch > Bereiche< ... entstehen. Soziales Verhalten ist in diesem Sinne jedes Verhalten auf der Grundlage eines Wirklichkeitsmodells, das durch die Parallelisierung der Zustände kognitiver Systeme erzeugt worden ist." (1992, S. 431)

23

Daraus ergibt sich, daß sozial konstruierte Wirklichkeiten den Referenzbereich für Kommunikation bilden. Auch bei Schmidt ist, wie bei Luhmann, Kommunikation durch doppelte Kontingenz bestimmt (a.a.O., S. 432). In seinen Überlegungen geht er jedoch davon aus, daß es das "Programm" Kultur ist, das steuert, welche Selektionen realisiert werden. "Kultur steuert, welche Selektionen realisiert werden, sie relationiert die Selektionstypen, zeichnet gesellschaftlich akzeptable aus und sanktioniert andere." (a.a.O., S. 435)

Schmidt bezeichnet die Gesellschaften, die über Massenmediensysteme verfügen, deren Aufgabe es ist kognitive und soziale Systeme zu koppeln, als Medienkulturen. Die Massenmediensysteme dynamisieren Kultur, sie vergrößern ein Publikum und verändern Vermittlungs-, Rezeptions- und Verarbeitungsweisen. Das technische Medium Fernsehen z.b. hat für Schmidt einen grundlegenden Wandel im Bereich der ästhetischen Möglichkeiten, einen ungeheuren kulturellen Differenzierungsschub, gebracht (1990, S. 152). Durch die Massenmedien wird Kommunikation komplexer, aber auch kreativer, so daß neue Variationen von Kommunikation durchgespielt werden. Dies belegt Schmidt allerdings beispielhaft nur kurz anhand der Werbung (1992, S. 443f.).

Wie augenscheinlich die Funktion der Wirklichkeitskonstruktion qua Medien ist, sieht Schmidt in der Diskussion um den Informationsgehalt der Fernsehbilder gegeben. Fiktion, Wahrheit und andere Kategorien, die der Differenzierung dienten, sind zunehmend undeutlich geworden. Heute ist die Frage nach Referenz und Authentizität abhängig von den Konstruktionsleistungen des Rezipienten. Damit ist (für die radikalen Konstruktivisten) die Unterscheidung zwischen medial vermittelten und nichtmedial vermittelten Erfahrungen hinfällig. Wirklichkeit ist immer konstruiert. "Medienkultur kann aber damit gerade die Konstruktivität von Kognition und Kommunikation ebenso bewußt machen wie unsere unteilbare Verantwortung für den Umgang mit Medien." (1992, S. 447)

Als Ergebnis kann hier zusammenfassend festgehalten werden: Auch bei Siegfried J. Schmidt wird Kommunikation nicht als Austausch von Informationen verstanden, sondern als systemspezifische Selektionsleistung und Sinnproduktion aus Anlaß der Wahrnehmung von Umwelteinflüssen. Diese bestehen zunehmend aus Medienangeboten. Für Schmidt ergibt sich hieraus ein direkter Zusammenhang zwischen Kultur, Kommunikation und Medien. Da Kognition und

Kommunikation in jeweils autonomisierten Systemen (kognitive und soziale Systeme) ablaufen, koppeln Medienangebote "... kognitive mit kognitiven, kognitive mit sozialen und soziale mit sozialen Systemen, indem sie Anlässe für je systemspezifische Konstruktionsprozesse liefern ..." (a.a.O., S. 439). Die funktionale Differenzierung moderner Gesellschaften sieht Schmidt in direktem Zusammenhang mit der Entwicklung der Massenmedien. Als einziger der hier vorgestellten Theoretiker begreift er diese als eigenständiges Sozialsystem, dessen Funktion darin besteht, in einer zunehmend komplexer werdenden Gesellschaft ein gemeinsames Wirklichkeitsmodell zu schaffen (1994, S. 17). Ansatzpunkte für eine weitere, differenzierte Analyse liegen jedoch nicht vor.

1.2 Medien und diskursanalytische, semiotische Theorien: F. Kittler - J. Baudrillard

Friedrich Kittlers Geschichtsschreibung der Medien gilt ihrer Materialität (1993, S. 173). Ausgehend davon, daß Schreibzeug und Schreibflächen über Wissen und Macht entscheiden, bzw. daß es die Medien der Informationsverarbeitung, -speicherung und -übertragung sind, die die Diskursregeln bestimmen, versucht Kittler eine Fortschreibung der Diskursanalyse von Michel Foucault. Dieser habe in seinen Arbeiten sowohl die Technologien, die Diskursregeln setzen, übergangen, als auch die Gegenwart ausgeschlossen. "Um 1850 endeten die historischen Untersuchungen Foucaults." (1987, S. 429) Kittler beginnt seine "Archäologie der Gegenwart" mit der Literatur der Goethezeit, d.h. mit dem Speichermedium einer Zeit, in der die Alphabetisierung allgemein wurde, als sich mit der Schulpflicht das "Monopol der Schrift" durchzusetzen begann. Anhand der neu entstehenden technischen Medien Schreibmaschine, Grammophon, Film und Computer setzt er seine Untersuchungen fort, um die jeweiligen Veränderungen der "Aufschreibesysteme"[2] deutlich zu machen. Kittler interessiert die Beschreibung der unterschiedlichen Regelkreise von Sendern, Kanälen und Empfängern. Damit folgt er dem kommunikationswissenschaftlichen Modell von Shannon/Weaver (vgl. Kapitel 1.4). Relevant ist folglich nicht der Inhalt einer Botschaft, sondern einzig die Vernetzung, der Schaltplan, bzw. der Schematis-

---

2 Unter Aufschreibesystem versteht Kittler das Netzwerk von Techniken und Institutionen, das einer Kultur die Entnahme, Speicherung und Verarbeitung relevanter Daten erlaubt (1987, S. 429).

mus von Wahrnehmbarkeit (1986, S. 5). "Ob Daten, Adressen und Befehle zwischen Pädagogik, Dichtung und Philosophie laufen (wie in der Goethezeit, D.K.) oder zwischen Medientechnik, Psychophysik und Literatur (wie in der Moderne, D.K.), verändert den Stellenwert jedes Wortes." (1987, S. 430)

Im folgenden werden die zentralen Gedankengänge Kittlers zusammenfassend herausgearbeitet. Seine Geschichte der Aufschreibesysteme beginnt mit der These, daß durch und mit der allgemeinen Alphabetisierung ein neues Universum von Bedeutungen entstand, bzw. sich *ein* herrschender Diskurs in Form *eines* Mediums durchzusetzen begann. Alle Datenflüsse mußten ab 1800 das Alphabet passieren. Urteile, Verkündigungen, Vorschriften, religiöse, juristische, medizinische Regeln liefen über ein und denselben Kanal (1986, S. 13). Mit und in der Schrift etablierte sich zu dieser Zeit *das* gesellschaftlich verbindliche Medium, das kohärente Vorstellungen von Sinn schuf, der dann am bürgerlichen Staat seine praktische Gestalt gewinnt. Um bürokratische, sprich bürgerliche Prinzipien durchsetzen zu können und z.B. ein Berufsbeamtentum zu garantieren, muß laut Kittler eine unauflösbare Identität zwischen "Menschsein" und "Alphabetisiertsein" existieren (1987, S. 66f.). In Goethes Faust, in der Literatur E.T.A. Hoffmanns, in den pädagogischen Programmen Pestalozzis erkennt der Autor Teile eines großen Verpflichtungsprozesses, bzw. "... eine Säuberung im politischen Wortsinn" (a.a.O., S. 175), die erst mit der Durchsetzung der Schrift als eines gesellschaftlich verbindlichen Mediums garantiert ist.

Für Kittler gilt es als ausgemacht, daß es weder allein technische Innovationen, wie z.B. die Erfindung der Endlospapier-Produktion, noch soziale Umwandlungen, etwa der Aufstieg des Bürgertums, waren, die die Ausbreitung des Buchwesens um 1800 in Gang brachten, sondern "Mutationen der Diskurspraxis" (a.a.O., S. 115) selbst. Beispielhaft wird in diesem Zusammenhang immer wieder Goethe angeführt, der für Kittler zur markanten Figur wird, indem er als Dichter Erziehungsbeamter ist und als Erziehungsbeamter Dichter. Aber nicht nur die gesellschaftliche Positionierung von Schriftstellern verändert sich, indem sich politische, poetische und philosophische Diskurse in ihrer Hand zu kreuzen beginnen, sondern das Schreiben selbst verändert sich. In Fausts Übersetzung der Bibel drückt sich eine völlig neue Freiheit der Übersetzung und Interpretation von Texten aus, die jenseits der von Humanismus und Reformation erlassenen Bücherumgangsregeln liegt. Dies sei als Sieg der

Hermeneutik zu verstehen. "Ihre Auszeichnung hat sie darin, alle am Verstehen beteiligten Nachrichtenkanäle zusammenzuschalten." (a.a.O., S. 27) Doch das Diskursnetz "Verstehen" mußte geknüpft werden, denn dieses Verstehen und Verstanden werden gibt es für Kittler erst, seit der Staat Zweck und Ziel von Sprech- und besonders von Hörakten geworden ist.

Zeitgleich taucht eine Büchersorte auf, die Müttern die Erziehung von Kindern bzw. deren Alphabetisierung überläßt. Für Kittler wird damit eine jenseits von Ständen existierende "Zentralstelle für Kulturisation" geschaffen, und Mütter geraten auf strategisch entscheidende Posten. Kinder lernen lesen durch/über den Muttermund. Damit wird das europäische Alphabet über diese Methode, die sogenannte Lautiermethode, oralisiert. Statt Bücher mit und über das Auge lesen zu lernen, orientieren sich Kinder an der Stimme der Mutter. Diese wiederum ist gezwungen, das exakte Artikulieren zu lernen, das für die Methode unabdingbar ist. Damit ist für Kittler der Prozeß in Gang gesetzt, der das Hochdeutsche als ein allgemein gereinigtes und homogenes Medium hervorbringt. Auf pädagogischem und nicht technischem Weg setzt sich, so Kittlers These, die "reine Mundart" durch. Bildende Mütter d.h. die vom preußischen Staat zu Müttern ausgebildeten Frauen und Kinder schaffen einen eigenen unaufhörlichen Strom von Diskursen, der jenseits eines politischen Diskurses stattfindet, von dem Frauen nach wie vor ausgeschlossen bleiben. Diese Ausschließung ist jedoch keine Exkommunikation, sondern eine logische Ergänzung zum neuen staatstragenden Beamtentum. Um 1817 beginnt dann allerdings die universale Disziplinierung der Bildung in Form von Staatsbeamten, die zu Lehrern ausgebildet werden, so daß Staats- und Bildungsidee zusammenrücken.

Mit der Aufhebung einer beschränkten Ökonomie gelehrter Textzirkel endet außerdem der Aberglaube, Wissenschaft sei nur bestimmten Ständen zugeordnet. In der neuen Epoche erhält Schreiben für Kittler "... buchstäblich universale und buchstäblich textuelle Funktionen: es webt einen Diskurs, der die Menschheit im ganzen erfaßt und erzeugt." (a.a.O., S. 115) Unterscheiden die Historiker zwei Typen von Schriftkultur, die der Schreiber und die der Gebildeten, die lesen und schreiben miteinander verbinden, so ist das Aufschreibesystem ab 1800 eine Kultur, die Lesen und Schreiben automatisiert und koppelt.

Ein weiterer Punkt, der im Zentrum von Kittlers Interesse steht, ist der sogenannte Schematismus von Wahrnehmbarkeit (1986, S. 5).

Dieser verändert sich in dem Moment, in dem die poetischen Werke Medien zur halluzinatorischen Substitution von Sinnesfeldern werden (1987, S. 116). Die Literatur eines E.T.A. Hoffmann z.B. beschreibt Stimmungen und Bilder, die Lust machen, weil sie audio-visuelle Halluzinationen erzeugen, "in Paradiese entrücken" (a.a.O., S. 19f.). Ohne Störungen und Rauschen transportiert die Schrift zum erstenmal reine Signifikate, fixe Ideen, jenseits der Tugenden des Wachens und Aufmerkens einer Gelehrtenkaste (1987, S. 119). Das Buch jener Zeit war laut Kittler ein Speicher von Sinnlichkeiten im doppelten Wortsinn, ein universaler Datenträger, ohne Konkurrenz zu anderen Medien. "Erst der Einbruch technischer Speicher, wie er das Aufschreibesystem von 1900 prägt, wird die halluzinatorischen Sinnlichkeiten der Unterhaltungsindustrie preisgeben und ernste Literatur auf jene Askese verpflichten, die nur weißes Papier und schwarze Lettern kennt." (a.a.O., S. 124) Bis dahin jedoch war die literarische Sprache *der* Kanal, Dichtung *die* Kunstform, die Phantasie und Einbildungskraft in Gang setzten. Im Aufschreibesystem von 1800 wird das Buch als Dichtung das erste Medium im modernen Sinn, als Opium, als Sucht, als psychodelische Droge für alle, als Augen- und Ohrenlust. Da es die Medien noch nicht gab, die Geräusche und Bilder festzuhalten in der Lage waren, existierte zur Speicherung und Reproduktion serieller Daten einzig das Buch. Reproduzierbar war es zwar schon seit Gutenberg, aber allgemein verstehbar und phantasierbar - so die zentrale These Kittlers - ist es erst durch die allgemeine Alphabetisierung geworden (a.a.O., S. 122f.).

Die Möglichkeit der *technischen* Aufzeichenbarkeit von Sinnesdaten verschiebt um 1900 das ganze Aufschreibesystem. Zunächst verliert mit dem "Diskursmaschinengewehr" Schreibmaschine die Handschrift ihr Monopol. Schreiben ist nicht länger ein kontinuierlicher Vorgang, ein Prozeß der Synchronisierung zwischen Auge und Hand, sondern eine Selektion von Buchstaben aus einem vorhandenen abzählbaren und verräumlichten Buchstabenvorrat. Die Koppelung von Auge, Hand und Schrift, die für die Handschrift der Goethezeit bestimmend war, löst sich auf (a.a.O., S. 202ff.). Der Schreibakt wird fürderhin von einem Apparat vollzogen. Schreiben selbst kann, mit Nietzsche, blind werden. Die Schreibmaschine trennt das Papier vom Körper und zwar bereits in der Produktion und nicht erst in der Reproduktion wie bei Gutenberg. Damit wird die Einheit von Subjekt und Schrift bereits im Prozeß des Schreibens aufgehoben und der Mensch als sinnproduzierendes Wesen unterlaufen.

Das neue Medium Schreibmaschine, der Typewriter, hat für Kittler außerdem weitreichende Auswirkungen auf die Diskurssysteme, besonders auf das Geschlechterverhältnis. Dies meint hier die Zugangsmöglichkeiten von Frauen in Aufschreibesysteme. Erst die Schreibmaschine ist es, die den Frauen den Einzug in die Schreibstuben, die bis dahin ausschließlich von Männern besetzt waren, möglich macht. Die Frauen, die als Typewriterinnen tagsüber ihr Geld verdienen, bilden gleichzeitig den Personenkreis, der anstatt zu lesen abends ins Kino geht. In der Gestalt der Typewriterin vollzieht sich - so Kittler mit Lacan - eine Verknotung des Imaginären mit dem Symbolischen (a.a.O., S. 259).[3]

Kittler wundert, daß die technischen Medien als Apriorie für Wissenschaft und Anthropologie bisher weitgehend unbeachtet geblieben sind. Dabei hat schon Nietzsche formuliert "das Schreibzeug arbeitet mit an unseren Ideen". "Alle möglichen Industrialisierungen, auf die Schriftsteller reagierten, sind durchforscht: von Dampfmaschine und Webstuhl bis zu Fließband und Verstädterung. Nur die Produktionsbedingung Schreibmaschine, die vor jeder bewußten Reaktion an den Gedanken schon mitarbeitet, bleibt ausgespart." (1986, S. 311)

Nach der Schreibmaschine kommen Film und Grammophon, d.h. optische und akustische Datenspeicher, hinzu. Erst mit diesen neuen Medien vollzieht sich eine Ausdifferenzierung von Optik, Akustik und Schrift, eine saubere Trennung von Materie und Information, von Realem und Symbolischem. Letztendlich jedoch zerfällt der Mensch selbst in Physiologie und Nachrichtentechnik. An Stelle des Denkens tritt die Schaltalgebra, an Stelle des Bewußten das Unbewußte. Und so spricht Kittler im weiteren von der "Psychotechnik" - nach einer Wortschöpfung von Hugo Münsterberg - wonach Psychologie und Medientechnik insofern verschaltet werden, daß jeder "psychische Apparat" wie ein technischer verstanden wird und umgekehrt (a.a.O., S. 238).

Die Entwicklung der neuen Medien Grammophon, Film und schließlich Computer sieht Kittler unter zwei Aspekten, nämlich dem der generellen Technisierung von Information und dem, daß es bei allen Kriegen um die Entwicklung neuer Medien und Nachrichtentechniken geht (a.a.O., S. 6). Kittler betont den engen Zusammenhang zwi-

---

3   Kittler arbeitet, dies sei hier kurz eingefügt, mit den Lacanschen Begriffen folgendermaßen: das Reale sind für ihn die Körper, Buchstaben, Bilder, die repräsentiert und reproduziert werden können. Das Imaginäre hat den Status von Kino und kann als Prozeß der Gestalterkennung bezeichnet werden (1989, S. 61).

schen militärtechnischen und z.B. filmtechnischen Entwicklungs-
geschichten (a.a.O., S. 197ff.). Seine zentrale These in diesem
Zusammenhang ist die, daß die militärische Eskalation vom Symbolischen über das Imaginäre zum Realen geführt habe (1989, S. 73).
Stand in früheren Jahrhunderten am Anfang von kriegerisch strategi-
schen Überlegungen das Schachspiel als älteste Simulation des
Krieges, das nur im Symbolischen zu operieren vermochte, tritt
anschließend mit Meßtisch, Modell, Karte und Sandkasten das Imaginäre als Form der Gestalterkennung auf den Plan. Eine strategisch
berechenbare Erde begann jedoch erst mit den Reproduktionstechni-
ken des 19. Jahrhunderts zu existieren. Die Digitalisierung heute,
reiner Anschluß an das Reale, ist ein Kurzschluß unter Umgehung
alles Imaginären. Mit ihr entgleiten Korrekturmöglichkeiten endgültig
der trägen Menschenhand, und militärische Aktionen bewegen sich in
immer schneller werdenden Geschwindigkeiten (a.a.O., S. 73ff.).
Der Computer heute ist die für Kittler universale diskrete Maschine,
die alle anderen Speicher- und Übertragungsmedien zu Untermengen
macht. Damit nimmt die Datenverarbeitung vom Menschen endgültig
Abschied. Es entsteht eine Kultur, die nicht mehr auf der Basis von
Sprache operiert, sondern von Algorithmen (1989, S. 57f.). Trennte
das erste wichtige Aufschreibesystem "Schrift" die Interaktion von der
Kommunikation, so vollzieht sich in und mit dem neuen Auf-
schreibesystem "Computer" die Trennung der Information von der
Kommunikation (1993, S. 172).

Der Soziologe **Jean Baudrillard** versucht die Logik der Gesellschaft
und der Medien mit semiotischen Methoden zu begreifen. Die Univer-
salität der Zeichen wird als Grundstruktur auf die gesamte Realität
übertragen. Damit wird, in deutlichem Widerspruch zu marxistischen
und psychoanalytischen Theorieansätzen, die Semiotik als kritisches
Instrument einer Gesellschaftsanalyse benutzt, das die politische
Ökonomie ebenso wie die Libidoökonomie zurückweist (1991, S. 7).
Baudrillard geht von einer "politischen Ökonomie des Zeichens" aus,
der er in seinen umfassendsten Ausführungen, in "Der symbolische
Tausch und der Tod", drei Ordnungen, die sogenannten Ordnungen
der Simulakren, zuschreibt. Die wichtigsten Gedanken in diesem
Zusammenhang sollen im folgenden kurz dargestellt werden.
Die erste Ordnung, die historisch die Zeit der Renaissance bis zur
Revolution umfaßt, kennzeichnet Baudrillard als den "Beginn des
offenen Wettbewerbs auf dem Gebiet der Distinktionszeichen".

(a.a.O., S. 80) Die vorangegangene Kasten- bzw. Ständegesellschaft hatte zweifelsfrei und gewaltsam die absolute Klarheit der Zeichen gesichert. Diese waren innerhalb einer strengen symbolischen Ordnung definiert. Rangfolge und Status von Personen waren eindeutig festgelegt. Baudrillard spricht in diesem Zusammenhang von der "Endogamie der Zeichen" (a.a.O.). Diese war in dem Moment beendet, in dem die Zeichen, dadurch daß Klassen- und Clansysteme in Bewegung gerieten, sich auflösten. Zeichen vervielfachten sich und wurden imitiert. *Imitation* (das Simulakrum der 1. Ordnung) ist der Begriff, der die Erweiterung des Zeichens ohne Beschränkung auf einen definierten Status markiert. Die Exklusivität der Zeichen wurde durch das Barock, den Stuck, die Apotheose des Theaters und der Mode aufgebrochen. Im Stuck z.B. wurden alle Formen und Materialien imitiert, der Stuck schuf aus einem Durch- und Nebeneinander eine einzige Substanz, "... eine Art von allgemeinem Äquivalent für alle anderen Materialien ..." (a.a.O., S. 82).

Die zweite Ordnung begann mit der Industriellen Revolution, in der sich Zeichen und Gegenstände neu etablierten. "Zeichen ohne die Tradition einer Kaste, Zeichen, die niemals die Beschränkungen durch einen Status gekannt haben - die also nicht mehr *imitiert* werden müssen, weil sie von vornherein in gigantischem Ausmaß *produziert* werden." (a.a.O., S. 87) Die Technik ist ihr Ursprung, ihr Simulakrum die *Serie*. Die Serie bezeichnet die Möglichkeit beliebig viele, identische Objekte zu produzieren, zwischen denen weder ein Verhältnis wie zwischen Original und Imitation besteht, noch eine Verhältnis der Analogie oder Spiegelung. Was herrscht, ist allein die Indifferenz. Die einzelnen Objekte werden in der Serie ununterscheidbar, unendlich reproduzierbar. Ab diesem Zeitpunkt steht für Baudrillard jede Produktion unter dem Zeichen der Reproduzierbarkeit.[4] Diese Phase jedoch war nur von kurzer Dauer.

In dem Moment, in dem die Serienproduktion im Hinblick auf ihre Reproduzierbarkeit selbst konzipiert wird, ist das Simulakrum der dritten Ordnung erreicht, das Modell. *Modelle* gehen aus leichten Modulationen von Differenzen hervor. Statt quantitativer Äquivalenzen, wie bei der Serie, spielt das Modell mit distinktiven Gegensätzen. Jegliche Differenz und Finalität ist aufgehoben; die Frage

---

4   Hier verweist Baudrillard auf Walter Benjamin, der als erster die wesentliche Konsequenz dieses Reproduktionsprozesses begriffen hat. Was Walter Benjamin allerdings nur für bestimmte Bereiche der Kunst analysiert hat, sieht Baudrillard für die gesamte materielle Produktion gegeben.

danach, worauf die Zeichen verweisen, die Frage nach ihrer Verdrängung und Verkehrung ist ausgelöscht. Die Zeichen der ersten Ordnung waren komplex und voller Illusionen, die Zeichen der industriellen Zeit waren stumpf, schwerfällig und repetitiv. Heute sind die Zeichen unlesbar und uninterpretierbar geworden. Baudrillard schreibt jeder der drei Ordnungen ihre spezifische Metaphysik zu. Nach der Metaphysik der Wesen und Erscheinungen (1. Ordnung), nach der Metaphysik der Energie und Determination (2. Ordnung), setzt sich in der dritten Ordnung die Metaphysik des Indeterminismus und des Codes durch. Der Code ist das Simulakrum der dritten Ordnung. Gemeint ist hier der genetische Code als Modell, in dessen Struktur Kommando und Kontrolle liegen, die DNS. Diese ist im Inneren unserer Körper eingeschrieben, und alle Lebewesen sind durch diese Informationsstrukturen festgelegt. Der genetische Code ist universell, er ist der fundamentalste aller semiotischer Raster. Hier ist für Baudrillard das strategisches Modell gegeben, das an die Stelle der ideologischen Modelle tritt. Der genetische Code ist nichts ausschließlich Biologisches, sondern für Baudrillard ein historisches und gesellschaftliches Modell, das "Ideal" einer sozialen Ordnung, die von einem molekularen Kalkül beherrscht wird. "Praktisch und historisch bedeutet das, daß an die Stelle gesellschaftlicher Kontrolle durch einen *Zweck* ... eine neue Form gesellschaftlicher Kontrolle durch Vorausplanung, Simulation[5], programmatische Antizipation, durch unbegrenzte, aber durch den Code gesteuerte Mutation gesetzt wird." (a.a.O., S. 93-94) Der genetische Code ist das Modell, das durch eine Art "Inskription" definiert ist, nämlich die der Digitalität. Baudrillard sieht hierin die Veränderung einer kapitalistisch-produktivistischen Gesellschaft zu einer neokapitalistisch kybernetischen Ordnung, die eine absolute Kontrolle anstrebt.

Hinfort gibt es weder etwas Reales, noch ein Referenzsystem, es herrscht eine Operationalität ohne Diskurs. Es existieren keine Äquivalenzbeziehungen mehr, keine Referentiale der Produktion, der Signifikation, des Affekts, sondern allgemeine Austauschbarkeit, Kombinatorik und Simulation. "Simulation in dem Sinn, daß sich alle

---

5 Simulation kann als eine Art Schwebezustand zwischen den Zeichen aufgefaßt werden. "Überall dort, wo sich die Unterscheidung zweier Pole nicht mehr aufrecht erhalten läßt, ganz gleich auf welchem Gebiet (Politik, Biologie, Psychologie, Medien), betritt man das Feld der Simulation und absoluten Manipulation - man ist nicht passiv, man kann vielmehr aktiv und passiv nicht mehr unterscheiden." (1978, S. 51)

Zeichen untereinander austauschen, ohne sich gegen das Reale zu tauschen ..." (a.a.O., S. 18). Die Zeichen haben sich soweit emanzipiert, daß eine vollkommene Indifferenz herrscht. Die Simulation ist das Ende der Ära des Zeichens, wie der Produktion und des Diskurses. Es handelt sich um eine Mutation, die Baudrillard auf allen historischen, gesellschaftlichen und theoretischen Ebenen erkennt. Austauschbarkeit des Schönen und des Häßlichen (der Bereich der Mode), der linken und der rechten Parteien (der Bereich der Politik), des Wahren und des Falschen aller Botschaften (der Bereich der Medien). Alles wird ununterscheidbar. Das ist die Herrschaft des Codes, der auf Indifferenz beruht. Die Realität ist unauffindbar geworden ist, dies spiegeln die Theorien der Wissenschaft wieder, denn auch sie sind variabel, austauschbar geworden.

Die Unauffindbarkeit der Realität kann für Baudrillard besonders anhand der Medien verdeutlicht werden. In der exakten Verdoppelung des Realen durch die reproduktiven Medien verflüchtigt sich das Reale immer mehr und geht im sogenannten Hyperrealismus unter (1991, S. 113f.). Statt Repräsentation geht es auch hier um Reproduktion. Baudrillard versteht die Medien nicht als Produktivkraft, sie bedeuten nichts Materielles mehr, sondern sie sind im Zusammenhang einer neuen Sinnproduktion zu sehen, die im Zeichen der Reproduktion steht.

"Wir wissen heute, daß die Einheit des Gesamtprozesses des Kapitals auf der Ebene der Reproduktion gebildet wird: Mode, Medien, Werbung, Informations- und Kommunikationsnetze - auf der Ebene also, die Marx achtlos als >faux frais< des Kapitals bezeichnete (da zeigt sich die Ironie der Geschichte), das heißt in der Sphäre der Simulakren und des Codes." (a.a.O., S. 88)

Auch im Bereich der Medien wirkt eine Art genetischer Code, ein eingeschriebenes und unsichtbares Programm, wonach keine Trennung zwischen Leben und seiner Repräsentation in z.B. Bildern mehr existiert. Es gibt keinen Abstand, keine Differenz zwischen diesen "Sphären" mehr. Für Baudrillard haben sich die Medien im Realen ausgedehnt und es zerbrochen. Wie eine Art Virus sind sie chronisch präsent und können nicht mehr isoliert betrachtet werden. "Auflösung des Fernsehens im Leben, Auflösung des Lebens im Fernsehen - eine nicht mehr zu unterscheidende, chemische Lösung ..." (1978, S. 49). Das Fernsehen macht alles, was es zeigt selbst zum Ereignis, zur Information, zur reproduzierbar gewordenen Realität. Damit wird die Vorstellung davon, daß es etwas Objektives, Neutrales gibt, worüber die Zuschauer informiert werden, obsolet. Was das Fernsehen schafft ist "Wahrheit", eine manipulatorische Wahrheit von Tests, eine Wahrheit im Sinne des genetischen Codes, der Verbindungen determiniert (a.a.O., S. 46). Der Test ist eine dauernde Prozedur gelenkter Befragung, die jegliche Bedeutung auf einen Zyklus von Frage/Antwort, Reiz/Reaktion verkürzt. Differenz besteht nur noch in der Digitalität von Ja/Nein, Null/Eins. Diese binäre Formel findet sich in allen Mitteilungen der Medien, in allen Zeichen unserer Gesellschaft. Für Baudrillard bedeutet dies die vollständige Neutralisierung des Signifikats durch den Code. Es ist ein Szenario der immer gleichen Wahlmöglichkeiten, egal, wo man sich befindet; es geht um ein allgemeines >trial and error<. "Das ganze Kommunikationssystem ist von einer komplexen syntaktischen Sprachstruktur zu einem binären, signalartigen System von Frage/ Antwort - zum permanenten *Test* übergegangen." (1991 S. 97) Alle möglichen Antworten sind schon im voraus bezeichnet. So wie Walter Benjamin anhand des Films ausführt, daß die Darsteller wie die Zuschauer durch die Apparatur der Kamera und durch die Montage einem permanenten Test unterzogen werden, behauptet auch Baudrillard, daß die Massenmedien jegliche Kontemplation, jegliche individuelle Interpretation und Wahrnehmung ausschließen. Sie sind per se distanzlos. Alles beschränkt sich auf eine verkürzte Ja-Nein Reaktion. Diese wird verlangt und gleicht einer ununterbrochenen Erwiderung. Im Gebrauch der Medien testen wir und werden getestet. So wie wir selektieren, selektiert uns auch das Medium. Verbrauchertests, Meinungsumfragen, die Wahlen zeigen dieses Schema in aller Deutlichkeit.

Der ganze Bereich des Sozialen wird unter der Hand der Massenmedien zu einer taktilen und taktischen Simulation, zur Massage. Die Berührung verliert ihre sensorische, sinnliche Bedeutung, wird zum Aufeinanderstoßen zwischen Auge und Bildschirm. Der soziale Zusammenhang verliert sich in der Ideologie des Kontakts, des sich Kurzschließens mit dem Medium. Damit verändert sich auch das Paradigma einer sinnlichen Wahrnehmung. Statt organischer Berührung, statt Sprache, Spiegel, Bühne, das Aneinanderstoßen von Auge und Bildschirm. Statt Beziehung und Berührung zu einem Gegenüber, Kommunikation und Information über Bildschirme. Soziales und Körperliches haben sich für Baudrillard in der "Hyperrealität" der Medien vollständig aufgelöst.

Da der Mensch zunehmend über Kommunikations- und Informationsmedien vernetzt ist, beschränkt sich sein sozialer Horizont auf den Umgang mit seinen Bildern und Bildschirmen "... ein Kurzschluß, mit dem das Gleiche ans Gleiche unvermittelt angeschlossen wird;" (1989a, S. 120) denn auch der Mensch fällt, diesseits seiner Repräsentation, einer endlosen Angleichung seiner selbst anheim. Baudrillard spricht hier von den fraktalen Subjekten, die in winzige, gleichartige Egos zerfallen sind (a.a.O., S. 113). Dies markiert den Endpunkt einer technischen Entwicklung, bei der das menschliche Wesen zunächst in mechanische, dann in elektronische Prothesen übergegangen ist. Heute ist der Mensch vollständig aus seinem eigenen Körper herausgedrängt. "Nicht einmal mehr unser Gehirn ist in uns verblieben, sondern flottiert in den unzähligen Hertzschen Wellen und Vernetzungen, die uns umgeben." (a.a.O., S. 114) Baudrillard spricht von der Verpflanzung menschlicher Funktionen in Technik, in Prothesen, so daß wir nirgendwo mehr heimisch sind. Hier haben die Bilder ihre neue Funktion: sie dienen dazu, die Menschen wieder an sich selbst anzuschalten. Der Bildschirm ist kein Spiegel, er hat nichts zu tun mit einem narzistischen Imaginären, sondern mit einer selbstreferentiellen Wirkung (1985, S. 397). Baudrillard formuliert in Anlehnung an Lacan markant: "Das Videostadium hat das Spiegelstadium abgelöst." (1989a, S. 120) Deshalb die vielen Bilder, deshalb ihre Allgegenwart.

Grundlegend für diese Videokultur ist laut Baudrillard, daß der Bildschirm an Stelle des Blicks tritt. Unser Auge tastet die Zeilen des Bildschirms entlang, distanzlos, oberflächlich. Was es sieht ist künstlich, minimal definiert, pornographisch, nicht metaphorisch. Gleichzeitig ist das Bild selbst unerreichbar, zu weit entfernt. So ist der paradoxe Zustand erreicht mit etwas in Kontakt zu treten, ohne es jemals zu berühren. "Das virtuelle Bild ist zugleich zu nahe und zu fern: zu nahe, um wahr zu sein ... zu fern, um falsch zu sein ..." (a.a.O., S. 122). Diese abstrakte Form des Austausches nennt Baudrillard Kommunikation. Auf dieser Ebene ist nicht mehr auszumachen, wo der Mensch aufhört und die Maschine anfängt. Das Ende aller Anthropologie ist damit die Frage, bin ich Mensch oder bin ich Maschine? (1993, S. 277) Wir leben in einem Schaltkreis, der die Unterscheidungen zwischen virtuell, real und irreal verwischt. So wie der Film das Aufgenommene zerlegt und in der Montage rekombiniert, zerlegen die Maschinen der künstlichen Intelligenz (K.I.) das Denken, digitalisieren es, um es anschließend wieder zusammenzusetzen. Was die Menschen auf dem Bildschirm ihres Computers betrachten ist die Operation ihres eigenen Gehirns. Diese glaubt man sichtbar machen zu können. Für Baudrillard zeigt dieser "elektronische Snobismus", eine Anthropologie, "... die auf ihren oberen Auswuchs am Ende des Rückenmarks reduziert ist." (a.a.O., S. 396) Doch diese sogenannte K.I. ist nicht künstlich im Sinne von artifiziell. Artifiziell ist nur der Körper in seiner Leidenschaft, in den Zeichen seiner Verführung, in den Ambivalenzen seiner Audrucksfähigkeit. Die Maschinen jedoch zerlegen alles in digitalisierte Momente, um sie dann wieder zusammenzusetzen. Sie rechnen und operationalisieren nur. Sie sind, wie Baudrillard sagt, tugendhaft, in dem Sinne, daß sie weder verführen, noch verführt werden können, sie sind "Junggesellenmaschinen" (1989a, S. 128). Auch Sexualität erlebt der telematische Mensch am Bildschirm. Man "verbindet" sich über den Bildschirm, auf dem es erotischer zugeht als im Leben. Der Minitelaustausch ist für Baudrillard Ausdruck der Obszönität unserer Kultur.

> "Einst lebten wir im Imaginären des Spiegels, der Entzweiung und der Ichszene der Andersheit und der Entfremdung. Heute leben wir im Imaginären des Bildschirms, des Interface und der Vervielfältigung, der Kommutation und Vernetzung. Alle unsere Maschinen sind Bildschirme, wir selbst sind Bildschirme geworden, und das Verhältnis der Menschen zueinander ist das von Bildschirmen geworden." (a.a.O., S. 130)

Kommutation nennt Baudrillard den Prozeß, bei dem Kommunikation nur noch aus einer Wechselbeziehung desselben auf dasselbe besteht. Wurde von McLuhan die Trias von Sender/Botschaft/Empfänger demontiert durch die Vorstellung, daß das Medium die Botschaft absorbiert, so hat sich mit und in der telematischen Gesellschaft eine weitere Implosion ereignet, nämlich die von Sender und Empfänger. Diese sind ununterscheidbar geworden, denn die Kommunikation des vernetzten, telematischen Menschen ist selbstreferentiell.

> "Und so bleibt vom umfangreichen und komplexen klassischen Schema der Kommunikation nicht mehr viel übrig: es bleibt ein Medium, das die Botschaft aufgesaugt hat, ein Kontakt, der den Code und den Kontext aufgesaugt hat, und ein Interface, das die jeweiligen Positionen von Sender und Empfänger aufgesaugt hat." (1989b, S. 15)

Darüber hinausgehend ist für Baudrillard die "phatische Funktion" der Kommunikation entscheidend. Dies ist eine Kommunikation, die nicht still steht, die zwanghaft immer weiter laufen muß, ohne Pause, ohne Stille, ohne Finalität. Unendliche Zirkulation ohne Sinn, ohne Bewußtsein, ohne Begehren. Alles löst sich in Indifferenz auf, ein total gewordener Neutralisierungsprozeß, der alles umfaßt: Städte, Märkte, Botschaften, das Soziale. (1990, S. 12) Die Massenmedien, allen voran das Fernsehen, garantieren diesen ununterbrochenen Fluß von Information (1989b, S. 14). Längst ist es so, daß die Information nicht mehr auf ein Ereignis abzielt, sondern auf die Förderung der Information selbst als Ereignis (a.a.O., S. 13). Laut Baudrillard geht es darum, daß "es" nicht aufhört zu kommunizieren. Damit existiert keine Bestimmung des Wollens, des Handelns und Produzierens mehr. Ein einziger Schaltkreis, indifferent gegenüber Ort und Zeit, schnell und laut. "Ein Text kann schweigen, ein Bild hingegen nicht; zumindest können Medienbilder (und Medientexte sind wie Bilder) niemals schweigen: die Kontinuität des Kontakts, das Feedback muss total sein wie in einem geschlossenen Schaltkreis, Bilder und Botschaften müssen einander ohne Unterbrechung folgen."(a.a.O., S. 23) In diesem Sinne existiert für Baudrillard kein spontaner Austausch mehr zwischen den Menschen. Indem die Kommunikation immer müheloser größere Distanzen überwindet, scheinbar immer leichter, immer unmittelbarer wird, berühren wir uns immer weniger. Geschmack, Gerüche, Blicke werden vermieden. Die Interaktion ist eine distanzierte, blinde Interaktion geworden.

Deshalb braucht die Gesellschaft ein "formelles Dispositiv"[6], welches die Weitergabe von Sinn garantiert in Form von Institutionen, in Form einer neuen Moral, in Form von Codes. Eine Formalisierung, Operationalisierung findet statt, in der alles Soziale aufgeht (a.a.O., S. 33ff.). Die neue Moral besteht für Baudrillard primär in dem Verbot abzuschalten. Das Prinzip des Netzes und der Kommunikation impliziert das Gebot eingeschaltet zu bleiben. Die Gefahr der "Videosphäre" ist folglich weniger die des Kontrolliertwerdens als die der Kontrolle, die uns über die Außenwelt gegeben wird. Der Bildschirm beinhaltet somit eher die Gefahr, zur Nutzlosigkeit der Außenwelt beizutragen.

---

6   vgl. zum Begriff des Dispositivs: Michel Foucault "Dispositive der Macht" (1978, S. 119f.)

"Das Interface Video ersetzt Ihnen jede wirkliche Anwesenheit, macht jede Anwesenheit, jedes Wort, jeden Kontakt überflüssig zugunsten einer Kommunikation über den zerebro-visuellen Bildschirm: es betont also die Einhüllung in ein Mikrouniversum mit sämtlichen Informationen, das man nicht mehr zu verlassen braucht. Eine Gefängnisnische mit Videomauern. Es gab zwar die alte Angst, enteignet zu werden, weil man alles über uns weiß (Big Brother und die polizeiliche Kontrollbesessenheit). Aber heute besteht das sicherste Mittel, jemanden zu neutralisieren, nicht mehr darin, alles über ihn zu wissen, sondern ihm zu ermöglichen, alles über alles und über sich selbst zu wissen." (a.a.O., S. 41)

Damit ist sowohl das Ende eines Foucaultschen Überwachungsdispositivs, als auch das Ende eines jeden Diskurses, verstanden als Austausch zwischen Menschen, markiert.

1.3 Rekurs: M. McLuhan - M. Horkheimer/T.W. Adorno - W. Benjamin

Marshall McLuhans zu Beginn der 60er Jahre erschienenen Bücher mit ihren komplizierten, provokanten und vielseitigen Ideen haben in den letzten Jahren eine neue Bedeutung erhalten. Jean Baudrillard, Vilém Flusser und Neil Postman greifen "Denkfiguren" McLuhans auf[7], häufig ohne dies kenntlich zu machen. Im folgenden werden die zentralen Gedanken McLuhans herausgearbeitet.
Relevant für die Analyse einer Gesellschafts- bzw. einer "Psychostruktur" ist für McLuhan die Frage nach dem eine Kultur bestimmenden Medium, in dem oder mit dem Informationen gesammelt, gespeichert und verteilt werden. McLuhan geht davon aus, daß alle Zeitalter und Kulturen ihre bevorzugten Wahrnehmungs- und Erkenntnismodelle haben. Diese sind von den jeweils relevanten Medien überformt und geprägt, die das ganze psychische und soziale Gefüge berühren (1968a, S. 9f.). Damit wird der von Marx für eine Gesellschaftsanalyse zentral gestellte Begriff der Arbeit- bzw. der

---

7 Für den deutschsprachigen Raum seien an dieser Stelle die Texte von Norbert Bolz oder Peter Weibel erwähnt, die sich in weiten Teilen auf M. McLuhan beziehen. In Kanada leitet Derrick de Kerckhove an der Universität von Toronto das M. McLuhan-Forschungsprogramm. Hier wird versucht, die Ideen von McLuhan in der künstlerischen Praxis weiterzuentwickeln.

Produktion(sverhältnisse) durch den Begriff der Informationsverarbeitung bzw. der Medien ersetzt. "Reichtum und Arbeit werden zu Faktoren der Information ..." (a.a.O., S. 387). McLuhan reflektiert über die Medien jedoch nicht in einem ideologiekritischen Kontext, sondern was ihn interessiert, ist besonders das Zusammenspiel zwischen Fühlen, Wahrnehmen, Denken und den jeweils dominierenden Medien.[8]

Vor diesem Hintergrund wird der sehr weit gefaßte Medienbegriff bei McLuhan verständlich. Das Rad, das Geld, die Transport- und Verkehrswege, die Kleidung und natürlich das, was im allgemeinen unter Kommunikationsmedien verstanden wird (Radio, Fernsehen, Film und Computer) sind unter *einem* Medienbegriff subsumiert. Medien, so schreibt McLuhan selbst, sind Techniken und Methoden, um Wissen in einen anderen Modus zu übertragen, Erfahrungen in neue Formen zu transformieren. Sie sind Metaphern (a.a.O., S. 67). Für McLuhan ist die Form der Medien zentral. Die Inhalte sind ihm letztendlich gleichgültig, denn sie bestimmen weder die Beziehungen der Menschen untereinander, noch das sinnliche Wahrnehmen und Erleben. Ob z.B. eine Maschine Cornflakes oder Cadillacs produziert ist marginal, relevant ist hingegen "das Wesen der Maschinentechnik". Die Maschine ist für McLuhan beispielsweise ihrem Wesen nach ein Medium, das zerlegt und zentralisiert (a.a.O., S. 13f.), was Auswirkungen auf die gesamte Situation des Menschen hat, besonders aber auf seine Wahrnehmung und Empfindung. In diesem Sinne ist die bekannte "McLuhan-Formel" zu verstehen, daß das Medium selbst die Botschaft ist ("the medium is the message"). McLuhan formuliert damit eine provozierende Gegenthese zur allgemeinen Meinung, die darin besteht, daß das eigentlich Entscheidende sei, *wie* wir eine Technik verwenden. McLuhan äußert sich hierzu folgendermaßen: "Unsere übliche Antwort, mit der wir alle Medien abtun, nämlich, daß es darauf ankomme, wie wir sie verwenden, ist die befangene Haltung des technischen Dummkopfs." (a.a.O., S. 24) Denn den Verwendungszweck oder die Programme und Inhalte der Medien zu untersuchen, erklärt nicht ihre Magie. Diese besteht darin, daß die Medien direkt auf unsere Sinne einwirken und damit die Gesetzmäßigkeiten unserer Wahrnehmung bestimmen (a.a.O., S. 25). Die Medien massieren uns, folglich lautet McLuhans nächstes

---

8 In diesem Punkt unterscheidet er sich deutlich von seinem Kollegen, dem kanadischen Wissenschaftler Harold A. Innis, der soziale, politische und historische Veränderungen auf die Medien bezogen hat.

Bonmot: "the medium is the massage". Damit wird das Medium zu mehr als zu einer bloßen Austausch- und Speicherfunktion, es wird zum bestimmenden Moment unserer Welterfahrung.

Referenzpunkt der Überlegungen McLuhans ist der menschliche Körper, der qua Medien bzw. Technik erweitert, korrigiert und von Schwächen oder von Überdruck "befreit" wird. Medien sind Extensionen des Körpers (extensions of man) oder dessen Amputationen[9]-Ausweitungen, die dazu dienen, uns neue umformende Einsichten und Bewußtheit zu geben (a.a.O., S. 71), mit dem Ziel Macht und Geschwindigkeit zu vergrößern (a.a.O., S. 99). Entscheidendes Organ ist für McLuhan hierbei das zentrale Nervensystem, das durch die Elektronik technisch realisiert wurde. Alle Medien lassen sich insgesamt physiologisch auf das Zentralnervensystem hin konstruieren, insofern das menschliche Gehirn die gesamte Sinnesorganisation koordiniert. Was immer seine Funktion, sein Gleichgewicht stört, muß abgetrennt werden. In der Belastung, Überreizung oder Überforderung des Gehirns sieht McLuhan den eigentlichen Anreiz für neue Erfindungen (a.a.O., S. 51). Sind Erfindungen gemacht, so verlangen diese wiederum ein neues Verhältnis oder ein neues Gleichgewicht der anderen Organe und Ausweitungen des Körpers (a.a.O., S. 54).

Für McLuhan gleicht das Verhältnis des Menschen zu den Ausweitungen bzw. Amputationen seiner selbst dem des Narziß zu seinem Spiegelbild. In und mit den technischen Medien schaffen wir Abbilder unserer selbst. Mensch und Medien bilden ein geschlossenes System gegenseitiger Abhängigkeit. McLuhan verwendet in diesem Zusammenhang den Begriff des Servomechanismus. Es gibt keinen Unterschied zwischen einer technischen und einer organischen Welt mehr, denn der Mensch und die technischen Apparate sind unauflöslich (unheilvoll) miteinander verwoben. "Der Mensch wird sozusagen zum Geschlechtsteil der Maschinenwelt, wie es die Biene für die Pflanzenwelt ist, die es ihm möglich macht, sich zu befruchten und immer neue Formen zu entfalten." (a.a.O., S. 56) Der Vergleich mit dem Narzißmythos geht jedoch bei McLuhan noch weiter. Er meint nicht nur dieses Verhältnis der gegenseitigen Abhängigkeit, sondern auch eine Art von Betäubung, bzw. ein Außer-Kontakt-Bringen des Men-

---

9   Hier sei an Sigmund Freud erinnert, der folgendes schreibt: "Mit all seinen Werkzeugen vervollkommnet der Mensch seine Organe - die motorischen wie die sensorischen - oder räumt die Schranken für ihre Leistung weg ... Der Mensch ist sozusagen eine Art Prothesengott geworden, recht großartig, wenn er alle seine Hilfsorgane anlegt ..." aus: "Das Unbehagen in der Kultur" (1974, S. 221/222).

schen zu sich selbst, das technisch mit Gutenberg indiziert wurde. Der Buchdruck ist für McLuhan der Grundstock jeder weiteren Mechanisierung (a.a.O., S. 186), die die Gesellschaft von audio-taktilen zu visuellen "Verhältnissen" führt. Damit sind wichtige Stichworte genannt, nach denen McLuhan die Medien einordnet bzw. bewertet. Weitere wichtige Begriffe sind: Oralität - Synästhesie - Mitwirkung - wechselnde Perspektiven (Mosaikstruktur) - Geschwindigkeit - instantan wechselnde Konfigurationen. Dieses Kategorienschema entscheidet, in welche Ordnung ein Medium gehört: oral bestimmte Medien sind stammesgebunden, die visuellen Medien gehören in das Zeitalter der Mechanisierung und die taktilen Medien in das Zeitalter der Elektronik.

Drei kulturelle Zäsuren werden hiermit erkennbar. Die orale Kultur, die noch kein Bild- bzw. Schriftsystem kannte, funktionierte in bezug auf den Austausch und die Speicherung von Informationen über das Auge, das Ohr, den Gesichts- und den Tastsinn. Diese umfassende Form der Wahrnehmung nennt McLuhan auch synästhetisch. Denn das gesprochene Wort impliziert sowohl Gestik und Mimik, als auch Intonation, Rhythmik und Lautstärke der Stimme. Es ist instantan (sofort) und uneingeschränkt gegeben, impliziert ein Gegenüber, eine Beteiligung und eine Mitwirkung. Die Oralität steht für die Stammes- und Traditionsgebundenheit. Mit Gutenbergs mechanisierten Typen setzt sich dann ein gleichförmiges, visuelles Medium durch (1986b, S. 172ff.). Für McLuhan werden damit "Welten von Bedeutungs- und Wahrnehmungseinheiten" geopfert. Eine audio-taktile, ganzheitliche Erfahrung, die der oralen Kultur zugesprochen wird, wird reduziert auf eine rein vom visuellen bestimmte Erfahrung. Durch den Buchdruck entsteht laut McLuhan die Spaltung zwischen Verstand und Gefühl (1986a, S. 232f.). "Geboren" wird der zivilisierte, dem Gesetz untergeordnete Einzelmensch. Fürderhin gilt als zivilisiert, wer alphabetisiert ist.

Die phonetische Schrift bedeutete bereits, im Unterschied zu anderen Schriftsystemen, ein Denken in Linearität und Kontinuität, in Folgerichtigkeit und Kausaliät, in Logik und Vernunft (1986b, S. 28ff.); kurz: für McLuhan trägt bereits dieses Schriftsystem das Programm der Aufklärung in und mit sich. Als rational gilt, was uniform, kontinuierlich und seriell ist. "Mit anderen Worten, wir haben Vernunft mit Schriftkundigsein und Rationalismus mit einer einzelnen Technik verwechselt." (1986a, S. 22) Der so zugerichtete alphabetische Mensch, der nur seinen persönlichen Standpunkt kennt, entwickelt als Ergebnis den narzistischen Komplex: "Denn der Mensch in der alphabetischen und gleichgeschalteten Gesellschaft verliert die Fähigkeit, die verschiedengestaltige und diskontinuierliche Existenz der Formen empfinden zu können. Er gelangt zur Illusion der dritten Dimension und des >persönlichen Standpunktes< als Teilergebnis seines narzißtischen Komplexes ..." (a.a.O., S. 26) McLuhan betont, daß andere Kulturen mit einer z.b. ideogrammatischen Schrift ganzheitlicher in ihrer Wahrnehmungs- und Erlebnistiefe seien. Das mechanische Zeitalter, für McLuhan die dritte Epoche nach Altertum und Mittelalter, brachte die Zentralperspektive, den festen Standpunkt des euklidischen Raumes, die Ausweitung des Sehvermögens, die Linearität und Aufsplitterung in spezialisierte Einheiten. Das Buch war die erste Lernmaschine und der erste Massenartikel, der gewaltige, uniforme, kollektive Gedächtnisse schuf. Zeit und Raum wurden zu meßbaren Größen. In der Wissenschaft ging es von nun an um die Sichtbarmachung und visuelle Fixierung von Tatsachen und Erfahrungen.[10]

Da für McLuhan jedwede Technik eine Körperextension ist, bedeuten die elektronischen Medien deren "höchste" Stufe, nämlich die Erweiterung unseres zentralen Nervensystems. Alle nicht elektronischen Medien brachten nur eine geringe Beschleunigung, die Elektrizität nun schaltet alles "kurz", sie wirkt als topographische Implosion. Mit der elektronischen Automation wird die Linearität der "Gutenberg-Galaxis" durchbrochen, da die Rückkoppelung instantan gewährleistet ist. Hier erhält der Begriff der Rückkoppelung, bzw. des Servomechanismus noch einmal seine zentrale Bedeutung. Der Servomechanismus bedeutet in diesem Zusammenhang den Dialog zwischen einem Mechanismus und seiner Umwelt, was impliziert: Flexibilität und Variabilität, Interdependenz, Befreiung, riesige Wahlmöglichkeiten. Die elektrische Energie kann - so McLuhan - rasch und unterschiedslos für alle möglichen Aufgaben verwendet werden. In diesen Ansatz geht ein kybernetisches Verstehen von Welt ein, die Aufhebung aller traditioneller Dichotomien wie Subjekt und Objekt, Welt und Ich, der Vorstellung eines konsistenten Standpunktes, einer eindeutigen Perspektive usw.. Elektrizität bedeutet für McLuhan das schlechthin Beziehungsstiftende, bedeutet gegenseitige Abhängigkeit, und damit die Veränderung der althergebrachten Kommunika-

---

10 vgl. hierzu auch: Gert Mattenklott (1982) "Der übersinnliche Leib - Beiträge zur Metaphysik des Körpers" sowie: Michel Foucault (1981) "Überwachen und Strafen - die Geburt des Gefängnisses"

tionsstrukturen der Gutenberg-Galaxis. Statt Autorität zählt Pluralismus, Synchronität und Interdependenz. Für McLuhan ist das elektronische Zeitalter integrierend und demokratisierend. "Nach dreitausendjähriger, durch Techniken des Zerlegens und der Mechanisierung bedingter Explosion erlebt die westliche Welt eine Implosion." (a.a.O., S. 9) Die Welt wird, elektronisch zusammengezogen, zum Dorf. (1986b, S. 47ff.)

Zusammenfassend kann gesagt werden, daß McLuhan die Rückwirkungen der Medien und der Technik auf die menschlichen Sinne als dermaßen direkt einschätzt, daß dadurch die Regulation von Bewußtseinszuständen (individuell) und sogenannten kulturellen Klimazonen (gesellschaftlich) möglich wird.

"Der vielschichtige und empfindliche Zustand des Bewußtseins kann beeinträchtigt oder beendet werden, indem man einfach die Intensität eines beliebigen Sinnes auf - oder zurückdreht, was ja bei der Hypnose gemacht wird. Und die Verstärkung eines Sinnes durch ein neues Medium kann eine ganze Gemeinschaft hypnotisieren." (1986a, S. 123).

Die Durchsetzung einer gesellschaftlichen Homöostasie mit den Mitteln der Medien läßt allerdings die Frage aufkommen, wer über die Medien verfügt, bzw. wer oder wie gesellschaftliche Entscheidungen in bezug auf die Medien gefällt werden. McLuhan läßt dies unbeantwortet.

Den radikalen Gegenpol zum "rezeptionsästhetischen" Ansatz McLuhans bilden die gesellschaftskritischen Gedanken von **Horkheimer/Adorno.**[11] Den Herrschaftscharakter der "Massenkultur unterm Monopol" (S. 108) zu durchschauen, Medienaufklärung im Spätkapitalismus als Massenbetrug zu entlarven ist ihr Anliegen. Mit dem Begriff Kulturindustrie[12] ist die ökonomische Verfilzung von kulturellen und industriellen Bereichen markiert. Ziel der Kulturindustrie ist es, auf der Grundlage von Manipulation und "künstlich" erzeugten Bedürfnissen, kulturelle Standardisierungen und Serienproduktionen herzustellen. Dies gilt gleichermaßen für alle Sparten der Medien. Film, Fernsehen, Radio, die Printmedien verweisen für Horkheimer/

---

11 Im folgenden beziehe ich mich auf die "Dialektik der Aufklärung", darin besonders das Kapitel "Kulturindustrie. Aufklärung als Massenbetrug".
12 1962 versuchte Hans Magnus Enzensberger mit dem Begriff Bewußtseinsindustrie die Lage zu präzisieren. Gegen den Begriff der Kulturindustrie wird eingewendet, er befasse sich nur mit dem sogenannten Kulturleben.

Adorno alle auf das Gleiche, indem sie Uniformität erzeugen. "Kultur heute schlägt alles mit Ähnlichkeit." (a.a.O.) Ihre Wahrheit ist einzig ihr Geschäft, so ist es nur konsequent z.B. von der Film- bzw. Unterhaltungsindustrie zu sprechen. Das Argument, die Teilnahme so vieler Menschen an Kultur erfordere diese Reproduktionsverfahren, und die Inhalte wären von den Konsumenten erwünscht, entschärft nicht den eigentlichen Hintergrund. "Verschwiegen wird dabei, daß der Boden, auf dem die Technik Macht über die Gesellschaft gewinnt, die Macht der ökonomisch Stärksten über die Gesellschaft ist." (S. 109) Für Horkheimer/Adorno ist die Funktionsweise der Medien Teil der technischen Rationalität, die eine Rationalität der Herrschaft ist. Die Autonomie des Kunstwerkes, die darin bestand sich vom gesellschaftlichen System zu unterscheiden, ist geopfert. Liberalität und Subjektivität, die z.B. das Telephon noch gewährleistete sind mit dem Radio endgültig der Unfreiheit des Systems der Kulturindustrie zum Opfer gefallen. Hier wird das Publikum autoritär an bestimmte Sendungen und Programme gebunden, die nach immer gleichen Typen, Schemata und Klischees funktionieren. Alles ist vorkalkuliert und verwaltet. Effekte und technische Details ersetzen Ideen, Werk, Stil. Diese Gesetzmäßigkeit gilt für alle Medien, besonders aber für die Musik und den Film. Die Differenzierung kultureller Produkte, z.B. die Unterscheidung in A- und B-Filme, dient einzig der Klassifikation und Erfassung der Konsumenten. Individuelles Verhalten wird in und mit den verschiedenen Sparten transparent gemacht für kommerzielle Verwertungen.

Dabei gleichen sich die technischen Medien untereinander immer stärker an, sie werden immer uniformer bis zu dem Punkt, an dem alle industriellen Kulturprodukte identisch werden. Wort/Bild und Musik stimmen dann perfekt überein, wenn sie in *einem* technischen Arbeitsgang produziert werden. Dann wird sich der "Triumpf des investierten Kapitals", die Erfüllung des "Traums vom Gesamtkunstwerk" realisiert haben.

"Die ganze Welt wird durch das Filter der Kulturindustrie geleitet." (S. 113) Dies veranschaulicht am besten das Kino. Für Horkheimer/ Adorno ist klar, je adäquater die Technik die alltägliche Wahrnehmungswelt wiedergeben kann, desto leichter gelingt die Täuschung zwischen Leben und Abbild. Wirklichkeit wird mit der Filmkonserve identifiziert. Im Kino wird dem Zuschauer kein Raum und keine Zeit gelassen, eigene Vorstellungen zu entwickeln, die Phantasien schweifen zu lassen. Die denkende Aktivität der Betrachter wird verhindert, die Einbildungskraft verdrängt. In der Leistung einer automatisch gewordenen Aufmerksamkeit wirkt die Gewalt der Kulturindustrie. Damit gleicht sich die sogenannte Erholung immer mehr der Arbeit an. Was zählt ist das Schema der mechanischen Reproduzierbarkeit, der total gewordenen Imitation. Alle kulturellen Produkte dienen nur noch diesem einen Zweck "... die Sinne der Menschen vom Ausgang aus der Fabrik am Abend bis zur Ankunft bei der Stechuhr am nächsten Morgen mit den Siegeln jenes Arbeitsganges zu besetzen, den sie den Tag über selbst unterhalten müssen ..." (S. 118) Derjenige, der dem mechanisierten Arbeitsprozeß entfliehen will, erfährt im Amüsement wieder die Nachbilder des Arbeitsvorganges. So wie sich am Arbeitsplatz, in der Fabrik und im Büro automatisierte Abfolgen genormter Verrichtungen vollziehen, funktionieren auch die Traumfabrik und alle anderen Instanzen des Freizeitbetriebes.

Die Kulturindustrie läßt nur das durch ihre Raster, Typen und Schemata passieren, was konform geht. Reproduziert wird das Immergleiche, weil es kommerziellen Erfolg verspricht. Die Filmleute blicken auf die Bestseller, denn das Unerprobte stellt ein Risiko dar. Da alles beim alten bleiben muß, wird die Maschinerie ständig am laufen gehalten. Die Totalität der Kulturindustrie besteht in der Wiederholung. Neuerungen existieren nur auf dem Feld der Technik. "Ewig grinsen die gleichen Babies aus den Magazinen, ewig stampft die Jazzmaschine. Bei allem Fortschritt der Darstellungstechnik, der Regeln und Spezialitäten, bei allem zappelnden Betrieb bleibt das Brot, mit dem Kulturindustrie die Menschen speist, der Stein der Stereotypie." (S. 133) Der Zuschauer soll nicht denken, denn das Produkt zeichnet die Reaktion vor. Statt nach Sinn zu suchen, wird er zerstreut, indem er nur noch auf Signale reagiert. Dabei wird er unentwegt in seinem (sexuellen) Begehren unterdrückt. Verlust und Versagung werden zur Gewohnheit. Indem andauernd gelockt wird, bleibt der Mensch ewiger Konsument, Objekt der Kulturindustrie. Seine Bedürfnisse werden gleichzeitig produziert, gesteuert und unterdrückt. Das Geschäft der Kulturindustrie und die "Apologie der Gesellschaft" vertragen sich, denn: vergnügt sein heißt einverstanden sein. Die Kulturindustrie inszeniert die kleinen Fluchten nicht vor einer schlechten Realität, sondern vor dem letzten Gedanken an Widerstand. "Kulturindustrie schlägt den Einwand gegen sich so gut nieder wie den gegen die Welt, die sie tendenzlos verdoppelt. Man hat nur die Wahl, mitzutun oder hinterm Berg zu bleiben." (a.a.O.)

Der Anspruch der Verwertbarkeit von Kultur wird total, der Gebrauchswert durch den Warenwert ersetzt. Bestand ersterer noch in einem teuer bezahlten Genuß, in einer Beziehung zur kulturellen Ware, so erweist sich letzterer im puren überall-dabei-sein. Kunst wird zur Ware der Vergnügungsindustrie. Kritik und Respekt ihr gegenüber verschwinden. Der alltägliche Schund, so Horkheimer/ Adorno, wird mit Freude, daß es soviel davon gibt, gesehen und gehört. Alles, egal ob es etwas kostet oder nicht, steht im Zeichen kommerzieller oder politischer Interessen. Werden keine Waren angeboten, wird Propaganda verbreitet. Beispielhaft hierfür erwähnen Horkheimer/Adorno das Radio, als das autoritäre Medium schlechthin. Es ist allgegenwärtig, darin wirkt es wie ein göttliches Kommando. Die Nazis wußten dies sehr genau einzusetzen, ihnen diente das Radio so wie der Reformation die Druckerpresse (S. 143).

Walter Benjamins Überlegungen zu den Massenmedien nehmen vorweg, was einerseits M. McLuhan beschäftigte, nämlich der Zusammenhang zwischen Medien und einer Ästhetik im Sinne der Aisthesis (Theorie der Wahrnehmung) und andererseits das Thema von Horkheimer/Adorno[13] war. Benjamin beschreibt die Veränderungen von Wahrnehmung durch die Medien, aber gleichzeitig geht es ihm auch darum, beeinflußt u.a. von Berthold Brecht, übergeordnete politische Fragestellungen zu reflektieren, besonders vor dem Hintergrund des drohenden Faschismus. Im folgenden möchte ich dies anhand des Textes "Das Kunstwerk im Zeitalter seiner technischen Reproduzierbarkeit" herausarbeiten (Benjamin, 1977).
Walter Benjamin geht zunächst davon aus, daß um 1900 die technischen Reproduktionsmedien (Druckgraphik, Photo, Film) einen eigenen Platz innerhalb der künstlerischen Verfahrensweisen eingenommen haben. Es stellt sich ihm die Frage, wie und worin sich jene von klassischen Kunstwerken vergangener Jahrhunderte unterscheiden, und welche Möglichkeiten der Veränderung eines Geschichtsbewußtseins, bzw. der Chance auf Formulierung revolutionärer Forderungen mit und in ihnen gegeben sind. Beim technisch reproduzierten Kunstwerk fällt besonders eines auf, nämlich daß die Aura, die Walter Benjamin dem klassischen Kunstwerk zuschreibt, verschwindet. Aura bedeutet Einmaligkeit, Echtheit und

---

13 An mehreren Stellen von Adornos Schriften findet sich eine explizite Kritik an Benjamins Einschätzung und Beurteilung der Massenmedien. vgl. z.B. Adornos Beitrag in W. Benjamin: Ges. Schriften Bd II, 3. Buch, S. 1000ff.

Tradition. Indem die Reproduktionstechnik es möglich macht, Kunst beliebig zu vervielfältigen und damit von festen Orten zu lösen, tritt an die Stelle ihres einmaligen Vorkommens z.B. im Museum ihre massenweise Verfügbarkeit z.B. in Litho- und Photographien. Einmaligkeit und Dauer von Kunst wird durch Flüchtigkeit und Wiederholbarkeit ersetzt. Dies führt für Benjamin zu einer "... gewaltigen Erschütterung des Tradierten - einer Erschütterung der Tradition, die die Kehrseite der gegenwärtigen Krise und Erneuerung der Menschheit ist." (S. 141)

In jedem Fall aber sind die technisch reproduzierten Kunstwerke Ergebnis der Durchdringung von Realität mit einer Apparatur. So ist Film beispielsweise das Ergebnis der technischen Prozedur von Aufnahme und Schnitt. Benjamin vergleicht in diesem Zusammenhang den Maler und den Kameramann mit einem Magier und einem Chirurgen. Diese unterscheiden sich in ihrem Verhältnis zum Gegenstand durch Nähe bzw. Distanz. Der Chirurg dringt operativ in das Innere der Organe ein, während der Magier nur die Hand auflegt. Auch die Bilder von Maler und Kameramann sind grundsätzlich verschieden. Das des Malers ist total, das des Kameramannes vielfach zerstückelt, Ergebnis einer intensiven Durchdringung mit der Apparatur (S. 159). In der Apparatur liegt die Fähigkeit zu testen. Die Dinge, die von ihr aufgenommen werden, können isoliert und analysiert werden. Was sonst unbemerkt geschieht, zu klein und zu schnell ist oder sich aus anderen Gründen der menschlichen Optik entzieht, kann gezeigt und politisch genutzt werden.

Der Verlust der Aura ist gleichzeitig Ausdruck einer veränderten Wahrnehmung. Fand diese in bezug auf das traditionelle Kunstwerk innerhalb eines festen raum-zeitlichen Gefüges statt, so ist dieses Gefüge mit den technisch-reproduzierbaren Kunstwerken auseinandergebrochen. In Form von Schallplatten oder Kinofilmen kommt Kunst den Menschen entgegen, die "Kathedrale verläßt ihren Platz ..." (S. 140), Transportabilität und Mobilität werden zum Kennzeichen für die neue Kunst. Besonders der Film zeichnet sich durch eine taktile Qualität aus, worunter Walter Benjamin den permanenten Wechsel von Schauplätzen und Einstellungen versteht, die stoßweise auf den Betrachter eindringen. Da ist nichts mehr zu spüren von Kontemplation, Versenkung oder Identifizierung, sondern die Geschwindigkeit und die laufende Veränderung der Bilder und Töne erfordern eine gesteigerte Aufmerksamkeit, um die Schockwirkungen aufzufangen (S. 165). Das Filmbild wirkt für Benjamin wie ein Geschoß, es stößt auf den Betrachter, und kaum hat dieser das Bild ins Auge gefaßt, hat es sich auch schon wieder verändert. Alles ist ständig in Bewegung, sich an diese Situation anzupassen heißt Schocks routinisieren.

Für Benjamin bedeutet dies jedoch keine prinzipielle Ablehnung der neu entstehenden Kunstformen, sondern die Chance einer umfassenden Rezeption. Denn im Kino organisieren und kontrollieren die Massen die Rezeption selbst, indem sie das Medium nutzen und das Kunstwerk in ihnen versenkt wird. Deutlicher wird dieses andere/ neue Verständnis von Rezeption anhand der Baukunst. Bauten werden taktil und nicht optisch genutzt. Das Haus wird beiläufig bemerkt, nicht aufmerksam betrachtet.

"Diese an der Architektur gebildete Rezeption hat aber unter gewissen Umständen kanonischen Wert. Denn: *Die Aufgaben, welche in geschichtlichen Wendezeiten dem menschlichen Wahrnehmungsapparat gestellt werden, sind auf dem Wege der bloßen Optik, also der Kontemplation, gar nicht zu lösen. Sie werden allmählich nach Anleitung der taktilen Rezeption, durch Gewöhnung, bewältigt.*"(S. 166-167)

Benjamin erkennt hier ganz klar den Zusammenhang zwischen einer Veränderung der Wahrnehmung und gesellschaftlichen Veränderungen (der Produktion, des Lebens in der Großstadt), d.h. letztendlich den Zusammenhang zwischen Medien(technik) und sozialen bzw. politischen Verhältnissen.

Ursprünglich entstand das klassische Kunstwerk in einem magischen bzw. religiösen Zusammenhang, seine Fundierung lag im Ritual. Mit der technischen Reproduzierbarkeit löst es sich aus diesen Zusammenhängen und findet, so Benjamins Hoffnung, seine neue Fundierung in der Politik. Dazu gehört, daß Kunst nicht länger singulär und elitär rezipiert wird, sondern massenweise gehört und gesehen werden kann. Damit löst sich die Distanz auf, die ein wesentliches Moment für das Ritual war. Der Kultwert geht verloren und an seine Stelle tritt der Ausstellungswert. Diese Veränderungen bringen es mit sich, daß ganz neue Funktionen für Kunst möglich werden, die nicht innerhalb der Möglichkeiten des traditionellen Kunstwerkes lagen. Dieser "Umbruch" kann und muß politisch genutzt werden, denn technisch reproduzierbar gewordene Kunst widersteht einer subjektiven Interpretation, sie ist präziser und dirigistischer. In diesem Sinne versteht Benjamin auch die Filmbilder, die nicht zuletzt durch ihre

Abfolge innerhalb der Montage definiert sind. Die Filmkunst kann nur technisch begriffen werden, da sie vollkommen durchdrungen ist von einer Apparatur. Diese schreibt der Produktion wie der Reproduktion ihre Gesetze vor. Die Kamera, die Montage, die ganze Reihe optischer Tests zeigen dies auf. Es existiert kein Kontakt mehr zwischen den Schauspielern und dem Publikum, kein gemeinsames Hier und Jetzt, keine raum-zeitliche Korrelation. Der Schauspieler spielt nur vor der Kamera. Die Montage setzt zusammen, was an völlig unterschiedlichen Orten zu unterschiedlichen Zeiten aufgenommen wurde. Eine Aura ist nirgendwo meh, wie z.b. Henry Kissingerr zu entdecken. Benjamin kritisiert alle Filmtheoretiker, die versuchen in den Film kultische Momente hineinzuinterpretieren, wie z.B. Abel Gance; er argumentiert ausschließlich mit der Technizität der Film-bilder, allein darin liege ihr Potential und ihre Chance.

1.4 Begriffsklärung - Zusammenfassung - Kritik

In Kapitel 1.4 wird untersucht, welche wissenschaftlichen Disziplinen mit dem Medienbegriff arbeiten bzw. welches Verständnis von Medien hier jeweils vorliegt. Ausgangspunkt ist die Kommunika-tionswissenschaft, die dem Problemfeld am nächsten zu liegen scheint, um anschließend vorzustellen, was die Publizistik, die Nach-richten- bzw. Informationstheorie, die Semiotik und die Medien-wissenschaft selbst zur Begriffsklärung beitragen. Abschließend wer-den die Ergebnisse aus der bisherigen Analyse zusammengefaßt. Dabei wird deutlich werden, an welchen Punkten Kritik geübt werden muß, bzw. welche Leerstellen eine (zukünftige) Theorie der Medien zu füllen hätte.
Die Kommunikationsforschung orientierte sich an der Nachrichten- bzw. Informationstheorie. Diese geht von einem klar definierten Modell aus, in dem folgende Elemente relevant sind: Kommunikator, Aussage, Medium und Rezipient. Die Medien selbst werden hier als bloße technische Mittel, als Massenmedien zur Verbreitung von Aus-sagen verstanden. Ihre wissenschaftliche Relevanz erhalten sie allein darüber, daß sie in Relation zur Kommunikator- bzw. Rezipienten-seite gesehen werden (Maletzke, 1980/1988b). Es wird ausschließlich ihr Inhalt untersucht. Dieser wird entweder vor dem Hintergrund lerntheoretischer oder kausaltheoretischer Ansätze analysiert. Die Lerntheorie mit ihrem Reiz-Reaktionsschema, mit ihrem Fokus auf das Verhalten der Rezipienten, übersieht das Medium in und mit dem

etwas zur Aussage kommt vollständig. Für den kausaltheoretischen Ansatz steht Harold D. Lasswell (1948), der mit seiner in den 40er Jahren formulierten Formel "wer sagt was in welchem Kanal mit welcher Wirkung?" zwar das Medium als Kanal in einer Kette mehrerer Faktoren zur Darstellung brachte, im weiteren aber hauptsächlich mit Wirkungsforschung beschäftigt war. Lasswell initiierte eine kommunikationswissenschaftliche Forschungsrichtung, die erst mit dem Auftauchen komplexerer Sichtweisen, etwa aus der Kybernetik und der Systemtheorie, in Frage gestellt wurde. Auch im sogenannten Nutzenansatz[14], der die Bedürfnisse der Rezipienten stärker berücksichtigt - wobei derjenige, der Nachrichten aufnimmt, als aktiv selektierender Kommunikationspartner verstanden wird - findet das Medium selbst keine Bedeutung. Die Kommunikationswissenschaft läßt das Medium selbst in ihren Untersuchungen weitestgehend unberücksichtigt.[15]

Dieser Sachverhalt veränderte sich auch nicht als die Kommunikationsforschung die Soziologie stärker wahrzunehmen begann. Hier wurden die Massenmedien, allen voran natürlich Fernsehen bzw. Film, ausschließlich im Zusammenhang mit gesamtgesellschaftlichen Problemen erörtert, besonders unter dem Aspekt allgemeiner Strukturen wie z.B. Besitzverhältnisse, Produktionsprozesse, Kontrollmöglichkeiten u.ä.m. (Dröge, 1973; Enzensberger, 1970; Horkheimer/Adorno, 1980; Negt/Kluge, 1972). Das Medium wird hier ausschließlich als *Resultat* eines Produktionsprozesses von Waren verstanden, als etwas, in dem sich das Allgemeine der Kapitalverhältnisse abbildet. Seit Horkheimer/Adorno begreift die kritische Sozialwissenschaft, die nach wie vor von einem Unterschied zwischen primären und sekundären Wirklichkeiten ausgeht, die (elektronischen) Medien als Störung unserer Lebensverhältnisse im Sinne eines Prozesses zunehmender Erfahrungs- und Erinnerungsverluste und als Demontage des Politikverständnisses. Oskar Negt formuliert es folgendermaßen: "An der gesellschaftlichen Bewußtlosigkeit gegenüber diesen Rückbildungsprozessen hat die Medienforschung selber ihren aktiven Anteil; sie müßte begreifen, daß im Zentrum einer kritischen Medientheorie *nicht die Medien stehen.*" (1991, S. 32)

---

14 in den später auch George Herbert Meads Theorie der symbolischen Interaktionen einfloß (Burkart, 1983)
15 Eine Ausnahme bildet hier das Modell von Westley/McLean, das das Medium als Kommunikationskanal reflektiert und auch Probleme der Codierung und Encodierung anspricht (Renckstorf, 1984).

Enzensbergers Forderung demgegenüber war, die Medien emanzipatorisch zu nutzen, aus Distributionsmedien Kommunikationsmedien zu machen, indem der Empfänger auch zum Sender wird und vice versa. Ähnliches hatte Berthold Brecht (1971) bereits in seinem Aufsatz "Der Rundfunk als Kommunikationsapparat" 1932 formuliert. Enzensberger dienten die Medien ausschließlich als Mittel politischer Arbeit, ein Verständnis, das dann zum Inhalt kritischer Medienpädagogik wurde (Baacke, 1975).

Innerhalb der Publizistik hat sich Harry Pross am ausführlichsten mit einer Differenzierung des Medienbegriffs beschäftigt (1972). Er kommt zu einer Unterscheidung zwischen Primär-, Sekundär- und Tertiärmedien, je nach dem Grad der (technischen) Distanzierung, der zwischen Sender und Empfänger besteht. Besondere Aufmerksamkeit widmet Pross hierbei den Kategorien von Raum und Zeit, die sich fundamental verändern, wenn sich die Medien ändern. Bei den Primärmedien übertragen Schall- bzw. Lichtwellen eine Information in Form von Sprache oder Mimik. Kommunikation findet zwischen Sender und Empfänger von Angesicht zu Angesicht statt, bzw. in einer Distanz, für die die Sinne des Menschen ausreichen. Bei den sekundären Medien handelt es sich um solche Kommunikationsmedien, die eine Botschaft mit Hilfe technischer Medien zum Empfänger transportieren, ohne daß dieser ein Gerät benötigt, um die Bedeutung aufnehmen zu können. In diese Kategorie fallen Bild, Schrift, Druck, Photographie, Buch, Zeitung usw.. Die dritte Gruppe der Medien ist die, bei deren Gebrauch sowohl Sender wie Empfänger Geräte benötigen. Ihr Beginn läßt sich mit der Telegraphie ausmachen, und sie endet bei den elektronischen Kommunikationsmedien heutiger Tage. Die Publizistik als Fach kennt jedoch keine gesellschaftswissenschaftliche Reflexion über die Medien, relevant sind diese primär unter dem Aspekt einer Analyse ihrer Institutionalisierung und ihrer Organisationsprinzipien (Saxer, 1980).

Wesentlich komplexer wird der Begriff des Mediums in der Nachrichten- bzw. Informationstheorie und in der Kybernetik (Meyer-Eppler, 1959; Shannon/Weaver, 1962; Wiener, 1961). Im Zusammenhang mit der Frage, wie eine Menge von Informationen störungsfrei übertragen und decodiert werden kann, geht es um die Aufnahme und Verarbeitung von Signalen in den zwischen Sendern und Empfängern zwischengeschalteten "Transmittern" und "Receivern". Dieser Forschungszweig entwickelte sich aus der Notwendigkeit, Störungen bei der Telephonübertragung zu verhindern und Nachrichten meßbar zu machen. Informationen werden in Form von kleinsten, unteilbaren Einheiten, den "binary digits" formalisiert, um die technischen Informationskanäle besser auszunützen und Information meßbar zu machen. Wichtig ist hier, daß im Gegensatz zur face-to-face-Kommunikation, stark vereinfachend gesprochen, Energie zugeführt werden muß, um die Information über große Entfernungen zu erhalten. Technische Informationsübertragung, und das heißt in diesem Zusammenhang apparatetechnische Informationsübertragung, bedeutet, daß z.B. Schallwellen in elektromagnetische Wellen transformiert werden und vice versa. Auch Meyer-Eppler unterscheidet in diesem Zusammenhang zwischen Ortsmedien und Zeitmedien, je nach Art und Zahl der die Information tragenden Koordinaten, und zwischen der materiellen Struktur der Medien (Meyer-Eppler, 1959).

Von semiotischer Seite äußert Umberto Eco Kritik am unscharfen Gebrauch des Begriffs (1986). Wer von Medien redet, muß seiner Meinung nach die Unterscheidung zwischen Kanal, Code und Botschaft im Auge behalten. Zentral ist für Eco die exakte Differenzierung zwischen einem grammatikalischen und einem physikalischen Medienbegriff. Der physikalische Medienbegriff impliziert einen Kanal, der etwas von A nach B übermittelt, wobei Eco sich hier auf Thomas A. Sebeok bezieht (1986), der die Kanäle nach Materie und Energie unterscheidet, also flüssige oder feste Medien von chemischen oder physikalischen Medien abgrenzt. Der grammatikalische Medienbegriff meint demgegenüber eine Übersetzung in ein anderes Zeichensystem. Das Alphabet z.B. übersetzt Schallwellen in Zeichen. Es reduziert die Möglichkeit der Stimmorgane nach Kriterien der Ökonomie und liefert damit einen Code zur Kommunikation von Erfahrungen. Ein Code ist hiernach ein festgelegtes Regelsystem, das bestimmten Zeichen eine eindeutige Bedeutung zuordnet, so daß der Empfänger eine Nachricht richtig entschlüsseln kann.

Die Medienwissenschaft ihrerseits ignoriert diese definitorische Problematik vollständig. Sie übersieht auch die Fragestellungen der Nachrichten- bzw. Zeichentheorie. Eine Tatsache, die über kurz oder lang zu einem Dilemma führen wird, spätestens dann, wenn das Problem der Generierung von Sprache wahrgenommen wird. Die Medienwissenschaft versteht unter Medien primär das Fernsehen und im weiteren auch den Film vor dem Hintergrund der Gestaltung von Stoffen und Inhalten sowie deren spezifischer Ästhetik (Hickethier, 1988). Deutlich bleibt hier die enge Verwandtschaft zwischen Medien- und Literaturwissenschaft. Eine erweiterte Medienwissenschaft versucht Siegfried Zielinski (1989), indem er die Materialität der Medien vor dem Hintergrund von Technik, Kultur und Subjekt fokussieren will und einen audio-visuellen Diskurs benennt, der die Planung, Erzeugung und Rezeption medialer Praxen beschreibt.

Über die systemtheoretischen Ansätze von Parsons, Luhmann und Habermas läßt sich in bezug auf den hier zur Betrachtung stehenden Medienbegriff zusammenfassend folgendes als Ergebnis festhalten: ihr Medienbegriff ist ein systemischer vor dem Hintergrund einer übergeordneten Handlungs- bzw. Kommunikationstheorie. Die Relevanz der audio-visuellen Medien, die Digitalisierung der Medien, die Frage, wie die für Handlung/Kommunikation/Interaktion relevante Information erzeugt, gespeichert und verteilt wird, geht in die Theorien nicht ein. Bei Luhmann wird zwar die durch die sogenannten Verbreitungsmedien produzierte Kommunikationsrealität der postmodernen Gesellschaft erwähnt, jedoch bilden sie kein eigenes System und werden deshalb theoretisch nicht weiter behandelt. Und Habermas, *der* Kommunikationstheoretiker unter den Soziologen bemüht sich, die Massenmedien den generalisierten Formen der Kommunikation, die ausschließlich auf sprachliche Konsensbildung rekurrieren, zuzuordnen, und zwar an einigen wenigen Stellen seines 1200 Seiten umfassenden Buches über die "Theorie des kommunikativen Handelns"; eine differenziertere Analyse des Gegenstandes fehlt. Würde Habermas die Problematik der technischen Medien zur Kenntnis nehmen, würde der Kern seiner gesamten Theorie - die grundsätzliche Trennung in System und Lebenswelt - hinfällig. Es kann also festgehalten werden, daß eine genauere Analyse der Massenmedien in diese Konzepte nicht eingeht, auch nicht die Frage, wie sich die technischen Medien auf das Bewußtsein, bzw. die menschliche Wahrnehmung auswirken.

Einzig der Ansatz von Siegfried J. Schmidt zeigt einen differenzierteren Ansatzpunkt. 1. ist hier eine Loslösung vom systemtheoretischen Medienbegriff feststellbar. Die Massenmedien (Texte, Bilder, Filme usw.) werden als ein eigenständiges Sozialsystem begriffen, dessen Funktion darin besteht, in einer zunehmend komplexer werdenden Gesellschaft ein gemeinsames Wirklichkeitsmodell zu schaffen. Seine Funktion besteht darin, kognitive und soziale Systeme zu parallelisieren und zu koordinieren. 2. Das Grundmodell der Nachrichtentheorie ist hier ersetzt durch ein Modell der Informationskonstruktion innerhalb des kognitiven Bereichs autopoetischer Systeme. Auch nimmt Schmidt als einziger der hier vorgestellten Systemtheoretiker zur Kenntnis, daß die technischen Medien Vermittlungs-, Rezeptions- und Verbreitungsweisen von Umweltwahrnehmungen und Wirklich- keitskonstruktionen vergrößern und verändern. In seiner jüngsten Publikation schlägt er vor, Medien hinsichtlich ihrer Materialität, ihrer Technik und ihrer Organisationsform genauer zu untersuchen (1994, S. 613).

Friedrich Kittler tritt mit dem Anspruch auf, eine Diskursanalyse im Sinne Foucaults unter medientechnischen Aspekten zu liefern (1986, S. 3). Ihn interessiert besonders die Materialität der Medien (Schrift/ Grammophon/Film/Typewriter/Computer) und ihre Auswirkung auf die jeweils spezifischen Nachrichten- bzw. Informationsnetze. Deren Schaltungen, deren "Schematismus der Wahrnehmbarkeit" (a.a.O., S. 5) sollen untersucht werden. Bezogen auf die Fragestellung kann jedoch folgendes festgehalten werden: Bleibt man beim nachrichten- theoretischen Basis-Modell von Shannon/Weaver, so setzt Kittler den Informations-Kanal als determinierenden Faktor fest, hier auch ganz der Tradition McLuhans folgend und betrachtet den "Rest" des Systems als abhängige Variable.

Baudrillard geht vom Ende der "Ära der Zeichen" aus, von der absolut gewordenen Simulation, von einer unauffindbar gewordenen Realität. Seine Theorie verdeutlicht er *am Beispiel* der Medien. Diese repräsentieren nichts mehr, eine Differenz zwischen Realität und ihrer Repräsentation z.B. in Bildern ist inexistent geworden. Bleibt man im kommunikationswissenschaftlichen Modelldenken, so ist bei Baudril- lard kein Inhalt, keine Referenz einer Botschaft mehr übriggeblieben. So wie sich in den medialen Botschaften jeglicher Sinn verflüchtigt hat, so haben sich auch die zwei Positionen von Sender und Empfän- ger aufgelöst bzw. sind ineinander übergegangen. Baudrillard ist zwar der einzige der hier vorgestellten Theoretiker, der die "Bildproble- matik" im Zusammenhang mit Medien und Kommunikation aufnimmt und in seine Theorie einbaut, jedoch fehlt auch hier eine genauere ökonomische, technische oder genetische Betrachtung der audio- visuellen Medien. Die Analyse der relevanten Texte ergibt: Baudrillard ist kein Medientheoretiker. Im Zentrum seines Denkens steht die Semiotik und seine Simulationsthese. Die Bildschirmmedien dienen ihm nur als gelungene Veranschaulichung seiner Theorie.

Die Anleihen, die Kittler und Baudrillard wie Postman und Flusser bei McLuhan gemacht haben, sollen im Rahmen der hier vorgelegten Arbeit deutlich werden. McLuhan war der erste Wissenschaftler nach Harold A. Innis, der sein Augenmerk auf die Bedeutung des

Kanals/des Mediums im Zusammenhang mit der Informationserzeugung, -speicherung und -verteilung gerichtet hat. Allerdings ist
sein Medienbegriff diffus, da letztendlich alles zum Medium wird. Der
Verdienst von McLuhan liegt darin begründet, daß er die Medien
unter einem aisthetischen Aspekt begriffen hat, insofern als jeweils
unterschiedliche Medien einzelne Sinne auf eine bestimmte Art und
Weise ansprechen bzw. ignorieren und damit unsere Wahrnehmung
präformieren, organisieren und instrumentalisieren. McLuhans implizite Frage war die, wie unsere Weltwahrnehmung a priori durch
(technische) Medien geprägt und überformt ist. Auf dieser Grundlage
hat er (in quasi dadaistischer Manier) über einzelne Medien und ihre
sinnesphysiologische Rezeption geschrieben. Sein Mediendetermi-
nismus gepaart mit einem naiven Optimismus haben dann allerdings
zu merkwürdigen Ergebnissen geführt. Die Annahme z.B., daß die
elektronischen Medien dezentralisierend wirken, Hierarchien zugunsten eines friedlichen Miteinanders auflösen - eine Vision, der sich
Flusser dreißig Jahre später fast auf den Punkt genau angleicht[16] -
klingt eher nach einem Pfingstwunder, nach einem Hoffnungsträger
auf ein diesseitiges Paradies, denn als realistische Einschätzung
technischer Entwicklungen.
Horkheimer/Adorno ihrerseits können als die Väter des "Medien-
pessimismus" in die Annalen der Medientheorie eingehen. Ihre Einschätzungen waren global und vernichtend. Vieles, was in den folgenden Jahrzehnten über die Medien gedacht und geschrieben
wurde[17], steht in ihrer Tradition. Manipulations-, Verblendungs- und
Blockierungszusammenhänge, die als untrennbar mit der kapitalistischen Gesellschaftsordnung verbunden werden, überstrapazieren
ökonomische und ideologische Aspekte und bleiben in der Sache
genauso einseitig wie die Form ihrer Kritik. Die Annahme von Hork-
heimer/Adorno, daß Film z.B. der individuellen Phantasie keinen
Raum lasse, straft jeder Kinogang Lügen. Um so interessanter, auch
hinsichtlich der Modernität der Gedanken, ist der Zugang Walter
Benjamins zum Thema. Er erkannte ganz klar, daß der Abschied von
einer Kultur, die sich weitgehend auf Schrift bezog, von einer autonomen, bürgerlichen Kunst, durch die technischen Medien eine radi-

---

16 und bereits in Berthold Brechts Radiotheorie einfloß, wie auch in den "Baukasten zu einer Theorie der Medien" von Hans Magnus Enzensberger.
17 In der Tradition von Horkheimer/Adorno stehen z.B. Oskar Negt und
   Alexander Kluge mit ihren Überlegungen zu und über die Medien; zentral für
   sie ist der Begriff des "Blockierungszusammenhangs"; auch auf Franz
   Dröge sei in diesem Zusammenhang nochmals hingewiesen.

kale Umfunktionierung des menschlichen Apperzeptionsapparates bedeutet. Benjamin analysierte den Film nicht als Kunstform, sondern als Medium. Medium heißt hier die Art und Weise, in der Sinneswahrnehmung sich organisiert. Daß diese nicht natürlich funktioniert, sondern technikgeschichtlich bedingt ist, hat Benjamin dreißig Jahre vor McLuhan deutlich gemacht. Benjamin erkannte ganz klar, daß die Organisation/Strukturierung und Kontrolle der Wahrnehmung abhängig ist von den eine Gesellschaft bestimmenden Kulturtechniken. Bereits im ersten Drittel dieses Jahrhunderts ist Wirklichkeit nur noch vorstellbar als Ergebnis einer intensiven Durchdringung mit der Apparatur. Das Erleben von Schocks, Zeitwahrnehmung als stoßweise Rhythmisierung, Massenrezeption, Überwindung von Entfernungen, Veränderung der Koordinaten von Zeit und Raum sind die Stichworte Benjamins aus den 30er Jahren. Sie haben für eine Aisthetik der Medien am Ende dieses Jahrhunderts nach wie vor Gültigkeit.

2. Aktuelle Medientheorien: N. Postman - V. Flusser - P. Virilio. Ergebnisse einer vergleichenden Analyse

Ausgehend davon, daß unsere Gesellschaft aufgrund von Veränderungen der technischen Informations- und Kommunikationsprozesse einen kulturellen Wandel durchmacht, muß als Ergebnis aus Kapitel 1 festgestellt werden, daß sich die aktuelle gesellschaftswissenschaftliche Theorienbildung dieser Problematik nicht stellt, ja sie im Zweifelsfall noch gar nicht wahrgenommen hat.[1] Keiner der vorgestellten Theoretiker setzt sich differenziert mit der Informationserzeugung durch die technischen und besonders elektronischen bzw. digitalisierten Medien auseinander und zeigt beispielsweise auf, worin sich diese von sprachlicher Kommunikation unterscheiden. Man kann somit berechtigt von einem eklatanten Theoriedefizit sprechen, das, will man in diesem Zusammenhang von deutschen Autoren sprechen, einzig von F. Kittler und N. Bolz aufgegriffen wird (Kittler, 1986/1987; Bolz, 1990/1993a/1993b/1994). Beide rekurrieren stark auf McLuhan, Kittler in einer "Melange" mit Lacan, Bolz mit Benjamin. Von einer expliziten Medientheorie kann jedoch nicht die Rede sein.

Wirklich neue Wege gehen Neil Postman, Vilém Flusser und Paul Virilio, die sich, betrachtet man ihre Bio- und Bibliographien, seit über zwanzig Jahren mit Medien beschäftigen und gerade in jüngster Zeit besonders in Deutschland eine ungeheure Publizität erfahren haben. Hier liegen keine Einzelmedientheorien vor, wie sie etwa für den Film in einer Fülle existieren, sondern alle drei Theoretiker beschäftigen sich mit der Sprache, mit der Schrift, mit den Bildern, aber auch mit den Körpern, der Architektur, mit den Maschinen und den Computern als kulturbestimmende Medien. Postman, Flusser und Virilio schreiben explizit über die Medien, sie reflektieren darüber, was sich durch sie, mit und in ihnen alles verändert, was sie leisten und vereiteln. Es sind Theorien, die die Medien im Sinne von kulturrelevanten bzw. kulturverändernden "Instanzen" begreifen. Außerdem handelt es sich hier um ein sehr umfangreiches, bis heute unbearbeitetes Material, in das auch Reflektionen über aktuelle Ereignisse wie z.B. den Golfkrieg oder die "Revolution" in Rumänien einfließen.

---

1 Nur so ist zu verstehen, daß z.B. "die Erlebnisgesellschaft" ein 700 Seiten umfassendes Buch des Soziologen Gerhard Schulze, das eine "Kultursoziologie der Gegenwart" sein will (so der Untertitel des 1993 erschienenen Buches) nur an einigen wenigen Stellen ein paar Worte über die Medien verliert (1993, S. 69; S. 77; S. 90; S. 176).

Grundlage der folgenden Analyse sind die Texte, sowie umfangreiche Gespräche und Korrespondenzen, die ich in den letzten Jahren mit den Theoretikern führte.[2] Die Systematik, nach der die drei Theorien im folgenden untersucht werden, ist ihrerseits bereits Ergebnis einer intensiven Bearbeitung des Gesamtmaterials. Sie benennt einerseits die in den Theorien verborgenen Implikationen, andererseits verdeutlicht sie die aufgespannten gesellschaftswissenschaftlichen Horizonte. Hiermit sollen Konzentrationspunkte geschaffen werden, die Unterschiede und Übereinstimmungen deutlich machen. Die vergleichende Analyse beginnt, sensibilisiert durch M. McLuhan, mit einem Kapitel über Medien und Wahrnehmung (2.1), um dann die "Epochenthese" vorzustellen, die besagt, daß Veränderungen der Medienwelt als Revolutionen zu verstehen sind (2.2). Das anschließende Kapitel stellt die Aussagen zur Diskussion, die Postman, Flusser und Virilio in bezug auf politische und soziale Veränderungen auf Grund der Medien machen (2.3), um in der These von der "Mensch-Maschine-Synergie" zu enden (2.4). Kapitel 2.5 vergleicht die medienethischen Forderungen, die sich aus den Theorien filtern lassen, Kapitel 2.6 stellt so weit wie möglich das wissenschaftstheoretische Umfeld dar, und in 2.7 wird eine zusammenfassende Kritik vorgestellt.

2.1 Realität(swahrnehmung) ist eine Konstruktion der Medien

2.1.1 Konstruktion von Realität durch Sprache und Fernsehen

Postmans klarste Aussagen zu wahrnehmungstheoretischen Fragestellungen lassen sich auf einigen wenigen Seiten seines 1969 geschriebenen Buches "Teaching as a Subversive Activity"[3] finden. Er bezieht sich hier auf die Arbeiten von Albert Ames[4], der in seinen Experimenten nachwies, daß alles, was wir in der Außenwelt wahrnehmen durch bzw. über den "Filter unseres Nervensystems" läuft.

---

2 Über Vilém Flusser entstand in diesem Zusammenhang ein Video im Auftrag der Gesellschaft für Filmtheorie Wien (Kloock, 1991).

3 dt. "Fragen und Lernen - Die Schule als kritische Anstalt", zs. mit Charles Weingartner, 1972

4 Albert Ames, Jurist, Künstler und Forscher auf dem Feld der physiologischen Optik hat nie ein Buch veröffentlicht. Er stand mit John Dewey in Briefkontakt, der seine Forschungen als die bedeutendsten Arbeiten auf psychologisch-philosophischem Gebiet beurteilte (a.a.O., S. 127ff.).

Die Perzeption kommt nicht von den Dingen der Umgebung, sie ist keine Reaktion, sondern eine Konstruktion des Menschen. Damit ist deutlich gesagt, daß das, was wir als Wirklichkeit oder Realität bezeichnen eine Wahrnehmung ist, die ihrerseits "... irgendwo hinter den Augen lokalisiert ist". (1972, S. 130)

Hinter den Augen aber findet laut Postman ein sprachlicher Prozeß statt. So betrachtet "sehen" wir mit unserer Sprache. Sprache ist jedoch nichts Neutrales. Sie spielt im Zusammenhang mit der Bedeutung von Wahrnehmung eine wichtige Rolle, denn sie kodifiziert Ein- und Zuordnungen, Sprache strukturiert die Beziehungen der Dinge, der Menschen, der Welt, die uns umgibt, sie bestimmt unsere Vorstellungen über Raum, Zeit und Zahl. Postman rekurriert also auf die "Sapir/Whorf Hypothese". Die beiden Anthropologen, die sich eingehend mit der Funktionsweise von Sprache beschäftigt haben, kamen auf der Grundlage ihrer Studien zu dem Schluß, daß jede Sprache ihrerseits eine einmalige Art der Wahrnehmung von Realität darstellt (a.a.O., S. 144ff.). In diesem Sinne produziert jedes Sprachsystem eine eigene "Sprach-Welt", oder wie Postman sich ausdrückt: "Wir leben innerhalb der Schranken unserer sprachlichen Spielräume ..." (1992a, S. 134).

Sprache drückt demnach nicht einfach nur Denken aus oder spiegelt es wieder, sondern wirkt sich selbst auf unsere Wahrnehmung und Beurteilung von Wirklichkeit aus. Es ist damit *das* Medium über das Welt erfahren und begriffen wird, das Realität konstruiert[5] (vgl. 1992b, S. 25). Damit wird die Vorstellung von dem, was Realität oder Wirklichkeit ist, untrennbar von Sprache. Dies erinnert an Wittgensteins bekannten Satz, die Sprache sei nicht nur das Fahrzeug des Denkens, sondern der Fahrer selbst, oder an Heideggers Formel von der Sprache als dem Haus des Seins. In "Das Technopol" drückt Postman sich noch eindeutiger aus. Er schreibt:

"Sprache ist reine Ideologie. Sie lehrt uns nicht nur, welche Namen die Dinge haben, sondern auch - und dies ist noch wichtiger -, welche Dinge überhaupt benannt werden können. Sie teilt die Welt in Subjekte und Objekte. Sie gibt an, welche Ereignisse als Prozesse und welche als Dinge anzusehen sind." (1992a, S. 134f.).

Postman merkt in diesem Zusammenhang kritisch an, daß die englische Grammatik im Unterschied zu anderen Sprachen auf einer

---

5   Zu Postmans höchst unklarem Medienbegriff vgl. 2.7.1 und vgl. Interview

Subjekt-Objekt-Konstellation beruht.[6] Damit will er deutlich machen, daß sich auch innerhalb grammatikalischer Strukturen ein bestimmtes Verhältnis der Welt gegenüber ausdrückt. Auch die Sprache ist für Postman eine Art Technologie und zwar eine unsichtbare Technologie. Sie wird für etwas natürliches, unbearbeitetes und direktes gehalten. Aber nach feststehenden grammatikalischen Regeln Sätze zu bilden, nach einer feststehenden Logik Fragen zu stellen zeigt, daß sich in der Sprache eine Technologie verbirgt, die die menschliche Wahrnehmung in eine bestimmte Richtung lenkt, um ganz bestimmte Tatsachen sichtbar zu machen oder sie zu verbergen (vgl. a.a.O., S. 154). Postman kommt hier zu dem zurück, was er bereits 1969 ausgeführt hat.

Heute jedoch ist die für unsere Kultur relevante Technologie im Zusammenhang mit der Konstruktion von Realität das Fernsehen. Das Fernsehen ist für Postman der Höhepunkt der optisch-elektronischen Medien. Diese haben "neue Sprachen" produziert, eine andere, neue Wahrnehmung. Seine Grundthese zur momentanen Situation ist, daß die Fernseh-Bilder an die Stelle der Schrift-Sprache treten, und die Wahrnehmung, die über rationale, weil begriffliche Diskurse lief, zurückgedrängt wird, um einer emotional-regressiven, über Bilder gesteuerten Wahrnehmung Platz zu machen (1983, S. 87ff.). Für Postman ist grundlegend, daß, was wir denken, fühlen und tun, letztendlich abhängig ist von dem eine Kultur bestimmenden Medium: "Unsere Medien sind unsere Metaphern. Unsere Metaphern schaffen den Inhalt unserer Kultur" (1992b, S. 25).[7]

2.1.2 Realitätswahrnehmung und Empfindung auf der Grundlage apparatetechnischer Modelle

Ganz im Sinne des radikalen Konstruktivismus geht Flusser davon aus, daß der Mensch Wirklichkeit konstruiert. Eine Ebene organisationsfreier, unmittelbarer Wahrnehmung, ein Jenseits der Medien (der Technik) existiert nicht. Jede Wahrnehmung, jede Auffassung von

---

6   Dies ist ein Gedanke, der auch bei Vilém Flusser auftaucht und ihm ein Argument für die "Stärke" der technischen Bilder liefert. Diese können Konstellationen und Relationen abbilden, die jenseits der Grammatik unserer Sprache liegen.
7   Wolfgang Welsch kritisiert in diesem Zusammenhang, Postman habe in der McLuhan Formel Botschaft durch Metapher ersetzt. Dies sei sein einziger neuer Beitrag zum Thema. (1991, S. 36ff.)

Realität ist medial, d.h. für Flusser sinnlich und letztendlich sittlich vermittelt (vgl. Interview). Damit ist gemeint, daß das, was wir sehen, hören, riechen, schmecken, wie wir leben und lieben auf Grund von Modellen stattfindet, die eine Gesellschaft/eine Kultur "ausgeformt" hat. Diese Modelle sind keine Abbildungen der Natur bzw. der Umwelt, keine Nachahmungen von etwas, das irgendwo "unmodelliert" vorhanden wäre, sondern reine Konstruktionen. Dichtung z.B., so führt Flusser aus, war *ein* Medium für das Erlebnismodell Liebe, das heute ersetzt ist durch Hollywood. Was für die Liebe gilt, gilt auch für andere Bereiche ästhetischer Wahrnehmung bzw. Empfindung: diese "funktionieren" heute apparatetechnisch: "Wenn wir Farben sehen, so durch ... Kodak hindurch, wenn wir Töne hören, so durch Bach und durch Rock, wenn wir schmecken, so durch Brillat-Savarin und durch Fastfood." (1987, S. 73) Für Flusser ergibt sich daraus, daß unsere Wirklichkeit immer stärker über/mit/durch Techniken, die die Anschauungsformen, Grundbilder und Leitmetaphern prägen, hergestellt wird.

Wenn sich nun die Techniken weiterentwickeln, insofern als sie es möglich machen, Szenen zu projizieren, die sich an "Konkretizität" mindestens mit denen von den Sinnen wahrgenommenen Szenen vergleichen lassen, z.B. in dreidimensionalen Bildern, wird auf eine augenscheinliche Art und Weise deutlich, wie relativ unsere Vorstellung von Realität ist. Flusser kommt in diesem Zusammenhang zu der Erkenntnis, daß sich Wirklichkeit an der Dichte der Streuung von Punkten mißt, und wenn die Technik in Zukunft in der Lage sein wird Punktelemente ebenso dicht zu streuen wie in der sogenannten Realität, dann werden die Sinne zwischen den "realen" und den "alternativen" Welten nicht mehr unterscheiden können (vgl. 1991, S. 147/1990a, S. 97-98). Deshalb lehnt Flusser mit aller Entschiedenheit Begriffe wie Virtualität oder Simulation ab.[8] Für ihn gibt es keine unvirtuelle Realität, da Realität ein Grenzbegriff ist, ein, wie der Autor sagt, relativer Begriff (vgl. Interview). Wissenschaft und Technik arbeiten bereits mit diesen verschiedenen/relativen Realitätsbegriffen, nur die Philosophie beharrt noch auf den Unterschieden zwischen real und fiktiv, wahr und unwahr. Für Flusser ergibt sich diese Fehleinschätzung nicht zuletzt daraus, daß die Philosophie immer noch streng sprachgebunden (logisch) denkt. Flusser bedauert, daß die Sprache immer noch der dominierende Code ist, der unsere Wirk-

---

8   An diesem Punkt unterscheidet er sich radikal von Jean Baudrillard und von Paul Virilio.

lichkeit, bzw. unsere Vorstellungen von dem, was wir als Wirklichkeit bezeichnen, konstruiert. Er betont (also ähnlich wie Postman), "... daß unser Universum nicht von der Wirklichkeit her, sondern von unseren Sprachen her strukturiert ist." (1987, S. 67) Flusser geht allerdings weiter als der radikale Konstruktivismus, insofern als daß nicht nur die Wahrnehmung/die Wirklichkeit eine mediale Konstruktion ist, sondern auch die Vorstellung eines konsistenten Subjekts. Dieses selbst sei auch Ergebnis von Konstruktionen, in diesem Fall von unseren sprachlichen Konstruktionen.

Unsere Grammatik kennt nur aktive und passive Formen, Subjekte und Objekte. Insofern ist für Flusser ein linguistischer Diskurs (zumindest, was die europäischen Sprachen anbelangt) nicht in der Lage z.B. mehrere Konstellationen von Möglichkeiten darzustellen (vgl. Interview), Ausdrucksmöglichkeiten, die z.B. die Mathematik kennt. Die Mathematik ist auch ein Code[9], aber ein Code, der sich nicht durchgesetzt hat. Mit dem jetzt auftauchenden neuen Code, dem Binärcode, wird sich, so Flusser, das Denken von der Sprache lösen, und es werden neue Erlebnismodelle, neue Vorstellungen von Wirklichkeit entstehen (vgl. Interview).

Ein gutes Beispiel dafür, wie ein Medium - darunter versteht Flusser die Art und Weise, in der eine Gesellschaft ihre Informationen erzeugt, speichert und verteilt - "entscheidet", in welchem Kategoriensystem wir leben, welchem Wissenschaftstyp wir folgen, in welcher Realität wir leben, ist der mittelalterliche Universalienstreit, bei dem es um die Frage ging, ob Universalien etwas Reales sind oder bloße (Sprach)-Konstruktionen. "Universalia sunt realia" stand dem "universalia sunt nomina" gegenüber. Dieser Streit war gleichzeitig eine Frage der Hierarchisierung der Welt. Für Flusser ist klar, er wurde durch Gutenbergs Druckerpresse zugunsten der Realisten entschieden (a.a.O., S. 50ff.). Hier zeigt sich, daß eine Informations-Technik letztendlich die entscheidende Grundlage dafür ist, welche Vorstellung von Wirklichkeit sich durchsetzt(e). Im Fall der Gutenberg-Presse ist es eine Technik, die auf Hierarchisierung, Typisierung und Kategorisierung beruht. Sie entspricht eine Weltsicht, die für die folgenden Jahrhunderte relevant sein sollte. "Wir glauben an die Realität von Universalien, von Typen, an die Realität von Atompartikeln, von Genen, von Gesellschaftsklassen, von Völkertypen, und wir versuchen, sie aufzudecken und zu manipulieren." (a.a.O., S. 52)

---

9   Code definiert Flusser als etwas, mittels dessen sich das Denken sichtbar macht (1987, S. 65).

Das typisierende Denken ist es, was laut Flusser den Fortschritt hervorbrachte, die modernen Wissenschaften, die Industrielle Revolution, aber auch den verderblichen Wahnsinn, die Typisierung von Objekten und Menschen, Auschwitz und die thermonukleare Rüstung (a.a.O., S. 55).

Hier wird deutlich, Flusser kommt zu einer radikal anderen Einschätzung der Gutenberg-Erfindung als Postman, der in ihr das Humanum schlechthin sieht. Doch das, was das Buchdruckuniversum hervorgebracht hat, ist für Flusser dabei, überholt zu werden. Durch die technischen Bilder, die auf numerischen Codes beruhen, kommt es zu einer neuen Denk- und Wahrnehmungsart (vgl. Interview). Diese ist nicht länger linear, alphabetisch, begrifflich, sondern digital, quantisch und bildgebunden. Denn dadurch, daß mit der Herstellung automatischer Denk- und Arbeitsmaschinen Wahrnehmungsprozesse synthetisierbar werden, wird deutlich, daß diese weniger über Sprache, als über Bilder funktionieren.[10]

"Mindestens zwei Dinge sind für dieses Umlernen des Denkens charakteristisch. Erstens, daß wir nur Bilder und nichts als Bilder denken, denn alles, was wir Wahrnehmungen nennen - seien sie äußere oder innere -, sind nichts als im Hirn komputierte Bilder. Zweitens, daß das Denken kein kontinuierlicher, diskursiver Vorgang ist: Das Denken >quantelt<." (a.a.O., S. 142)

Auf dieser Grundlage prognostiziert Flusser eine Emergenz neuer Raumzeiterfahrungen, neue Bedeutungen von Begriffen wie "Gegenwart", "Zukunft", "Vergangenheit". Alles, was über die Zeit an Vorstellungen, Wahrnehmungen und Gewohnheiten existierte, wird sich ändern, denn das historische Zeitmodell ist das Ergebnis des linearen, kontinuierlichen Schreibens. Mit der Automatisierung und den künstlichen Intelligenzen kommen wir, so die Prognose, auf die ursprüngliche Erfahrung der Zeit als eines Kreislaufs zurück (vgl. 1990e, S. 39).

Es wird ein neues Paradigma entstehen, das das Vorangegangene vernichtet (vgl. 1987, S. 147f.). Laut Flusser wird die Kategorie der Wirklichkeit, wie sie bisher bestand, unter den "Hammerschlägen" der Kommunikationsrevolution zu Staub zerfallen (Vgl. 1991c, S. 28). Dann wird nur noch das real sein, was über technische Bilder imaginiert werden kann.

---

10 Demgegenüber war/ist für Postman die Sprache das Medium womit wir denken und wahrnehmen.

2.1.3 Industrialisierung der Realitätswahrnehmung

Virilios Erkenntnisinteresse richtet sich auf die Beziehung zwischen Krieg, Geschwindigkeit und der Veränderung der (visuellen) Wahrnehmung. Um im Krieg feindliche Bewegungen (Geschwindigkeiten) optimal wahrnehmen und kontrollieren zu können, wurde die "unmittelbare" menschliche Wahrnehmung mit Hilfe von technischen Entwicklungen/Medien perfektioniert. Pferde, Hügel, Wachtürme waren für Virilio die ersten *Massenmedien* (1987, S. 12), die die Wahrnehmungsfelder verbesserten, und sie sollten es für lange Zeit bleiben. Erst mit der Industriellen Revolution ergaben sich grundlegende Veränderungen, indem sich der Prozeß durchzusetzen begann, den der Autor die "Automatisierung von Wahrnehmung" (1989a, S. 136) nennt. In ihrem Zentrum steht die "Industrialisierung des Sehens" (a.a.O., S. 136), die zweierlei meint. Da die Grenzen der menschlichen Wahrnehmung Grenzen des sinnlichen Körpers sind, haben die Automaten das Sehen übernommen. Sie sind schneller und arbeiten exakter. Es werden instrumentell Bilder erzeugt, die keiner menschlichen Beobachtung mehr zugänglich sind, Informationen, die von der Maschine für die Maschine hergestellt werden (a.a.O., S. 137).
Unser Sehen selbst ist Ergebnis eines Industrialisierungsprozesses. Die Augen unterliegen einer Zähmung. Ganz deutlich wird dies am Beispiel des Kinos. Es zwingt uns 24 Bilder pro Sekunde auf, oder wie Kafka, den Virilio in diesem Zusammenhang zitiert, sagte: "le cinéma, c`est mettre un uniform à l`oeil" (1994c, S. 36). Das Auge muß trainiert werden, d.h. es lernt einen bestimmten Punkt zu fixieren und sich einem bestimmten Tempo anzupassen, denn auf der Kino-Leinwand erscheinen die Dinge im Verschwinden. Gegenwärtigkeit wird reduziert auf Sekundenbruchteile (1984, S. 86).[11] Damit wird deutlich, Wahrnehmen und Sehen sind auch für Virilio Ergebnisse eines Lernprozesses; sie sind eine Art Sprache, die eine Gesellschaft hervorbringt, die sich aber auch ändert: "C`est dresser l`oeil. C`est donc modifier son langage." (1994c, S 36.) Virilio geht davon aus, daß in einer Gesellschaft, der die technischen Mittel fehlen, ein anderer Blick auf die Welt existiert.

---

11 Ein Prozeß, der von Wolfgang Schivelbusch in bezug auf das Zugfahren genauer untersucht wurde. vgl. ders. "Geschichte der Eisenbahnreise - Zur Industrialisierung von Raum und Zeit im 19. Jahrhundert" (1979)

Die "Industrialisierung der Wahrnehmung" begann mit der Entwicklung optischer Prothesen (vgl. 1989a) und mündete in eine Automatisation der gesamten Wahrnehmung mit Primat auf dem Visuellen.[12] Alles wird zunehmend medial, d.h. über Bilder erfaßt und interpretiert. Der menschliche Erfahrungsbereich hat nichts mehr mit einem unmittelbaren Umfeld zu tun, und es wird das in Gang gebracht, was der Autor "Delokalisation" nennt, nämlich die Zerstörung des Bewußtseins für Entfernungen, Räume und Dimensionen (vgl. 1990a, S. 43). Am Ende der "Industrialisierung der Wahrnehmung" steht eine Realität, die kein menschliches Sehen mehr benötigt. Automaten, Sehmaschinen, computergestützte Anlagen beobachten die Welt, den Weltraum, liefern Informationen und die dazugehörenden Interpretationen (a.a.O., S. 45). Wahrnehmung erfolgt in allen gesellschaftlich relevanten Bereichen nur noch durch unbelebte Materie. Der Golfkrieg z.B. hat diese Entwicklung aufgezeigt, und Virilio hat ihm ein ganzes Buch gewidmet (1993).

Seit den Sehmaschinen, die auf elektromagnetischen Prinzipien beruhen, stehen den Menschen zwei Lichter zur Verfügung: das traditionelle (künstliche und natürliche) und das indirekte Licht elektromagnetischer Aufzeichnungssysteme in Direktübertragung (1994c, S. 27). Virilio geht davon aus, daß durch diese Entwicklung eine Verdoppelung der Realität stattgefunden hat. Diese "Stereorealität" führt auch zu zwei Darstellungsmöglichkeiten: einer traditionellen Darstellung und einer Darstellung der Direktübertragung. Die eine ist raum-, die andere zeitbezogen. Die Realität ist folglich für Virilio immer eine Realität der Strahlen.

> "Je peux simplement vous dire que ce que vous touchez du doigt là c`est la réalité ondulatoire. C`est que la réalité que nous avons en ce moment en commun c`est une réalité immédiate avec des masses, des poids, des volumes, etc., alors que la réalité qui permet d`enregistrer ... d`autres images, elle, elle est véhiculée par des ondes. Et que d`une certaine façon la réalité électromagnétique c`est la réalité." (1994c, S. 30)

Endpunkt der Entwicklung ist, daß diese zwei Realitäten zu einer Realität werden. Die elektromagnetischen Strahlen sind Strahlen der absoluten Geschwindigkeit, der Lichtgeschwindigkeit. Damit hat sich das Verhältnis zur materiellen Realität dergestalt verändert, daß der

---

12 vgl. dazu auch Gert Mattenklott "Der übersinnliche Leib. Beiträge zu einer Metaphysik des Körpers (1982)

Mensch an anderen Orten gegenwärtig sein kann, die sich außerhalb des Ortes seiner Gegenwart befinden (a.a.O., S. 35). Es ist möglich an einem bestimmten Ort anwesend zu sein, ohne wirklich physisch anwesend zu sein. Für Virilio ergibt sich daraus, daß sehen, hören und bald auch fühlen nicht mehr an ein Hier und Jetzt gebunden sind. Der reale Raum hat dann keine Bedeutung mehr; was zählt ist allein die Zeit. Der Mensch führt eine "Teleexistenz". Diese Veränderungen der Wahrnehmungsstrukturen stellen die Realität der Moderne radikal in Frage und zwar sowohl praktisch als auch theoretisch. Denn die grundlegenden Begriffe der Philosophie gelten nicht mehr.

Bereits das Kino führt(e) für Virilio das Diktat der modernen Wahrnehmung vor. Rezipiert wird "en masse", und die Dinge erscheinen nur noch im Verschwinden. Gegenwärtigkeit wird reduziert auf Sekundenbruchteile. Die Kino- und erst recht die Fernsehbilder lassen keine Zeit mehr zur Meinungsbildung und Interpretation, unsere Wahrnehmungsfähigkeit ist mit der Geschwindigkeit dieser Maschinen überfordert. Das "es geht zu schnell" ist das entscheidende Moment der Massenbeeinflussung, der Konditionierung und natürlich der Propagandatechniken (1984, S. 77). Gleichzeitig suggerieren die telepräsenten Bilder, und dies ist für Virilio das Verführerische, eine göttliche Allgegenwärtigkeit, in der sich der Traum des Menschen als eines "Prothesengottes" realisiert. "Zusehends beginnt alles sich zu bewegen, das Sehen löst sich allmählich auf und bald auch die Materie und die Körper." (1986a, S. 56) "Visiblement, tout s`anime, la désintegration de la vue commence, elle précède de peu celle de la matière et des corps ..." (1980, S. 57) Aus all dem folgert Virilio, daß durch die elektronischen Medien eine neue Realität konstruiert wird.

2.2 Medienrevolutionen sind Kulturrevolutionen

2.2.1 Der medienökologische Ansatz

Verändern sich die Medien hat dies Auswirkungen auf die Kultur als Ganze. Dies ist Ausgangspunkt der sogenannten Medienökologie[13], als deren Vertreter sich Postman sieht (vgl. 1992a, S. 26).

"Die Medienökologie speziell dient dem Zweck, Geschichten über die Folgeerscheinungen von Technologien zu erzählen; zu schildern, wie Medienumwelten neue Kontexte hervorbringen, die möglicherweise die Art und Weise verändern, wie wir denken und unser gesellschaftliches Handeln gestalten, und die uns besser oder schlechter, klüger oder dümmer, freier oder versklavter machen können." (1988a, S. 31)

Sind die Auswirkungen der durch die sogenannten neuen Medien in Gang gebrachten Veränderungen so fundamental, daß bestehende politische und soziale Gegebenheiten umgestürzt werden (vgl. Punkt 3), ist von Medienrevolution die Rede (vgl. v.a. 1983). Für Postman brachte die Erfindung des Buchdrucks die radikalste Umwandlung des geistigen und sozialen Lebens in der abendländischen Kultur, allerdings im positiven Sinne. Denn die revolutionäre Kraft von Gutenbergs Maschinen ermöglichte das Ende des dunklen Mittelalters (1983, S. 33ff.). Wichtigster Punkt in diesem Zusammenhang ist für Postman, daß die Druckerpresse unser Selbst, unsere Persönlichkeit, unsere unverwechselbare Individualität zu einem Gegenstand des Nachdenkens gemacht hat. Der Individualismus wurde jetzt, d.h. mit und durch Gutenbergs Erfindung zu einer regulären, akzeptierten "psychischen und psychologischen Struktur" (a.a.O., S. 38). Montaignes Bekenntnisliteratur sieht Postman beispielhaft hierfür. Intimste Gedanken und innerste Empfindungen werden artikuliert und veröffentlicht. Der Schriftsteller z.B. inszeniert sich als "Propagandist seiner Selbst", als "Individuum, das im Gegensatz zur Gemeinschaft steht" (a.a.O., S. 37). So wie das Schreiben erst mit Gutenberg privat wurde und sich mit seinen Themen in intimste Bereiche begab, wurde auch das Lesen zu etwas völlig Neuem. Denn erst mit dem gedruckten Buch begann sich der Leser zu isolieren und seinen privaten Blick auf die Dinge zu werfen. Es entstand erstmals eine

---

13 vgl. zum deutschsprachigen Medienökologie-Ansatz Kurt Lüscher u.a. (1985, S. 187ff.)

Umwelt, die die menschliche Kommunikation von einem festen, unmittelbar sozialen Kontext ablöste. Die auf Oralität beruhende Kommunikation der mittelalterlichen Gesellschaft, die eine Kommunikation des Hier und Jetzt war, die eingebunden in einen sozialen Kontext stattfand, wird abgelöst. Das Buch tritt an die Stelle des gesprochenen Wortes. Für Postman ergeben sich aus dieser Medienrevolution ausschließlich fruchtbare und gute Entwicklungen.

Der Protestantismus zeigt diese positiven Veränderung paradigmatisch auf. Er ist selbst logische Konsequenz des Buchdrucks, oder wie Postman es selbst formuliert: "Denn wenn es je einen Fall gegeben hat, in dem ein Medium und eine Botschaft ihrer Tendenz nach genau übereinstimmen, dann die Beziehung zwischen Druckerkunst und Protestantismus" (a.a.O., S. 45). Dadurch, daß die Bibel vom Lateinischen in die jeweiligen Muttersprachen übersetzt wurde, und "... die Druckerpresse das Wort Gottes jeder Familie auf den Küchentisch brachte" (a.a.O.), war man nicht mehr auf die Deutung des Papsttums oder einer Priester-Elite angewiesen, sondern die Bibel war das direkte "Instrument", über das und mit dem jeder einzelne nachdenken konnte. Für Postman war es das Medium Buch, das erstmals die Loslösung von Autoritäten ermöglichte.

Für denjenigen, der des Lesens und Schreibens kundig war, wurden Informationen in einem bis dato nicht gekannten Ausmaß verfügbar. Der Leser erfuhr Dinge, mit denen er bisher nicht in Berührung gekommen war. Eine "Wissensexplosion" war die Folge, die jedoch, und dies ist für Postman *der* entscheidende Punkt, im Unterschied zur "elektronischen" Wissensexplosion durch Institutionen aufgefangen wurde. Die europäische Zivilisation "erfand" die Schule (a.a.O., S. 48). Auch die Aufgabe der Familie wurde neu definiert, da nämlich die Eltern die Rolle von "Wächtern, Beschützern und Pflegern" zur Regulierung und Organisation von Informationen erhielten (1992a, S. 85).

Die mittelalterliche, aristotelische Wissenschaft wurde durch die moderne Wissenschaft verdrängt. Auch dies sei in erheblichem Ausmaß auf die Gutenberg-Erfindung zurückzuführen. Kopernikus, Bacon, Galilei, Kepler, Descartes stehen für den Übergang vom Mittelalter zur Aufklärung. Sie schufen die Fundamente für ein neues Denken. Grundlage hierfür war jedoch die Existenz von Büchern, die erstens die Kommunikation zwischen den Wissenschaftlern auf den gesamten Kontinent ausbreitete, und zweitens eine Standardisierung von Texten ermöglichte, mit der Unklarheiten und Fehler beseitigt werden konnten. Erst der Buchdruck nämlich schuf genaue Reproduktionen, ordnete Texte in festgelegte Formen, legte ein genaues methodisches Vorgehen fest. Die strenge Linearität, alphabetisch geordnete Register, eine vereinheitlichte Orthographie und Grammatik begründeten dadurch, daß Informationen stärker formalisiert wurden, neue Denkgewohnheiten und Bewußtseinsstrukturen. Aus all dem ergibt sich für Postman klar: Abstraktion, Logik und Linearität sind das Ergebnis des neuen Kommunikations-Mediums Buch, das, da es vom unmittelbaren und lokal beschränkten Wort abgelöst ist, auch eine neue Zeitvorstellung mit sich brachte. Erst mit der "Printing-Revolution" entstand das ernsthafte, rationale Diskursuniversum, das die Aufklärung, die modernen Wissenschaften, wie auch den Nationalstaat mit seinen bürgerlichen Institutionen (und nicht zuletzt die Kindheit) hervorbrachte. Heute allerdings sind wir von all diesen großartigen Errungenschaften weit entfernt (1992b, S. 59). Grund hierfür ist, so Postman, das Zusammenwirken der elektronischen und der optischen Revolution im Fernsehen.

"Zusammengenommen stellten die elektronische und die optische Revolution eine zwar unkoordinierte, aber mächtige Bedrohung von Sprache und Literalität dar, eine Umschmelzung der Welt der Ideen in eine Welt >lichtgeschwinder< Symbole und Bilder." (1983, S. 87)

In diesem Zusammenhang muß man mit Postmans "Abrechnung" mit Samuel Finley Bresse Morse beginnen, der als Urheber für das Verschwinden der Kindheit und damit auch für das Verschwinden des Zeitalters eines rationalen Diskurses dingfest gemacht wird. Morse ist verantwortlich für die Erfindung der Übermittlung elektronischer Botschaften. Postmans Einschätzung ist die, daß Morses Telegraph sich, im Unterschied zu der zeitgleichen Theorie von Darwin, wesentlich nachhaltiger auf die Denkgewohnheiten und Institutionen ausgewirkt hat. Während Darwins Gedanken in Texten verfaßt waren, damit diskutierbar und widerlegbar waren, gab uns Morse in Technik verkörperte Gedanken, Gedanken, die deshalb gefährlich sind, weil sie unsichtbar sind. "Wie bei Kommunikationstechniken so häufig, sahen die Menschen im Telegraphenapparat nur ein neutrales Vermittlungsinstrument, das von sich aus keiner bestimmten Weltdeutung Vorschub leistete." (a.a.O., S 83). Postman versucht im folgenden dieses Medium auf seine Auswirkungen hin zu untersuchen.

Wichtigster Punkt hierbei ist die Tatsache, daß Informationen körperlos und folglich in einer bis dato unbekannten Geschwindigkeit übertragbar wurden. Der Telegraph versetzte die Menschen in eine Welt der "Gleichzeitigkeit und Augenblicklichkeit", die jeden Erfahrungsraum sprengte. Das ganze Land werde in eine einzige Nachbarschaft verwandelt, prophezeite Morse (1992b, S. 84) und behielt recht. Postman führt an dieser Stelle auch an, daß mit der Telegraphie die Nachrichtenindustrie entstand, die Information zur unpersönlichen und unidentifizierbaren Ware machte, die wahl- und maßlos produziert wurde. Die Institutionen, die bisher selektiv funktionierten, versagten. Für Postman begann hier das Zeitalter des Massenmenschen, dessen Identität in einem kollektiven Ganzen verschwindet.

Parallel zum Ausbau der elektronischen Kommunikation vollzog sich das, was Daniel J. Boorstin[14] als optische Revolution bezeichnet hat. Auf ihn bezieht sich Postman, wenn er schreibt, es sei eine neue Symbolwelt der Bilder, Plakate und Reklame entstanden. In diesem Zusammenhang wird Louis Daguerre von Postman als derjenige verantwortlich gemacht, der als erster das Verfahren "zum >Klonen< der Realität" erfunden hat (1992b, S. 92). Damit existierte die Diskurssphäre des gedruckten Wortes nicht mehr, die nach Plausibilitätsregeln und Logik funktionierte, sondern es regier(t)en nur noch die pure Emotionalität und Regression. Mit Bildern werden Gefühle angesprochen, nicht der Verstand (vgl. dazu Kap. 3), und alle guten Errungenschaften der Schriftkultur werden ausgehöhlt. Es entsteht eine Symbolwelt, die die bis dato existierenden sozialen und intellektuellen (Wissens)Hierachien zerstörte (vgl. v.a. 1983, S. 88).

Nach Postman stoßen im Fernsehen optische und elektronische Revolution aufeinander. Dieses Medium, mit seinen ständig wechselnden Bildern, liefert körperlose, schnelle Informationen rund um die Uhr und für jeden. Es ist ein Medium, das keinerlei Unterweisung bedarf, um seine Form zu begreifen, das weder Denken noch Handeln fördert und ein Massenpublikum befriedigt. Das Fernsehen, so Postman, bringt uns die Kommunikationsverhältnisse zurück, wie sie im vierzehnten und fünfzehnten Jahrhundert bestanden haben (a.a.O., S. 94). Wie damals, im dunklen Mittelalter, leben die Menschen heute in *einer* Informationsumwelt, die keine Unterschiede

---

14 "Das Image oder Was wurde aus dem amerikanischen Traum?" Reinbek, 1964

zwischen alt und jung kennt, in der keine Scham und keine Geheimnisse existieren, keine Verhaltensregeln und Wissenshierarchien, keine Tabus und keine Kontrolle (vgl. hierzu v.a. 1983). Außerdem dient alles, was das Fernsehen zeigt, ausschließlich der Unterhaltung, dem Vergnügen und der Show. Da das Fernsehen für Postman in "unserer" Kultur zur wichtigsten Form der Verständigung geworden ist, wird die Art, wie hier die Welt in Szene gesetzt wird zum Modell dafür, wie wir leben (vgl. v.a. 1992b).

2.2.2 Revolutionierung kultureller Gedächtnisspeicher

Kultur ist für Flusser nur im Zusammenhang mit Informationserzeugung zu sehen. Diese Informationserzeugung muß, und darin besteht der Gegensatz zur Natur, absichtsvoll sein und negativ entropisch. Informationen werden in "Gedächtnissen", in Werkzeugen, in Kunstgegenständen u.ä.m. abgespeichert. Die "Haltbarkeit" bzw. Funktionalität dieser Gedächtnisse entscheidet über Prosperität oder Untergang einer Gesellschaft (1989b, S. 41ff.)
Die Bedeutung, die die "kulturellen Gedächtnisspeicher" für eine Gesellschaft haben, erkennt man daran, daß sie bestimmten Epochen ihren Namen geben: man spricht von der Steinzeit, der Bronzezeit und jetzt von der Computerzeit. Flusser begreift die ganze Geschichte unserer Kultur, vom alten Ägypten bis zur sogenannten Postmoderne, als Serie von Variationen innerhalb dieses Themenkomplexes: Wie werden Informationen erzeugt? Worin werden sie ausgedrückt? Und wie werden sie verteilt? (Vgl. 1987, S. 17) Flusser unterscheidet drei Phasen innerhalb unserer Kulturgeschichte: Die erste Phase war die präalphabetische Zeit, in der es noch keinen Code für die gesprochene Sprache gab, sondern die Menschen Informationen in Werkzeugen, Bildern oder anderen Gegenständen speicherten, die den Nachteil hatten sich abzunutzen, vieldeutig oder zerbrechlich zu sein. Ansonsten wurden Informationen mündlich übertragen, damit waren sie direkt empfangbar und wurden dann im Nervensystem des Empfängers gespeichert. Bei der Weitergabe, die wieder mündlich war, kam es zu weiteren Verzerrungen und Auslassungen. Die Luft ist folglich ein sehr manipulierbares Medium. Eine Kultur, die auf Mündlichkeit beruht, kennt laut Flusser keine verläßlichen und dauerhaften Informations- bzw. Gedächtnisspeicher, die ihren Fortbestand garantieren. Die Menschen leb(t)en in einem "magisch-mythischen

Universum", das keine Kontinuität und kein logisches Fortschreiten garantiert(e).

Erst mit der phonetischen Schrift begann eine Zeit, in der ein verläßliches und dizipliniertes Speichern erworbener Informationen garantiert war. Die Schrift machte es möglich, eine Gedächtnisstütze zu schaffen in Form von eindeutig zu entziffernden Texten, die zu begrifflichen Diskursen führten. Erst mit der Schrift begann abstraktes Denken. Erst mit der Schrift wurde ein kritischer, linearer Fortschritt möglich, erst mit der Schrift begann Geschichte (vgl. 1989a, S. 10). "Und die Geschichte ... beginnt mit der Erfindung der Schrift nicht, weil die Schrift die Ereignisse festhält, sondern weil die Schrift die Ereignisse überhaupt erst ermöglicht." (1990e, S. 40) Die Bibliothek, in der Informationen auf kleinem Raum gespeichert wurden, so Flusser weiter, ersetzte dann den auf Mündlichkeit beruhenden Mythos, die auf Mündlichkeit beruhende Information und schaffte den Informationsspeicher für das moderne wissenschaftliche Denken. Mit der Druckerpresse erfährt die Schrift als unsere Kultur bestimmender Code eine weitere Steigerung: das Typisieren. Flusser sieht in Gutenbergs Erkenntnis, daß man Typen handhabt, wenn man schreibt (1987, S. 50ff.), *die* große Entdeckung. Denn hier wird das Modell für die Industrie-Revolution geliefert, nämlich Informationen nicht nur auf Papier zu drucken, sondern auch auf Textilien, auf Metall und auf Plastik (a.a.O., S. 54), und zwar seriell und automatisch.

Gegenwärtig sind wir Zeugen, wie das Buchdruckdenken überholt wird. Die "informatische Revolution" wie Flusser dies nennt, bedient sich ganz neuer, anderer Zeichen, die nichts mehr mit den "typographischen Spuren" zu tun haben. Es existieren Apparate statt menschlicher Gedächtnisse, welche mittels Tastaturen neue Zeichen, binäre Codes, technische Bilder in elektromagnetische Felder setzen. Diese haben keine menschliche Adresse mehr. Es wird nicht mehr geschrieben (an jemanden), sondern programmiert (in einen Apparat). Im Programmieren wird eine andere Denkart zum Ausdruck gebracht als im Schreiben. "Sie ist nicht mehr mit historischen, politischen, ethischen Kategorien zu fassen. Andere, kybernetische, komputierende, funktionelle Kategorien sind auf sie anzuwenden." (a.a.O., S. 60) Für Flusser vollzieht sich im Programmieren die Trennung vom alphabetischen Code und damit auch von der gesprochenen Sprache. Die Verquickung, die bei der Informationsverarbeitung zwischen Denken, Sprechen und Schreiben bestand, wird überflüssig (a.a.O., S. 65). Stattdessen werden die technischen Bilder relevant.

Diese Bilder sind völlig neuartige Medien, da sie sich aus mathematischen Abstraktionen heraus entwickeln. Auch wenn sie in vielerlei Hinsicht an die traditionellen Bilder erinnern mögen, sind sie doch etwas völlig neuartiges, sie "bedeuten" etwas völlig neuartiges. "Es geht um eine Kulturrevolution, deren Reichweite und Konsequenzen wir erst zu ahnen beginnen." (1989a, S. 99) Revolution bedeutet für Flusser ein Synonym für "Umdrehung" (1987, S. 96). "Die Kommunikationsrevolution" (1991c, S. 27) bzw. die Kulturrevolution (1989a, S. 11) dreht den Fluß der Information um. Damit verändert sich die "kommunikologische Struktur" einer Gesellschaft. Die Möglichkeit des Umbaus der technischen Schaltungen in Richtung einer von ihm sogenannten telematischen Gesellschaft besteht darin, daß Informationen tele-kommunikativ erzeugt werden können. In dieser dialogisch vernetzten Gesellschaft kann endlich jeder mit jedem kommunizieren, kann jeder jedem nahe sein und spielend neue Informationen erzeugen. Dies ist das eigentlich revolutionäre Potential der Apparatekommunikation. Der Mensch wäre dann endlich frei zum wahren dialogischen Verkehr, zur Sinnstiftung. Das historische, wertende, politische Bewußtsein, das mit der Schriftkultur verbunden war, geht über in ein kybernetisches, sinngebendes, spielerisches Bewußtsein (1987, S. 85).
Eine weitere revolutionäre Veränderung durch die elektronischen Gedächtnisse liegt für Flusser darin, daß Informationen zunehmend weniger in menschlichen Gehirnen abgelagert werden müssen. Damit wäre die Chance gegeben, daß diese frei werden für andere Funktionen, "und es ist daher mit einer wahren Explosion an menschlicher Kreativität zu rechnen" (1989b, S. 50). Die Praxis mit diesen Gedächtnissen wird uns, so der Autor, zwingen, althergebrachte Ideologien aufzugeben. So wie die Schrift das lineare, logische und geschichtsbewußte Denken hervorgebracht hat, werden wir jetzt zu einer relationellen Sicht der Dinge kommen müssen, die erkennt, daß der westliche Anthropozentrismus christlicher Provenienz als gescheitert betrachtet werden muß. Dieser hat immer versucht, die menschliche Fähigkeit Informationen zu speichern, zu verdinglichen und zu sakralisieren. Zum Beispiel "unsterbliche Seele", "Geist" oder "Ich" sind für Flusser Namen für den Versuch der Verdinglichung kultureller Gedächtnisse und Projektionen ins Transzendente.

"Beinahe alle okzidentalen >ewigen< ontologischen Fragen (etwa die nach dem Verhältnis zwischen >Körper< und >Geist<) und alle >ewigen< epistemologischen Fragen (etwa die nach der

Adäquation der >denkenden< an die >ausgedehnte< Sache) sind auf diese ideologische Verdinglichung des kulturellen Gedächtnisses zurüchzuführen." (a.a.O., S. 48-49)

Die telematische Gesellschaft eröffnet, sofern sie realisiert wird, die Möglichkeit der Ent-Ideologisierung und die Chance auf kreative Räume. Mit dieser Einschätzung steht Flusser Postman diametral entgegen, der in der optischen bzw. elektronischen Revolution nur die Entmündigung, den kulturellen Verfall und die Zerstörung aller Werte sieht.

Mit den elektronischen Gedächtnissen glaubt Flusser, daß die alte Ideologie, die Vorstellung von der Existenz eines konsistenten Subjekts endlich brüchig wird, indem der Mensch nur mehr als Knotenpunkt relationeller Felder verstanden werden kann, als Medium eines Informationsprozesses. Medium wird damit von Flusser in seiner ursprünglichsten Bedeutung benutzt, nämlich als ein "Gegenstand" durch den eine Information *hindurchläuft* (1989b, S. 51ff.). Insofern wäre die sich jetzt abzeichnende "informatische Revolution" die erste wirkliche Medienrevolution.

2.2.3 Ästhetik des Verschwindens

Alle kulturellen Veränderungen beruhen für Virilio auf "kinetischen Revolutionen" (1978, S. 9f.), auf Veränderungen von Geschwindigkeiten in bezug auf die für eine Gesellschaft relevanten Transportbzw. Übertragungs- und Kommunikationsmittel. Virilios zentraler Gedanke ist die Dromologie. "Dromologie kommt von *dromos*, Lauf. Es handelt sich also um die Logik des Laufs. Damit bin ich in jene Welt eingetreten, in der Geschwindigkeit und nicht Reichtum zum Maßstab geworden ist." (1984, S. 45) Virilio versucht kulturelle Veränderungen im Zusammenhang mit der Veränderung von Transportmitteln und -materialien zu verstehen. Werden die Medien des Transports gegen schnellere eingewechselt, hat dies Auswirkungen auf die Gesellschaft und ihr Verhältnis zur Realität: der Raum als "Gegenstand" der Erfahrung verändert sich (1994c, S. 35), das Gefühl für den eigenen Körper, für Bewegung, für Entfernungen und Nähe wird fundamental umorganisiert in Richtung einer Dressur bzw. Zähmung menschlicher/animalischer Körper. Das ganze Unternehmen des Abendlandes beruht für Virilio auf einem Arsenal von Techniken "zur rationellen Programmierung der Körper" (1978, S. 10), bis

zum Punkt ihrer totalen Auflösung. Virilio macht drei Zäsuren innerhalb dieser Geschichte ausfindig:
Das erste Transportmittel/Fahrzeug der Gattung Mensch war die Frau. Sie ist auch heute (noch) das unabdingbare Mittel der menschlichen Reproduktion, das Fahrzeug "um auf die Welt zu kommen" (a.a.O., S. 74). Noch vor den Reit-, Zug- und Lasttieren war die Frau diejenige, die das (Kriegs)-Gepäck, die Wurfgeschosse des Mannes trug und ihm damit die Möglichkeit schuf, sich frei zu bewegen, Zeit zu haben, um Krieg zu führen. "Kurz, die Frau war der Ursprung der ersten Verlängerung des Kampfes, der ersten >Revolution des Transportwesens<" (a.a.O., S. 79). Virilio führt weiter aus, daß nach der Domestizierung der Frau die Domestizierung des Pferdes zum Reittier erfolgte. Damit gewann der Krieger an Ausdauer und Geschwindigkeit. Beim Reittier allerdings ging es um Erhaltung kinetischer Energien, um einen ersten Motor, eine erste "Geschwindigkeitsfabrik". Diese dromokratische Überlegenheit war beispielsweise der entscheidende Grund für die Kolonialisation der amerikanischen Ureinwohner durch die Spanier.

"Es ist der Zeit- und Geschwindigkeitsvorsprung der Eroberer, der die Auslöschung einer Zivilisation durch eine Handvoll Berittener möglich macht. Die Einführung des Pferdes auf dem amerikanischen Kontinent ist der wahrscheinliche Grund für die Ausrottung eines Volkes und einer Kultur, die den Eroberern zwar am selben Ort, aber in einer anderen Zeiteinheit entgegentraten; die Spanier besaßen jene >dromokratische< Überlegenheit, die stets die demographische Unterlegenheit wettmacht." (a.a.O.)

Das Pferd als Last- und Zugtier führte zur Erfindung der Straße als neuartige Infrastruktur. Damit veränderte sich auch der militärische Raum und die Struktur einer Gesellschaft. Es bildete sich eine militärisch-ökonomische Elite der Geschwindigkeit, eine "Pferdezüchter-Aristokratie" (a.a.O., S. 92). Diese Elite der Geschwindigkeit verwaltete bewegliche und transportable Güter. Was hier für das Pferd als Archetypus des Fahrzeugs ausgesagt wird, gilt auch für das Schiff. Pferd und Schiff sind die "ersten Medien der Bewegung", die ersten Fahrzeuge (a.a.O., S. 21). Virilio kritisiert in diesem Zusammenhang, daß diese "Archetypen von Fahrzeugen" lange Zeit nur als Transportmittel betrachtet wurden, ohne ihren informativen Gehalt zu untersuchen. Doch die Geschwindigkeit der Übertragung selbst ist Information (a.a.O.).

Mit der Industriellen Revolution kam es auch zu einer Revolution des Transportwesens. Dies war die erste Revolution in puncto Geschwindigkeit (1993a, S. 17), die einen exponentiellen Anstieg der Geschwindigkeit der Massenkommunikationsmittel mit sich brachte. Virilio spricht deshalb lieber von der dromokratischen Revolution (vgl. 1984, S. 49), die zur Perfektionierung der großen Fahrzeug-Archetypen, zum Bau von Kanälen und Schienen führte. Diese technische Durchdringung des Raumes war direkt verbunden mit der Kolonialaktivität am Ende des vergangenen bzw. zu Beginn dieses Jahrhunderts. Die Medien zur Durchdringung von Raum waren also immer Vehikel und Waffe zugleich (1978, S. 9).

"Telegraph, Telephon, Radio und Fernsehen zeichnen sich schon im Abteilfenster des Zuges oder im Heckfenster des Autos ab. Was dort gegen den Horizont entschwindet, ist die erste Realität, Raum und Gegenstand der Erfahrung, zugunsten der der raschen Ortsveränderung, des Gespürs für die Dinge und Stoffe, die zu Zeichen und Anweisungen werden." (a.a.O., S. 24)

Was sich hier abzuzeichnen beginnt nennt Virilio eine "Ästhetik des Verschwindens". Diese Ästhetik setzte sich mit Beginn unseres Jahrhunderts durch und steht in krassem Widerspruch zu einer Ästhetik der Materialität des 19. Jahrhunderts. Indem sich alles zunehmend beschleunigt, schrumpft der Raum zu nichts zusammen, und die Körper werden bleiern. Der Boden der Erfahrung löst sich auf, die "erste Realität" entschwindet. Mittlerweile kümmert sich die Telekommunikationsindustrie um die umfassende Ersetzung des Hörens und Fühlens. Virilio merkt in diesem Zusammenhang kritisch an, daß sich der Verlust kinetischer und taktiler Eindrücke, wie sie die direkte Fortbewegung noch liefert, nicht durch eine Medien-Perzeption ersetzen läßt. Trotzdem ist dieser "illusorische Ersatz" zu einer Spitzenindustrie geworden (a.a.O., S. 39).

Die Entwicklung, die sich mit der Revolution der Massenkommunikationsmittel vollzieht, ist ein Prozeß, bei dem alles Räumliche brutal zusammengeschoben wird. Im Gegensatz zu Flusser betont Virilio, daß der Verlust von Distanzen und Entfernungen zu einer "Hyperkommunikabilität" führt, die eine Kommunikabilität der totalen Beobachtung und Kontrolle ist. Damit kommt es zu einer perversen Umkehrung. "Die Hyperkommunikabilität der Massenmedien bedeutet mit der Unmittelbarkeit der Informationsmacht auch die unmittelbare Information der Macht." (a.a.O., S. 45) Der Mensch, der für

Virilio zunehmend lebt, als würde er unter Drogen stehen, glaubt frei zu sein, stattdessen ist er Opfer einer total gewordenen Kontrolle. Diese Kontrolle garantiert ein Staat, der die Tendenz hat, das Zivile zu unterjochen und nur noch militärisch ist. Das, was die Entwicklung des "militärisch-industriellen Komplexes" an Strukturen hervorbringt, bedeutet das Ende der Städte, die Infragestellung jeder menschlichen Bewegung, das Ende der Politik, der Trennung von Armee und Staat hin zum Armeestaat. Die Aufgabe dieses Armeestaates ist, sämtliche Bewegungen der Zeit und des Raumes zu kontrollieren. Virilio führt als Beleg das Beispiel an, daß bei der NATO z.b. bereits ein Projekt zur Welt-Verkehrsplanung existiert (a.a.O, S. 52f.).

Für Virilio ist mit der Revolution des Transports die Veränderung von Kultur und Gesellschaft direkt in Zusammenhang zu bringen. Was aktuell passiert, ist jedoch eine Revolution der absoluten Geschwindigkeit in Form der elektromagnetischen Strahlen. Mit der Lichtgeschwindigkeit ist nämlich die letzte Geschwindigkeitsmauer erreicht. Diese Lichtgeschwindigkeit ermöglicht eine Direktübertragung (1994, S. 35), die den Raum und die Zeit relativiert. Durch die Direktübertragung von digitalen Signalen, durch Audio- und Videoübertragung verändert sich das Verhältnis zur Realität dergestalt, daß der Mensch nur noch gegenwärtig sein kann bei Ereignissen, die außerhalb seiner physischen Gegenwart stattfinden (a.a.O.). Unser Bewußtsein wird damit "revolutioniert". Der Mensch, der bisher mit seiner Existenz an die Erde gebunden war, ist schwerelos geworden. Er kann jetzt auf Distanz sehen, hören und bald auch fühlen. Virilio spricht in diesem Zusammenhang von einer inneren Kolonisierung, die jeden einzelnen Menschen betrifft und nur noch die Intensität des Augenblicks fordert bei gleichzeitiger Auslöschung von Geschichte, von biographischen Erzählungen, von Völkern, Nationen und Kulturen (1984, S. 157) als Preis für die letzte dromokratischen Revolution.

Die nächste und letzte Revolution, so Virilio weiter, wird die der Transplantationen sein.

"90% der mikroelektronischen Forschung befassen sich mit Sonden, Sensoren und Teledetektoren. Wir sind dabei, >Maschinen zum Einnehmen< zu schaffen, sogenannte Nano-Maschinen, die der Körper absorbiert. Der Walkman der Zukunft wird ein Implantat sein. Man wird uns technische Sensoren einpflanzen, die leistungsfähiger sind als unsere Organe ..." (1993a, S. 17).

2.3 Politik, öffentlicher Raum, gesellschaftliche Organisationsformen und Medien

2.3.1 Das totale Amüsement

Politik nach amerikanischem Muster ist für Postman verknüpft mit der Bildungs- und Erziehungsidee der calvinistischen, puritanischen Einwanderer. Diese etablierten in allen Städten Lese- und Schreibschulen, Bibliotheken und Vortragssäle, so daß davon ausgegangen werden kann, daß ein hoher Grad von Alphabetismus vorhanden war. Dies ist zugleich Voraussetzung der Buchkultur, Voraussetzung für demokratische Politik. Als deutlicher Beleg dieser Tatsache dient Postman die Geschichte, daß hunderttausend Exemplare von Thomas Paines "Common Sense" innerhalb von zwei Monaten im Jahre 1776 verkauft wurden, ein sicheres Zeichen für das große Interesse an politischen Ideen. Dies entspräche heute prozentual einer Stückzahl von acht Millionen verkaufter Bücher, um einen ebenso großen Anteil der Bevölkerung zu erreichen (1992b, S. 44).

Für Postman waren Amerikas Gründerväter Intellektuelle, Männer, die politische Ideen in einem ernsthaften öffentlichen Austausch erörterten. Ihre Aussagen erforderten von ihrem Auditorium bzw. von ihrer Leserschaft höchste Wachsamkeit und Intelligenz. Postman erinnert in diesem Zusammenhang an die stundenlangen Debatten zwischen Lincoln und Douglas, die detailliert auf die Argumente des Gegners eingegangen seien, oder an die sogenannten "stump speakers", die auf öffentlichen Plätzen auf dem Stumpf eines gefällten Baumes politische Reden hielten (a.a.O., S. 60ff.). Ihre Rhetorik war laut Postman, die des geschriebenen Wortes.[15] Die Fähigkeit mit dem gedruckten Wort umzugehen war die Voraussetzung für die Teilnahme am öffentlichen Leben, sie garantierte das "reife Staatsbürgertum" (1992b, S. 81).

Heute sieht alles ganz anders aus: Politik, und darunter versteht Postman einen rationalen Diskurs bei dem die richtigen Argumente entscheidend sind, der sich Zeit läßt, Sachverhalte logisch zu entwickeln und zu erörtern, hat sich vollständig der Fernseh-Kultur angepaßt. Fürderhin geht es um die Welt als Bühne für gutes Aussehen, Prominenz und Werbespots. Hierzu paßt das Zitat von Ronald

---

15 "Die Politik Amerikas war, wie uns Tocqueville mitteilt, die Politik des gedruckten Wortes." (1983, S. 119)

Reagan, der 1966 sagte, die Politik sei genau wie das Showbusiness (a.a.O., S. 154). Es geht nur noch darum, der Menge zu gefallen. Es zählen keine Leistungen, keine Klarheit in der Argumentation, keine Redlichkeit, sondern es geht einzig darum, Eindruck zu machen und für sich selbst die beste Reklame zu sein. Wichtigster Punkt hierbei ist zunächst gutes Aussehen. Außerdem braucht der Politiker, der sich heute um ein Amt bewirbt, einen Image-Manager, der die Bilder plant, die sich im öffentlichen Bewußtsein festsetzen sollen. Politiker werden zu Schauspielern oder umgekehrt. Postman verweist hier auf das wohl bekannteste Beispiel in Person von Ronald Reagan, aber auch andere Politiker übernahmen Rollen in Fernsehfilmen wie z.B. Henry Kissinger im "Denver-Clan". Diese Vermischung von Politik und Show hat zur Folge, daß die Inhalte der politischen Parteien bedeutungslos werden. Postman nennt diese Form der Politik "Image-Politik", und er vergleicht sie in ihrer Funktionsweise mit einer Therapie.

"So wie die Fernsehwerbung ist auch die Image-Politik eine Form von Therapie, und deshalb besteht sie in so großem Maße aus Charme, gutem Aussehen, Prominenz und persönlicher Offenbarung. Der Gedanke ist ernüchternd, daß es von Abraham Lincoln keine Fotos gibt, auf denen er lächelt, daß seine Frau aller Wahrscheinlichkeit nach eine Psychopathin war und daß er selbst unter langwierigen Anfällen von Depression zu leiden hatte. Für die Image-Politik hätte er sich wohl kaum geeignet." (a.a.O., S. 166-167)

Wie bei der Werbung geht es der Image-Politik darum, die Tiefenschichten der inneren Unzufriedenheit zu erreichen und zu beschwichtigen. So wie die Fernsehwerbung keinerlei Informationen über das angebotene Produkt liefert, so entledigt sich die "Image-Politik" auch aller politischer Substanz (a.a.O.).
Die fatale Konsequenz der Epoche des Fernsehens und der visuellen Medien ist, daß "politisches Wissen" in Bilder und nicht in Worte (a.a.O., S. 160) gerinnt. Dies hat natürlich auch Auswirkungen auf die vermittelten Botschaften. So wie in den Bildern der Fernsehwerbung suggeriert wird, daß es für jedes Problem eine schnelle Lösung gibt, so gilt das auch für die Politik. Überhaupt ist Schnelligkeit für Postman *das* kennzeichnende Moment für die öffentlichen Auftritte der Politiker im Fernsehen. Es wird zwar so getan als gäbe man Antworten auf brennende Fragen, aber, da die Zeit so knapp bemessen

ist, unterbleibt zwangsläufig das genaue Analysieren und Belegen von Argumenten (a.a.O., S. 166ff.).

Doch für Postman ist nicht nur problematisch, daß politische Themen nicht mehr im Sinne der Buchkultur dargestellt und erörtert werden, sondern Fernsehen vereitelt auch jeden Zugang zur Vergangenheit. Hierfür stand die Politik alten Stils. Sie ließ sich und den Menschen Zeit, sich ein Urteil zu bilden, Aussagen zu sammeln, zu vergleichen, und zu überprüfen (a.a.O., S. 168ff.).[16] Demgegenüber verhindert die "Image-Politik" Erinnerung, sie stöbert im Privatleben der Politiker, immer auf der Suche nach neuen, reißerischen Nachrichten. Das Fernsehen zwingt alles ins Scheinwerferlicht. Kein Thema bleibt Tabu, nichts bleibt verborgen. Damit macht das Fernsehen für Postman Bereiche öffentlich, die zuvor privat waren (vgl. 1983, S. 99).

Brachte die Buchkultur Institutionen wie die Schule hervor, in der man sich qualifizieren mußte, um Informationen zu erhalten, so ist das Fernsehen ein "egalitäres Kommunikations-Medium" im negativen Sinne: Jedem, unabhängig von Alter und Wissenshintergrund, ist der Zutritt möglich. Rollendifferenzierungen und Gruppenidentitäten, die früher darüber bestimmt wurden, wer wann und wie Zugang zu Informationen hat, werden mit dem Fernsehen hinfällig. Das Gefährliche daran ist für Postman, daß Kinder mit Themen konfrontiert werden, ohne daß es die Möglichkeit gäbe, diese zu kontrollieren. Traditionelle Alters- und Wissensgruppen brechen durch das Fernsehen auseinander. Postman zieht folgendes Fazit: "Die neuen Medien ... arbeiten insofern der Idee einer differenzierten Sozialordnung entgegen." (a.a.O., S. 105)

Die Ära des Fernsehens hat, schenkt man Postmans Ausführungen Glauben, nicht nur den "erwachsenen Verstand" der Politik entrissen (a.a.O., S. 119) und eine völlig neue Politikform geschaffen, sondern auch eine Informationsumwelt hergestellt, die alle früheren Rollendifferenzierungen zunichte gemacht hat. Die Unterscheidung zwischen öffentlichem und privaten Wissen und Leben ist aufgehoben (vgl. a.a.O., S. 109ff.).

---

16 An diesem Punkt sind sich Virilio und Postman sehr nahe.

2.3.2 Die telematische Gesellschaft

Flusser geht davon aus, daß Politik ursprünglich darüber definiert war, daß Menschen in den öffentlichen Raum gingen, um Informationen anzubieten oder zu erhalten. Heute jedoch erreichen uns die Informationen direkt im Privatraum. Der Effekt der Informationsrevolution ist somit, daß wir zu Hause bleiben müssen, um informiert zu werden. Wenn wir in den öffentlichen Raum eintreten, verpassen wir Informationen (1990c, S. 109).

"Wenn jemand Musik hören will, darf er nicht mehr aus dem Haus gehen: er könnte im Radio ein schönes Konzert versäumen. Wenn ein Kind rechnen lernen will, darf es nicht in die Schule gehen, sondern es muß auf seinem Terminal Rechenspiele machen." (1991c, S. 27)

Der Kommunikationsstrom weist also vom Privaten in Private. Dabei lassen sich zwei Schaltpläne unterscheiden: ein eingleisiger vom Sender zum Empfänger, den Flusser faschistisch nennt, und ein vernetzter Schaltplan, der zum Dialog auffordert, und der mit Hilfe der Computer immer stärker aufgebaut werden könnte. Das Fernsehen z.B. hat jedoch, so wie es jetzt geschaltet ist, noch eine faschistische Struktur, wohingegen das Telefon ein Netz ist. Eine dialogisch vernetzte Gesellschaft heißt bei Flusser telematische Gesellschaft. Hat sich diese realisiert, und sie könnte sich mit Hilfe der zur Verfügung stehenden Medien realisieren, werden alle politischen Kategorien verändert werden.

"Ein sich selbst lenkendes, komplexes System stellt nicht die Frage nach der politischen Macht. Es gibt niemanden, der Entscheidungen trifft, sondern die Entscheidungen kristallisieren sich aus der Funktion des Systems selbst heraus. Gebe ich aber die Kategorie der Macht auf, dann habe ich das politische Denken der Neuzeit verlassen. Für die kommende Gesellschaft sehe ich also zwei Alternativen: Entweder wird sie totalitär sein ... oder sie wird vollkommen regierungslos sein ..."(1990e, S. 43).

Die Zäsur, die die Veränderung der Politik brachte, sieht Flusser ähnlich wie Postman im Zusammenhang mit den Bildmedien, mit der Photographie, besonders aber mit dem Fernsehen. Das Bild ist auch für Flusser per se unvereinbar mit politischem Bewußtsein. Denn dieses kennt Ursache und Wirkungen, eine prozeßhafte Sichtweise, die ausschließlich an das lineare Denken und Schreiben gekoppelt ist, wohingegen das Bewußtsein, das dem Bild entspricht ein magisch-mystisches (Postman nennt es polyvalentes) Bewußtsein ist. Das Fernsehen kann ebensowenig politisch sein, wie jede andere Form von Bild (1990c, S. 106). Da Bilder auch für Flusser vieldeutig sind, kennen sie keinen festen Standpunkt. Doch Flusser wertet dies positiv, denn damit seien sie das Gegenteil von ideologisch. Richtige oder falsche Standpunkte werden inexistent (a.a.O., S. 111).

Die Schriftkultur ihrerseits, so Flussers Argumentation, brachte die Dialektik zwischen Öffentlichkeit und Privatheit hervor. Texte werden im Privaten verfaßt und jenseits des Privaten veröffentlicht. Wenn man davon ausgeht, daß Politik darüber gekennzeichnet ist, daß ein Unterschied zwischen privat und öffentlich existiert, wird mit den Fernseh-Bildern die öffentliche Sphäre unnötig, denn diese Bilder werden privat produziert und privat empfangen. Es gibt kein Forum mehr, sondern Kabel, die den öffentlichen Raum obsolet machen. Mit diesen Bildern verschwindet Politik und Geschichte. Flusser lehnt in diesem Zusammenhang die romantische Vorstellung McLuhans von einem globalen Dorf entschieden ab:

"Wo es keinen öffentlichen Dorfplatz gibt und keine privaten Bauernhäuser, da kann von Dorf keine Rede sein. Das Gewebe von Tasten und dialogischen Verbindungen zwischen ihnen erinnert eher an die Struktur des Gehirns. Statt von >kosmischem Dorf< ist daher von >kosmischem Gehirn< zu sprechen." (1989a, S. 29)

Für Flusser bestand der ursprüngliche Zweck der Politik darin, anti-magisch zu sein, doch dadurch, daß Politik jetzt darauf abzielt in Bildern eingefangen und festgehalten zu werden, hat sie kein politisches Ziel mehr, sondern ein magisches (1990c, S. 112). Politik wird demnach zum "Happening", zur Ästhetik im ursprünglichsten Sinne, zu etwas, was wir erleben. Die Frage, ob dies echt ist oder nicht, wird vollkommen irrelevant.

"Fragen Sie also nicht, ob die Personen, die wir in dieser Sendung sahen Schauspieler oder sie selber waren. Sie spielten, und indem sie spielten, waren sie real. Fragen Sie Präsident Reagan nicht, ob er schauspielerte oder nicht; er schauspielerte, und deshalb war er Präsident." (a.a.O., S. 113)

Damit wird deutlich: auf einer "kybernetischen Bewußtseinsebene", auf der Bewußtseinsebene, die die Grundlage der telematischen

Gesellschaft ist, existieren keine moralischen oder metaphysischen Fragestellungen mehr. "Alles ist dort Funktion aller übrigen Funktionen ..." (1989a, S. 110) Auf dieser Bewußtseinsebene gibt es keine Unterscheidungen mehr zwischen privat und öffentlich, zwischen Aktion und Passion, zwischen Regieren und Regierten. Wenn die Schaltungen stimmen, so Flussers Prognose, kann jeder jederzeit mit jedem in Kontakt treten. In dieser Gesellschaft existiert dann eine neue Form der Ontologie, die zu einer totalitären Entpolitisierung führt (1990b, S. 159). Menschliche Beziehungen sind dann nur noch lose Beziehungsgefüge, als Netze zu verstehen. Das Modell der zukünftigen Gesellschaft ist das eines dynamischen Gewebes, das Familie z.B. nur als "Bündel äußerst komplex verknäulter Fäden" begreift (a.a.O., S. 159) Diese Fäden haben unzählige Dimensionen: biologische, ökonomische, kulturelle, ethische und emotionale und zeigen sich als ein Spiel unendlich vieler "Permutationsmöglichkeiten". Dies ist für Flusser kein theoretisches Modell, sondern die zwischenmenschlichen Beziehungen werden tatsächlich als zufällige und spielartige Begegnungen erlebt (a.a.O.). "Wir erleben uns selbst als Spielfiguren. Das Gesellschaftsgewebe ist außerordentlich beweglich geworden: geographisch, informationell, sozial, >geistig<" (a.a.O., S. 160).

Damit hat sich Gesellschaft von einem finalistischen Modell einer Schicksalsgemeinschaft gelöst und ist programmatisch und spielerisch geworden. Staat, Familie, Klasse, die alten Gesellschaftsstrukturen zerfallen. Die Aufgabe von Soziologen und Sozialkritikern wäre es, sich mit dem zu beschäftigen, was durch den Zerfall des Alten an Neuem entstehen könnte. Stattdessen analysieren sie laut Flusser ununterbrochen das, was unter- und verlorengeht; "sie kicken tote Pferde." (1989a, S. 53) Jeder Versuch z.B. die Familie vor dem Durchbruch des Fernsehens oder des Computerterminals retten zu wollen ist "ein verlorenes, >reaktionäres< Unterfangen" (a.a.O., S. 54).

2.3.3 Démocratie cathodique

Die Allgegenwärtigkeit der Informationen, besonders der Bilder ist für Virilio ein Attribut des Göttlichen und damit des Autokratischen. Er sieht hierin einen gefährlichen Konflikt zwischen einer Informationstechnik, die absolut zu werden droht, und der politischen Demokratie (1993a, S. 32). Außerdem liquidiert die Geschwindigkeit der elektromagnetischen Strahlen, die die Informationen übertragen, alles, was Festigkeit und Dauer hat. Die Stadt als politischer Raum, als ein Ort der Dauer, des Verweilens, der Konzentration von Menschen wird verschwinden (1984 S. 61f.). Virilio geht dabei von der Stadt als einem ursprünglichen Ort menschlicher Aktivitäten aus, so wie es die Stadt der Antike war. Anfang des 20. Jahrhunderts wurde diese Stadt abgelöst von der "Cinecitta", der Stadt der Schauspieler und des Kinos, der Stadt, in der es keine Einheit von Ort und Zeit mehr gibt (1990b, S. 90). Heute ist die "Cinecitta" ersetzt durch die "Telecitta", die Stadt, in der sich die Menschen nicht mehr an einem Ort versammeln, sondern in einer gemeinsamen Zeit: der Zeit der Sendung. Für Virilio ist dies eine Stadt ohne Raum, die mit abwesenden Fernsehzuschauern bevölkert ist (1989a, S. 148). Da die Bilder "live" übertragen werden, hat der Zuschauer den Eindruck, sich am realen Ort des Geschehens aufzuhalten, dabei zu sein. Indem der Raum vernichtet wird, der Grund und Boden, der den Menschen, die Familie, die Gruppe und die Nationen über Jahrhunderte und Jahrtausende definierte, verliert der Mensch das Feld der Freiheit politischen Handelns.

> "Irgendwie - es ist an der Zeit, es einmal zu sagen - wird der Ort in Abrede gestellt. Die alten Gesellschaften bildeten sich, indem sie ihre Territorien einteilten und bewirtschafteten. Ob im Maßstab von Familie, Gruppe, Stamm oder Nation - das Gedächtnis bestand in Grund und Boden, Erbschaft bestand in Grund und Boden. Politik wurde begründet, indem Gesetze nicht nur *auf* Tafeln geschrieben, sondern auch *in* eine Stadt, eine Region oder eine Nation eingeschrieben wurden." (1984, S. 141)

Damit ist das eigentliche Problem des 20. Jahrhunderts das der "Deterritorialisierung" des Verlustes an Raum und an Materialität.
Diese Negation des Raumes sieht Virilio als Konsequenz der Abschreckungs- und Vernichtungswaffen. Der militärisch-industrielle Komplex vermischt Destruktionsmacht und Penetrationsmacht qua Überschall-Vektoren, qua Waffen, die nur noch Zeit gewinnen. Für Virilio heißt das, daß das Territorium seine Relevanz zugunsten des Projektils verloren hat (1989a, S. 177). Dies bedeutet die Niederlage der Welt als Boden, Entfernung und Materie. Was zählt, ist nicht mehr die Verteidigung oder Kolonisierung eines Territoriums (militärisch), eine Begegnung vor Ort (zivil), sondern einzig und allein die Geschwindigkeit und die Realzeit. Diese werden von Computer-

systemen kontrolliert. Politische Entscheidungen sind dabei, von den Menschen auf die Automaten überzugehen (1980, S. 196). Die Geschwindigkeit, die mittlerweile die der Lichtgeschwindigkeit entspricht, läßt keine Zeit mehr für eine Politik der Entscheidungsfindung, der Reflexion und Diskussion. Kontinuität und Geschichte verschwinden. Das Ende der Politik nennt Virilio das Transpolitische. "Mit dem Transpolitischen beginnt das Politische zu verschwinden und seine letzte Lebenssphäre sich zu verflüchtigen: die Dauer. Demokratie und Diskussion, die Grundlagen des Politischen brauchen Zeit. Die Dauer gehört zum Wesen des Menschen." (1984, S. 32) Das Transpolitische ist für Virilio der Anfang vom Ende.[17] Es bedeutet die "Verseuchung" des traditionellen politischen Denkens durch das militärische Denken, ja das Ende der Politik und damit auch der Geschichte (a.a.O., S. 100). "Die Geschwindigkeit der Transportvektoren, der Trägersysteme machte 1961 das rote Telefon zwischen Chruschtschow und Kennedy erforderlich. Sie hat dazu geführt, daß heute die Bedenkzeit für eine Entscheidung fast nur noch einen Augenblick beträgt." (a.a.O., S. 59) Daß keine Zeit mehr bleibt für politische Entscheidungen ist Ausdruck der Dromokratie, der Macht der Geschwindigkeit, die nicht mehr menschen- sondern maschinengerecht ist, nicht mehr von Menschen getragen werden kann, sondern nur noch von Datenverarbeitungsanlagen und automatischen Systemen.

Was die militärische Entwicklung aufzeigt, nämlich weg von einem Belagerungszustand um Raum hin zu einem permanenten Ausnahmezustand eines Krieges um Zeit durch und mit Hilfe von Maschinen, läßt sich parallel auch für die Politik zeigen, nämlich das Ende der Ära des Staatsmannes zugunsten eines a-politischen Staatsapparates (1980, S. 185). Für Virilio ist klar, wir leben in einem "Krieg um Zeit im Frieden" (a.a.O., S. 187) mit Hilfe der Abschreckung. Diese Abschreckung ist eine Auflösung all dessen, was trennte, aber auch differenzierte, "und diese Nicht-Differenz ist für uns mit einer politischen Erblindung gleichzusetzen." (a.a.O.) Die Gesellschaft, die eine Gesellschaft der Echtzeit und des Lichts ist, als im positiven Sinne vernetzt zu verstehen, insofern als dann jeder Zugang zu Informationen hat und Machtzentren sich auflösen, hält Virilio für grundlegend falsch. Seiner Meinung nach setzen diese Vernetzungen im Gegenteil eine Rezentralisierung in Gang. Dies belegt er mit der

---

17 Virilio wertet hier radikal anders als Baudrillard, für den dieser Zustand noch etwas Positives hat.

politischen Entwicklung seit Glasnost (1993a, S. 10) oder damit, daß sich im Golfkrieg das Zentrum der Entscheidungen im Pentagon befand und nirgends sonst (a.a.O.).

2.4 Der Mensch wird durch Medien ersetzt

2.4.1 Das Technopol

Auguste Comte ging Anfang des 19. Jahrhunderts davon aus, alles, was nicht sichtbar und mathematisch operationalisierbar ist, sei unwirklich. Er schuf laut Postman die wissenschaftliche Grundlage "für die spätere Vorstellung vom Menschen als einem Objekt" (1992a, S. 60), das meßbar, zählbar, manipulierbar sein sollte. Frederick W. Taylor wandte diesen Gedanken später in der Praxis an: Um die Industrieproduktion zu erhöhen, wurde die Arbeit der Menschen nach bestimmten Regeln und Gesetzmäßigkeiten errechnet. Der Arbeiter sollte nicht mehr selbst denken und Entscheidungen fällen, sondern das System dachte für ihn. Postman sieht darin das erste Anzeichen einer Tendenz, die sich im Laufe dieses Jahrhunderts immer stärker ausbreitete, nämlich die Vorstellung, die Technik selbst könne das Denken ersetzen.

Da dieses Konzept den Fortschritt zu garantieren schien, und da der amerikanische Charakter, so Postman, die Unruhe und die Bewegung liebt, konnte sich diese Technik und diese Technologie die Vorherrschaft sichern. Außerdem hätten die amerikanischen Kapitalisten des ausgehenden 19. und beginnenden 20. Jahrhunderts die ökonomischen Möglichkeiten der neuen Technologien in vollem Umfange ausgebeutet (a.a.O., S. 62ff.). Damit verschwanden die alten Traditionen, und an ihre Stelle traten technische Alternativen. "Die Alternative zum Gebet ist das Penicillin; die Alternative zur Verwurzelung in der Familie ist die Mobilität; die Alternative zum Lesen ist das Fernsehen;" (a.a.O., S. 62). Es ging das verloren, was Postman "kohärente Weltbilder" nennt. Diese garantierten was wahr, gut und glaubwürdig ist. Nietzsche und Darwin, Marx und Freud, Watson und Einstein brachten die alten Glaubensüberzeugungen, besonders aber den Glauben an die Menschen selbst ins Wanken. "Auf dem Trümmerfeld der Begriffe blieb nur eine einzige Gewißheit zurück, auf die man setzen konnte - die Technologie." (a.a.O., S. 63) An die Stelle der Religion trat die Technik selbst und wurde zum neuen Sinnstifter. Postman nennt das Endstadium einer vollständig durchtechnisierten Kultur "das Technopol". Es ist Kulturzustand und Geisteszustand in einem, denn: Zwecksetzung und Sinngebung sind auf die Maschinen übergegangen.

Postman schätzt die Folgen der Technologien als absolut kulturzerstörend und menschenfeindlich ein. Sie produzieren eine Masse an Informationen mit der wir nicht mehr fertig werden. Da keine psychischen und sozialen Orientierungen mehr existieren, werden direkte Erfahrungen zunehmend sinnlos; das Erinnerungsvermögen schwindet, es gibt keine Konzepte für eine sinnvolle Zukunft mehr. Religion und Staat, die bisher die Produktion von Mythen garantierten, verlieren immer mehr an Kraft, so daß keine ethische Basis mehr besteht. Die einstmals starken gesellschaftlichen Institutionen Familie, Schule, Parteien funktionieren nicht mehr; Begriffe wie Sünde und das Böse verschwinden (a.a.O., S. 80ff.).

Der Computer ist für Postman die Maschine, mit der sich unsere Gesellschaft endgültig dem Technopol übereignet. Alain Turing zeigte 1936 auf, daß es möglich ist eine Maschine zu bauen, die sich verhält wie ein Mensch, der dabei ist, ein Problem zu lösen. Turing wollte die Maschine dann als intelligent bezeichnen, wenn sie mit einem Menschen in der Lage wäre ein Gespräch zu führen.[18] Unter der Vorherrschaft der Computer hat das technische Denken endgültig das menschliche (transzendentale, ethische) Denken ersetzt bzw. die Maschine den Menschen.

Für Postman ist klar, die *wissenschaftliche* Grundlage für diese Entwicklung liefert(e) die Forschung über die künstliche Intelligenz (K.I.), die behauptet(e), daß Maschinen menschliche Intelligenz kopieren können. Der Mensch wird als eine denkende Maschine verstanden, und der Computer ist eine besser denkende Maschine. Postmans Grundgedanke lautet hier, daß das eigentlich Menschliche - das Fühlen und Verstehen - der Technologie unterworfen wird. Denken wird von der K.I. Forschung ausschließlich numerisch operationalisiert, wird zur Kalkulation, zur Berechnung. "Das Technopol" suggeriert der Computer sei, weil er besser, schneller und effektiver denkt als der Mensch, die perfekte Maschine zur Naturbeherrschung. Damit werden psychische, emotionale und ethische Dimensionen das eigentlich Menschliche, standardisiert und das Vieldeutige, Komplexe des Menschen wird unsichtbar gemacht. Übersehen wird in diesem Kontext, so Postman, daß Maschinen niemals verstehen können.

---

18 Joseph Weizenbaum hat diese Idee viele Jahre später mit seinem Programm "Eliza" berühmt gemacht (1991, S. 103ff.).

"Eliza" z.B. kann zwar korrekte Fragen stellen, die so klingen als hätte sie ein Mensch formuliert, aber die Maschine weiß nicht, was die Frage bedeutet, sie weiß nicht einmal, daß sie überhaupt etwas bedeutet. "Nach meinem Verständnis umfaßt >Bedeutung< auch jene Komplexe, die wir Gefühle, Erfahrungen und Empfindungen nennen und die nicht unbedingt in Symbole gefaßt sein müssen, sich zuweilen gar nicht in Symbole fassen lassen." (a.a.O., S. 123) Der Computer ist für Postman kein Bedeutung schaffendes, verstehendes mit Empfindung ausgestattetes Geschöpf und wird es auch niemals sein. Die Konsequenzen aus diesem "Irrglauben" sind jedoch fatal. Denn die Verantwortung für menschliches Handeln wird zunehmend auf Computer übertragen. Weil sie suggerieren intelligent und überparteilich zu sein, glaubt Postman, daß die Politiker den Computern immer mehr vertrauen. Seiner Meinung nach ist unter dem "Technopol" der Satz "es ist Gottes Wille" ersetzt durch "der Computer hat entschieden" (a.a.O., S. 126). Damit beginnt die Computertechnologie alle Bereiche zu beherrschen, ohne daß es bemerkt wird. Diesem schleichenden Prozeß setzt Postman sein neustes Buch entgegen.

Die *gesellschaftliche* Grundlage für die Durchsetzung des "Technopols" sieht Postman im kapitalistischen System selbst. Es beruht auf einem ungebrochenen Effizienzdenken in Kombination mit Gewinnmaximierung. Dem Unternehmertypus, dem "homo oeconomicus" ging es von jeher um Profitmaximierung, die durch die Mechanisierung realisierbar ist. Damit verknüpft ist die Vorstellung Menschen nicht als "Kinder Gottes" oder als "Staatsbürger" zu sehen (a.a.O., S. 50), sondern als Marktfaktoren und Konsumenten. Als solcher soll der Mensch transparent gemacht werden. Hierfür dienen die Mechanismen des "Technopols", die Meinungsumfragen, Tests, der Szientismus, die Bürokratie und die Entleerung der Symbole durch das Fernsehen.

Postman prognostiziert, daß diese Entwicklung letztendlich in eine total gewordene technische Versklavung mündet. Dies ist erreicht, wenn die Menschen anfangen zu glauben, daß Technik ein Teil der Natur sei. Dann wird die Technik selbst zum Mythos, zu einer tief in unserem Bewußtsein verankerten unsichtbaren Denkfigur (vgl. 1992b, S. 101), der wir uns freiwillig überantworten (vgl. Interview). Damit wird deutlich, was Postman mit dem Zitat meint, das er seinem Buch "Das Technopol" voranstellt: "... die Technik ist eine Unterabteilung der Moralphilosophie und nicht der Wissenschaft."

2.4.2 Korpuskeltheorie

Technik ist für Flusser angewandte Wissenschaft, und die modernen Wissenschaften, die Chaostheorie und die Kybernetik besagen, daß die Welt in lauter Punkte, in Löcher zerfällt. Auch der Mensch ist, von dieser Bewußtseinsebene aus betrachtet, kein konsistentes Wesen mehr, sondern nur noch vorstellbar als ein Knotenpunkt innerhalb relationeller Felder.[19] Einzig die technischen Bilder sind in der Lage in diesem zerfallenden Universum Konsistenz zu schaffen. Sie liefern in einer zunehmend abstrakter werdenden Welt Konkretionen, oder wie Flusser sich ausdrückt, sie raffen das, was auseinanderfällt (1989a, S. 37f.).

Statt sich an Texten zu orientieren, orientiert man sich an Modellen, die die technischen Bilder liefern (Vgl. Interview). Diese haben allerdings nichts mit den traditionellen Bildern zu tun, sondern sie sind numerisch generiert, synthetisch, technisch. Diese technischen Bilder allein haben die "Fähigkeit" das Auseinanderfallende wieder zusammenzusetzen. So wie der Photoapparat Silberpartikel ordnet, ordnet das Fernsehbild fließende Elektronen, und der Computer, der erfunden wurde, um Gleichungen zu "numerisieren" setzt diese Nummern wiederum zu Gestalten zusammen (1990a, S. 97; 1989a, S. 31ff.). Flusser spricht davon, daß wir zunehmend in einem "Universum der technischen Bilder" leben.

Die Voraussetzung der technischen Bilder sind Apparate. Für diese sind die Punktelemente ein Feld von Möglichkeiten zur Erzeugung von Informationen. Für Flusser ist klar, daß etwas um so informativer ist, je unwahrscheinlicher es passiert. Die Apparate werden nun dazu benutzt, Informationsprozesse zu vervielfachen und zu beschleunigen. Sie stellen den Versuch dar, dem Zerfall und der Tendenz einer zunehmenden Unfaßbarkeit und Unsichtbarkeit der Elemente entgegenzuwirken, indem sie eine Konkretion des absurd gewordenen Punkteuniversums liefern (a.a.O.).

Ein weiterer wichtiger Gedanke Flussers ist, daß mit den Apparaten die menschliche Freiheit nicht mehr darin besteht, die Welt nach eigener Absicht zu formen, sondern einem Apparat die beabsichtigte Form vorzuschreiben und ihn nach Herstellung dieser Form zu stoppen (a.a.O., S. 64). Das Problem in diesem Zusammenhang jedoch ist, - an diesem Punkt ist Flusser Virilio sehr nahe - daß die Apparate

---

19 vgl. hierzu Horkheimer/Adorno, der Mensch sei nur noch ein Verkehrsknotenpunkt inmitten relationeller Felder (1980, S. 139)

zu schnell sind und sich der Kontrolle entziehen. Der Mensch über-
blickt die Situation nicht mehr, das Programm wird unabhängig, und
es rollt alle Möglichkeiten ab, auch die, die der Mensch verhindern
wollte. Die ursprüngliche Absicht, mit welcher die Apparate hergestellt
wurden, nämlich einer neuen Freiheit zu dienen, hat sich also in ihr
Gegenteil verkehrt. Die Mittel beginnen über die Zwecke zu triumphieren. "Die Mittel sind derart gescheit geworden, daß sich bei ihnen
aller Zweck erübrigt. Sie werden Selbstzweck. Selbstzweckwerdung
aller Mittel und Überflüssigkeit aller Zwecke meint >Medienkultur<."
(1987, S. 130)
Da die meisten Apparate noch nicht ganz auf menschliche Interventionen verzichten können, so Flusser weiter, benötigen sie Funktio-
näre mit dem Effekt, daß sich das ursprüngliche Verhältnis
"Mensch/Apparat" umgekehrt hat, und der Mensch in Funktion von
Apparaten lebt (a.a.O.). Er ist dann in ihrem Sinne programmiert, und
es entsteht eine Art "kybernetischer Apparatetotalitarismus". Die Welt
in Funktion der technischen Bilder erleben heißt Robotisierung von
Mensch und Gesellschaft (1991a, S. 72). Alle Programme sind syn-
chronisiert in Richtung auf eine totale Massenkultur, die immer die-
selben Informationen erzeugt und die in Richtung Entropie weist. In
diesem Sinne werden wir uns laut Flusser nicht zu Tode amüsieren,
sondern zu Tode langweilen (1989a, S. 52). Leben bedeutet nur
noch, Apparate zu füttern und von ihnen gefüttert zu werden. Die
Masse ist bereits durch die Apparate programmiert. "Im Kino wird sie
programmiert, um im Supermarkt zu konsumieren, aus dem Supermarkt wird sie entlassen, um im Kino durch neue Programme wieder
aufgetankt zu werden." (1990b, S. 99)
Doch Flusser sieht noch eine Chance, den fatalen Mechanismus zu
durchbrechen. Diese liegt jedoch nicht jenseits der Maschinen, denn
die "operationelle Rationalität" ist zu unserem Schicksal geworden.
Die Photographen z.B. zeigen uns Versuche auf die Apparate zu
überlisten, indem sie etwas Unwahrscheinliches, Informatives erzeugen, indem sie eine menschliche Absicht in ein Programm ein-
schmuggeln (1991a, S. 72f.).
Für Flusser ist Kultur zu verstehen als ein Prozeß von Abstraktions-
schritten in Richtung Befreiung von unserer sinnlich-körperlichen
Existenz durch und über Technik. Der Mensch befreit sich in seinem
Kampf gegen die Natur, gegen das Gesetz der Entropie, gegen den
Tod, das Vergessen und die Sterblichkeit. Alle Kulturprodukte sind,
so Flusser, Ausdruck dieses Kampfes, auch die Apparate. Sie sind

entstanden auf der Suche des Menschen nach Unsterblichkeit, beim Versuch, sich vom Körper und seiner Biologie zu befreien. Es ist logisch konsequent, daß die menschlichen Körper schrumpfen, weil körperlose, substanzlose, unterlagenlose Informationen immer interessanter und haltbarer werden. Auch die Fortpflanzung wird bald automatisch funktionieren. Damit wäre die Libido vom Körper befreit. Diese hat ihren Sitz sowieso im Gehirn und nicht in den Geschlechtsorganen (vgl. Interview) und kann damit apparatetechnisch ersetzt werden. Für Flusser führt diese Entwicklung zu einer totalen Verachtung des Geschlechtlichen. "Da der Körper verachtet wird, sind alle biologischen Kriterien uninteressant geworden" (1989a, S. 114). Ganz leugnen wird man, so die Einschränkung an dieser Stelle, die Körper allerdings nie können, denn sie müssen ernährt werden, und sie sind sterblich. Die erhaltenswerten Kulturgüter sind jedoch diejenigen, welche "reine Information" enthalten, nämlich die technischen Bilder.

Flusser prognostiziert, daß Menschen zukünftig allein in Zellen sitzen[20], mittels Tastaturen und Bildschirmen miteinander verbunden sind, während Roboter damit beschäftigt sind Dinge heranzuschaffen, um ihre verkümmerten Körper zu erhalten und zu vermehren. Zwischen den Menschen werden künstliche Intelligenzen eingeschaltet sein, die durch Kabel und ähnliche Nervenstränge mit den Menschen dialogisieren, wobei es funktionell sinnlos ist, zwischen "natürlichen" und "künstlichen" Intelligenzen zu unterscheiden. Mensch und Apparat verschmelzen zu einem unteilbaren Ganzen (a.a.O., S. 153). Die Funktion der Technik ist also "... den sie ausübenden Menschen durch die Ausübung selbst zu verwandeln: Nicht also Dinge und verdinglichte Menschen zu manipulieren, ist die Funktion der Technik, sondern daß sich der Mensch, der sie beherrscht, wandelt." (1991b, S. 242)

2.4.3 Die Telepräsenz

"Das Abenteuer auf der Welt zu sein" (1991, S. 64) vollzieht sich für Virilio darüber, daß wir einen Körper haben, mit dem und in dem wir uns bewegen. Die Mobilität des Körpers ermöglicht den Reichtum menschlicher Wahrnehmungsfähigkeiten (1978, S. 38). Das Wesen

---

20 Dieses Bild findet sich auch bei Virilio und erinnert an eine "Pensée" Pascals.

der Bewegung bzw. deren Bedeutung zu verkennen, heißt Schaden an der Seele nehmen, die "Anima" verlieren (1991, S. 60). Die entscheidenden Technologien arbeiten aber genau daran, unsere Körper bzw. deren Bewegungsfähigkeit qua Prothesen (der Übertragung/des Transports) zu automatisieren und zu ersetzen, unser Bewußtsein zu "revolutionieren" (1986a, S. 47).

Für Virilio besteht der Vorteil dieser Wahrnehmungs- und Rechenmaschinen darin, daß sie in Kriegs- wie in Friedenszeiten präziser und besonders schneller als der Mensch arbeiten. Doch die Geschwindigkeit hat ihren Preis. Irgendwann löst sich der Boden der Erfahrung auf. Vermittlung läuft dann nur noch über technische Medien. Die Mittel selbst sind zum Zweck, zum Ziel geworden, oder wie Virilio sich ausdrückt "die Energie ist zugleich die absolute Waffe, das Mittel ist zum Zweck geworden." (1978, S. 26) Die militärische Logistik Geschwindigkeiten weiter zu erhöhen, das Prinzip der Beschleunigung auf die Spitze zu treiben, führt nicht nur zur Aufhebung des Raumes und der Zeit, sondern letztendlich zu einer Verkümmerung der menschlichen Wahrnehmungsfähigkeit, des menschlichen Körpers, des Menschen schlechthin. Diese Verkümmerung des eigentlich Menschlichen begann sich in dem Moment zu vollziehen, als die Geschwindigkeit zunehmend audio-visuell wurde (1990b, S. 89). Am Beispiel der Photokamera und später anhand der Filmkamera versucht Virilio dies aufzuzeigen: Das menschliche Auge paßte sich dem Kameraauge an, Wahrnehmungskonventionen wurden radikal verändert. Der Film bereitete ein breites Massenpublikum darauf vor, den direkten Kontakt mit der Materie zugunsten einer Visualisierung von Erfahrungen aufzugeben (1986a, S. 66).

Virilio macht hier eine deutliche Unterscheidung und auch Wertung zwischen natürlicher/direkter Wahrnehmung und maschinell/indirekt erzeugter Wahrnehmung. "Der Verlust kinetischer und taktiler Eindrücke, von Geruchseindrücken, wie sie die direkte Fortbewegung noch lieferte, läßt sich nicht durch eine vermittelte, eine Medien-Perzeption ... ersetzen." (1978, S. 39) Die Telekommunikationsindustrie, in der sich die militärische Logistik für zivile Zwecke ausdrückt, ist aber genau darum bemüht, Hören, Sehen und Fühlen apparatetechnisch zu ersetzen. Für Virilio ergibt sich hieraus, menschliche Erfahrung soll zunehmend über technische Medien/Bildschirme übermittelt werden. Damit wird der (Wahrnehmungs)-Horizont quadratisch, sprich virtuell. Ist der menschliche Erfahrungsraum nur noch ein quadratischer Horizont, dann hat sich unser mentaler Zustand dergestalt verändert, daß wir kein Ortsgedächtnis mehr haben, keine Unterscheidung zwischen drinnen und draußen mehr kennen (1991b, S. 60). Der virtuell sichtbare Horizont der Telekommunikation schafft eine Gesellschaft ohne Vergangenheit und Zukunft. Eine Zivilisation des Vergessens steht am Ende dieser Entwicklung, die nur noch ein "Sofort-Gedächtnis" kennt in Funktion der Allmacht der Bilder. Gesellschaft wird zur Live- Show (a.a.O., S. 60). In der Telepräsenz, in der Möglichkeit abwesend anwesend zu sein, wird die Materialität der Körper ersetzt. Virilio weist darauf hin, daß bereits die Möglichkeit per Datenanzug und -Handschuh auf dem Mars Mineralien zu fördern existiert, denn die NASA arbeitet an Fernsteuerungssystemen, die damit experimentieren einem Roboter einen Menschen einzupflanzen. Virilio fügt hinzu: "Vielleicht kommt bald die Zeit, wo der prothesengestützte Invalide von heute das Modell des rechnergestützten Gesunden von morgen abgibt." (1993a, S. 14). Der alte Traum von der Allgegenwärtigkeit des "Menschen" scheint für Virilio bald verwirklicht, währenddessen der Mensch und mit ihm die Welt vernichtet werden.

Die Beschleunigung führe jedoch nicht nur zur Aufhebung des Raumes, sondern besonders der Zeit. Diese Zeit, die eine Zeit der Lichtgeschwindigkeit ist, nennt Virilio die Hyper-Zeit. Der Mensch hat zu dieser Zeit keinen Zugang mehr. Sie ist nur noch über Skalen, Bildschirme und Zeittafeln zugänglich. Je mehr diese Geschwindigkeit wächst, desto mehr verkümmert die menschliche Freiheit. Hat die Macht der Geschwindigkeit sich durchgesetzt, spricht Virilio von der Dromokratie. Diese wird nicht mehr von Menschen getragen, sondern von Datenverarbeitungsanlagen, von automatischen Antwortsystemen (1984, S. 60).

Die Wahrnehmungsmaschinen, die Transportmittel, die den Raum und die Zeit aufheben, verdammen uns zu körperlicher Bewegungslosigkeit. In Momenten der schnellsten Bewegung, im Überschallflugzeug z.B., sind wir am bewegungslosesten. Obwohl oder weil die Geschwindigkeit um uns herum permanent zunimmt, werden unsere Körper immer träger und schwerer. Auch für Virilio ergibt sich hieraus ein gesellschaftliches Zellenszenario[21], in dem die Menschen außerhalb der Zeit interniert werden, ohne Chance auf Fortbewegung (1986a, S. 116). Diese Zelle bestünde

---

21 vgl. hierzu Flusser

"... in einem elektronischen Terminal, wo den Instrumenten die Organisation unseres intimsten Lebensrhythmus anvertraut wäre. Wir selbst müßten uns überhaupt nicht mehr fortbewegen, die Autorität des elektronischen Rhythmus reduzierte unseren Willen auf Null ... irgendwie hätte das Sehen der Lichtbewegungen auf dem Bildschirm die Suche nach jeder Eigenbewegung ersetzt." (1986a, S. 116)

Virilio prognostiziert eine pathologische Starrheit als Ergebnis dieser technischen Zivilisation, eine Mutation im Sinne einer negativen Verhaltensrückbildung. Wir werden zu "schlafend gelegten Menschen" (1993b, S. 273), bewegungslos und immer träumend.

Virilios Gedanke ist folglich, daß durch die Wahrnehmungsmaschinen die Menschen in einen Zustand versetzt werden, der unterhalb der Bewußtseinsschwelle funktioniert. Wir werden zwar informiert, laufend über Bilder ins Bild gesetzt, dabei aber zunehmend apathisch und gleichgültig. Mit zunehmender Informiertheit wächst die Gleichgültigkeit (1986a, S. 52). In diesem Sinne werden die menschlichen Gedächtnisse programmiert (a.a.O., S. 54).[22] Im Bereich der Elektronik, so Virilio weiter, forscht man bereits an der Entwicklung von aktiven Prothesen der Intelligenz. Neuro-Chirurgen träumen von Silikonplättchen, die ins Gehirn transplantiert werden können zur augenblicklichen Kenntnis von Fremdsprachen oder der Relativitätstheorie (a.a.O., S. 54). D.h. technisch wird damit experimentiert den Menschen ein Gehirn zu verleihen, das nicht mehr ihr eigenes ist. Die Technik wird damit zur neuen, zweiten "Natur", an der gearbeitet wird ohne Fragen zuzulassen. Denn das Rätsel der Technik erweckt letztendlich genausoviel Furcht wie das Rätsel der Natur (1984, S. 26).

---

22 Für Virilio bedeutet Programmierung die Vernichtung eines ursprünglichen Empfindens und die Produktion eines Massendenkens (vgl. Flussers Programmbegriff).

2.5 Medienethische Forderungen

2.5.1 "We need storytellers"

Angesichts der aktuellen Publikationen von Neil Postman mag es verwundern, zu welchen (Auf-)Forderungen der Autor am Beginn des Fernsehzeitalters kam. 1961 formulierte er in seinem ersten Buch "Television and the Teaching of English":

> "Whatever the future may hold, teachers of English can face it with equanimity if they avoid the temptation to pit television or any other medium against print. A more realistic and challenging point of view is to regard the coexistence of these forms as a more or less permanent arrangement and aim at making students >literate< in the various media which engage their attention." (1961, S. 13)

In diesem Buch geht Postman noch davon aus, daß das Fernsehen ein Instrument für "cultural enlightenment" sein könne. Ebenso wie die Literatur, die sich in Gattungen aufteilen läßt, könne man auch von Comedy, Literaturverfilmung, Western etc. sprechen und diese als solche analysieren. Er fordert besonders die Lehrer auf, über das Fernsehen systematisch nachzudenken. Studentische TV-Komitees seien zu gründen, in denen über die Qualität von bestimmten Sendungen nachgedacht wird, workshops wären wünschenswert, in denen Schüler die Entstehung von Fernsehproduktionen mitverfolgen könnten u.ä.m.

1969[23] kommt Postman bereits zu seinem bekannten Duktus. Viele der aktuellen gesellschaftlichen Probleme wie Geisteskrankheit, Kriminalität, Selbstmord, Kindesmißhandlung, Nachrichtenmanipulation (in der ursprünglichen Reihenfolge) sehen die Autoren in direktem Zusammenhang mit der "Revolution der Kommunikation" (1972, S. 10). Da diese Revolution die Gesellschaft unvermutet getroffen habe, müsse die Schule als *die* entscheidende Instanz, in deren Kraft es stünde, eine sinnvolle Erziehung zu ermöglichen, Methoden entwickeln, um diesem Chaos entgegenzuarbeiten.

Postman und Weingartner betonen, daß die Veränderungen, die die "Revolution der Kommunikation" mit sich brachte, in alle Lebensbereiche gehen, und damit die Umwelt als Ganze beeinflußt wird. Der

---

23 vgl. "Teaching as a subversive activity" (dt.: Fragen und Lernen - die Schule als kritische Anstalt, zs. mit Charles Weingartner, 1972)

Appell an dieser Stelle war, die elektronischen Medien als neue Sprachen wahrzunehmen, zu analysieren und zu verstehen. Schulen müssen subversiv im Sinne von anti-bürokratisch werden "... und die Jugend zu einer kritischen Betrachtung der eigenen Gesellschaft bringen". (a.a.O., S. 32) Gefordert werden neue Unterrichtsmethoden, die weg von der passiven Rezeption gehen, hin zur Aktivierung von Wahrnehmungsfähigkeiten, eigenen Denkstilen und Fragemethoden. Antiquierte Unterrichtsmethoden wären nicht in der Lage auf die brennenden Probleme der Zeit zu reagieren. Eine neue Pädagogik soll her, die "... mit der alten sowenig Ähnlichkeit haben (wird, D.K.) wie eine Raumkapsel mit einem Raddampfer ..." (a.a.O., S. 229). Waren dies noch sehr an der schulischen Praxis orientierte, konkrete Vorschläge, so bleiben die folgenden Forderungen in den nun regelmäßig erscheinenden Postman-Büchern blaß. Immer wieder wird darin postuliert wie wichtig es sei, die Struktur und die Auswirkungen von Informationen zu analysieren. Eine solche Analyse jedoch bleibt aus. Postman plädiert dafür, daß man lernen müsse, was das Fernsehen sei, was Information für eine Öffentlichkeit bedeute, wie verschiedene Formen von Informationen die Inhalte bestimmen. Dabei genüge es jedoch schon, solche Fragen überhaupt zu stellen, denn: "to ask is to break the spell" (1986, S. 161). Es wird betont, daß die Schule die einzige Institution sei, die theoretisch im Stande sei sich mit dieser Problematik auseinanderzusetzen. Postmans jüngste Forderung (vgl. 1992a) ist die nach einer Erzählung, die unserer Gesellschaft und unserer Kultur wieder einen Sinn geben könne:

"... for people to have a sense of the meaning of things, they must have a believable narrative. By narrative, I mean a story of human history which gives meaning to the past, explains the present, and provides guidance for the future. It is a story whose principles help a culture to organize its institutions, to develop ideals, and to find authority for its actions."(1992d, S. 6)

Die Frage allerdings, was der Inhalt dieser neuen Geschichten sein könnte, bleibt unbeantwortet (vgl. Interview). Ohne ein kohärentes Weltbild, ohne funktionierende Ordnungssysteme, so viel sei klar, drohe der Nihilismus, der Konsumrausch und die kapitalistische Ökonomie unser Leben zu zerstören (1992a, S. 185ff.). In diesem Sinne endete ein Vortrag Postmans in Hannover mit den Worten: "The alternative is to live without meaning - the ultimate negation of life itself." (1992d, S. 6)

2.5.2 "Analyse kommunikologischer Strukturen"

Ausgehend von Flussers Einschätzungen, die nichts zukünftiges beschreiben, sondern das, was sich aktuell bereits abzeichnet (vgl. Interview), sind seine Texte als Mahnungen zu verstehen. Im Gegensatz zu Postmans rückwärts gewandtem Blick, der versucht zu beschreiben, was alles unter- und verlorengeht, reflektiert Flusser das, was kommen wird. "Das Neue ist entsetzlich, und wir selbst sind das Neue." (1990b, S. 169) Er versucht auf der Grundlage eines antizipierten Zukünfigen einen Ausweg zu suchen. Dies gelingt seiner Meinung nach nur, wenn man sich mit den Informationstechniken, ihren Programmen, ihren Codes und ihren Vernetzungsstrukturen auseinandersetzt, sie benutzt, statt von ihnen benutzt zu werden (ähnlich rigoros fordert dies auch Paul Virilio). Von Medien wäre erst dann zu sprechen, wenn über sie Menschen mit Menschen kommunizieren.
Folgende Forderungen ergeben sich für Flusser:
– die "kommunikologische" Struktur einer Gesellschaft muß analysiert werden. Kommunikation (Kommunikation ist Informationsmanipulation, vgl. 1991a, S. 45) hat zwei Aspekte: sie erzeugt Information und sie sammelt Information. Ersteres nennt Flusser Dialog, letzteres Diskurs. "Die Gesellschaft als Kommunikationsgewebe ist ein Ineinandergreifen von Dialogen und Diskursen. Herrscht eine der beiden Methoden vor, ist die Gesellschaft gefährdet." (1990b, S. 90)
Die technischen Bilder, besonders die Fernsehbilder, stehen gegenwärtig im Zentrum der Gesellschaft. Sie werden von Sendezentren ausgestrahlt und erreichen isolierte Empfänger. Jedes technische Bild wird als ein Endpunkt eines Strahls empfangen. Die Medien bilden von den Zentren ausgestrahlte Bündel. Für Flusser heißt dies, die Struktur der von den technischen Bildern beherrschten Gesellschaft ist eine faschistische. Und zwar faschistisch nicht aus irgendwelchen ideologischen, sondern aus "technischen" Gründen (1989a, S. 53).
Doch die Gesellschaft als Ganze hat noch die Chance diese Tendenz umzubiegen, so daß die Apparate den Menschen dienen. Flusser schreibt, wenn es gelingt, die faschistische Struktur der momentanen Vernetzung der Apparate mit den Menschen aufzuheben und einen wirklich dialogischen Verkehr einzurichten, dann werden die "elektronischen Gehirne" alle Informationen in einem riesigen Gedächtnis speichern und zwar schneller, besser und effizienter als in menschlichen Gehirnen oder anderen Gedächtnisstützen, und jeder kann

jederzeit diese Informationen abrufen. Dies wäre dann ein raum- und zeitloses Universum, ein Universum des schöpferischen Mitseins mit allen anderen (a.a.O., S. 109). Die Menschen könnten einander dann die Hände reichen, und der Nächste wäre uns dann erst wirklich nahe. "Damit öffnen sich schwindelerregende Perspektiven. Sie erinnern an den bekannten Satz, daß die Zukunft religiös sein werde, oder nicht sein werde." (1991c, S. 29)

– Die Apparate müssen zur Kommunikation und nicht zur Unterhaltung genutzt werden. Ein revolutionärer Umbau des gegenwärtigen Schaltplans der technischen Bilder in einen nicht hierarchischen Dialog setzt voraus, daß diesbezüglich ein Konsens herrscht. Dies ist aber nicht der Fall. Die Leute lassen sich, so Flussers Kritik, von den Bildern zerstreuen, sie wollen sich ablenken. Der Dialog aber erfordert, daß man sich sammelt. Für Flusser ist klar, daß, als es noch Öffentlichkeit und Privatheit als getrennte gesellschaftliche Sphären gab, man sich im Privaten sammelte, um sich dann in der Öffentlichkeit zu zerstreuen. "Der Konsensus zwischen Bild und Mensch beruht auf dem Unwillen des Menschen, sich zu sammeln, ebenso wie auf der Absicht der Bilder, die Menschen zu zerstreuen." (1989a, S. 57) Die Leute wollen bewußtlos werden, sie wollen einen glücklichen Dämmerzustand, der dem Niveau der Kinderstube entspricht (a.a.O.).

– Der kybernetische Apparate-Totalitarismus muß sabotiert werden: Laut Flusser versuchen diejenigen, die diesen Konsensus zwischen Bildern und Menschen stören, dialogisch Fäden zu knüpfen. Sie versuchen, ohne selbst auf den Bildschirmen zu erscheinen, diese so zu manipulieren, daß den Leuten klar wird, welche ungeahnten Möglichkeiten in den Bildern steckt. Ihr Engagement ist also nicht gegen die Bilder als solche, sondern gegen ihren Schaltplan gerichtet. Die gegenwärtigen Revolutionäre sind für Flusser diejenigen, die sich nicht von den Apparaten funktionalisieren lassen, sondern diese benutzen, um die Freiheit eines eigenen Willens zu realisieren. Indem sie versuchen noch nie dagewesene Sachverhalte herzustellen, produzieren sie Informationen, unwahrscheinliche Zustände, die zu unwahrscheinlichen Situationen verführen. Diese Revolutionäre nennt Flusser die Einbildner. Sie versuchen dem absurd gewordenen Universum wieder einen Sinn zu geben. Dank ihrer Bilder, sagt Flusser, sind wir überhaupt in der Lage aus einer Welt der Abstraktion wieder ins konkrete Erleben, Erkennen, Werten und Handeln zurückzukehren (a.a.O., S. 35). Flusser warnt, daß ohne die Arbeit der Einbildner die Gesellschaft sich weiter spalten wird, in Programmierer (die

Technokraten und Meinungsbildner), diejenigen, die formal und numerisch denken, und die Programmierten, die weiter buchstäblich denken (1991f, S. 151).

– Emanzipation vom Alphabetischen: Flusser vertritt mit aller Entschiedenheit, daß wir nur dann in der Lage sind wahrzunehmen, welche kolossalen Veränderungen sich in unserer Kultur abspielen, wenn wir uns vom alphabetischen Denken als einem fortschrittlichen, begrifflichen Denken lösen. Denn das neue Denken basiert auf digitalen Codes, es ist quantisch und bildgebunden. Dies hängt von der Bauart der Apparate ab, die nach der "1/0" Struktur gebaut sind. Sie simulieren die Bauart unseres Nervensystems. Was wir auf den Bildschirmen sehen sind simulierte Vorstellungen dieser Gehirnfunktionen. Dies gilt es zu begreifen. "Wir werden das Alphabet aus dem Gedächtnis zu löschen haben, um dort die neuen Codes lagern zu können." (1987 S. 146) Denn die mit den digitalen Codes erzeugten Bilder können nicht mit einem linearen, historischen, alphabetischen Denken kritisiert werden. Für Flusser ist die Aufklärung ausgelaufen, und das Alphabet war der Code der Aufklärung (Vgl. a.a.O.).

Aus all dem ergibt sich, eine schwindelerregende Lernaufgabe wird zu bewältigen sein: Denn laut Flusser müssen wir aus der Welt der geschriebenen Sprache in die Welt der ideographischen Bilder überwechseln, aus der Welt logisch sprachlicher Regeln in eine Welt mathematischer Regeln, und besonders aus der Welt der Zeile in die des aus Punkten gebildeten Netzes (1987, S. 151ff.). Für diese Aufgabe, so Flusser weiter, werden Menschen gebraucht, die bereit sind eine Übersetzungstheorie bzw. Übersetzungsphilosophie zu erarbeiten, damit der Übergang aus der alphabetischen Kultur in die neue Kultur zu einem bewußten Überschreiten der Denk- und Lebensbedingungen wird. "Wird sie nicht geleistet, dann ist ein Sturz in analphabetische Barbarei zu befürchten." (a.a.O., S. 152)

2.5.3 "Blockade des Transpolitischen"

Virilios Forschen richtet sich darauf, das "Wesen des Krieges" in der Technologie, in der Gesellschaft und in der Philosophie aufzuspüren und zu analysieren (1984, S. 23). Seine Forderung - nicht nur an die Wissenschaft, sondern an jeden Einzelnen - ist, die Geschichte der Menschheit von ihrer Geschwindigkeit her zu begreifen, und zwar von ihrer metabolischen (lebendigen) und ihrer technologischen (toten) Geschwindigkeit her (1984, S. 140f.). Allein diese Analyse kann der jetzigen Gesellschaft, die Virilio eine "Un-Gesellschaft" nennt, da sie nicht mehr im Werden ist, sondern im Verschwinden, helfen. Die Kritik an ökonomischen Prinzipien, an Problemen der Produktion, des Reichtums, soziologische Studien u.ä.m. können für Virilio nicht oder nur unzureichend erklären, was sich seit einem Vierteljahrhundert abspielt, nämlich die Vernichtung der materiellen Existenz der Welt. Daraus ergibt sich, daß offensichtlich die falschen Probleme diskutiert werden.

Virilio fordert wahrzunehmen, daß das Politische im Militärischen aufgeht. Der Zustand, in dem die Ökonomie und die Politik gänzlich vom Krieg bzw. seiner permanenten Vorbereitung in Anspruch genommen ist, nennt er das "Transpolitische". Es gilt zu erkennen, daß der momentane Friede ein Krieg ist, eine endlose (technische) Vorbereitung auf eine finale Katastrophe, die sich jederzeit ereignen kann. Diese permanente Entwicklung, die für Virilio primär eine Entwicklung von Waffen ist, führt dazu, daß die Gesellschaft selbst ausgezehrt und möglicherweise ausgeschaltet wird. Virilio spricht in diesem Zusammenhang von einer "epistemotechnischen" Arbeit, die zu leisten sei, um die Probleme in den Griff zu bekommen. Folgende Punkte hätte sie im Auge zu behalten:

– Die Technik, die vor allem eine Kriegstechnik ist, organisiert die Materie, den Raum, besonders aber die Zeit, bzw. in Virilios Worten: die Technik arbeitet an der Organisation der "Erschöpfung der Zeit" (a.a.O., S. 32). Folglich geht es darum, sich das Wissen des Militärs anzueignen, dem Militär das alleinige Verständnis der Geschwindigkeit zu entziehen, um es für die zivile Gesellschaft zu nutzen. Denn es ist die Zeit bzw. der Zeit-Raum, die sich verändern und sich verheerend auf die Gesellschaft auswirken. Diese Veränderungen nicht wahrzunehmen bedeutet die absolute Niederlage der Politiker. Denn der technische Fortschritt obliegt dem Zwang, alles weiter zu beschleunigen. Wir leben in einem Zustand der "Bewegungs-Tyrannei", der jegliches Verweilen, jegliche Dauer, jegliche Freiheit, letztendlich Politik, Geschichte und den Menschen selbst zerstören. "Organisation, Macht, Strukturierung und Unterwerfung, Verbote, Unterbrechungen und Befehle arbeiten nunmehr mit der Zeit. Und dort muß auch der Widerstand ansetzen." (a.a.O., S. 117) Virilios Forderung in diesem Zusammenhang besteht darin, zu versuchen zu begreifen, wie sich die Geschwindigkeit auf die Zeit und den Zeit-Raum der Gesellschaft auswirkt. Denn alle Technologien tilgen den Raum, den Ort der Freiheit. Die ganze Welt schrumpft zusammen.

Die Menschen werden in schlimmster Weise zusammengeballt und kontrolliert (a.a.O., S. 71), deshalb muß man sich die politischen Konsequenzen dieser "Zeit-Raum-Verwaltung" klarmachen.

- Es geht um eine Arbeit des Bewußtwerdens. Jeder Einzelne muß versuchen, das Rätsel der Technik als "Kriegsmaschine" (a.a.O., S. 137) und als "schwarzer Kontinent" (a.a.O., S. 138) zu entdecken und zu hinterfragen. "In der Autonomie eines jeden muß - bei Strafe des Todes, denn wir haben keine Zeit mehr - eine solche Neu-Interpretation von Maschinen, Situationen etc. sich vollziehen" (a.a.O., S. 81). Die technischen Prothesen, die uns alltäglich umgeben und begleiten, seien sie auto-mobil oder audio-visuell, erzeugen für Virilio eine unterschwellige Bequemlichkeit und stellen eine visuelle/physische Halluzination her, die uns allmählich das Bewußtsein raubt. Virilio schreibt, wir fahren, wir sehen, wir leben in und mit diesen technischen Medien und verlieren dabei den Willen und die Freiheit. Besonders aber verlieren wir unsere körperliche Wahrnehmungsfähigkeit und das Gefühl für den Raum. Diese Bequemlichkeit und diese Immobilität haben den fatalen Effekt, die Geschwindigkeit der Bewegung weiter zu multiplizieren. All dies passiert jedoch unterhalb der Bewußtseinsschwelle. Wir werden durch/mit den Bild- und Bewegungsmaschinen konditioniert: alles geht zu schnell. Wenn nicht versucht wird diese Geschwindigkeitsdiktatur und Bewegungstyrannei zu durchbrechen, prognostiziert Virilio eine Prothese für die Lebendigkeit selbst (a.a.O., S. 140). Vor diesem Hintergrund ist ihm jedes Mittel recht, das eine Verlangsamung bzw. Stillegung garantiert, seien es ein Generalstreik, eine Blockade, ein Abbruch von Live-Schaltungen oder irgendeine andere Lahmlegung der Bewegung und der Geschwindigkeit.

- Es gilt, die Ergebnisse der epistemotechnischen Forschung zu problematisieren. Die negativen Seiten, die Unfälle, das "Obszöne" (a.a.O., S. 36) der Technik muß mitgedacht werden. Virilio fordert deshalb z.B. ein Museum des Unfalls. "Es müßten darin ... Zugentgleisungen, Luftverschmutzungen, der Einsturz von Gebäuden etc. gezeigt werden." (a.a.O., S. 37) Denn der Unfall enthüllt die "Identität des Objekts" (a.a.O.).

- Auf der Ebene der Zeit betrachtet impliziert der Unfall ein Aussetzen, ein Innehalten, eine Unterbrechung, den Tod. Für Virilio liegt eine der größten Gefahren darin, daß die Technologie uns vergessen lassen will, daß wir sterblich sind. Denn so wie der Unfall zur Technik gedacht werden muß, so muß auch das Leben in Funktion des Todes neu gedacht werden, denn der Tod "... begründet das Bewußtsein, also auch das politische Bewußtsein." (a.a.O., S. 125) Der Tod organisiert die soziale Zeitlichkeit einer Gesellschaft, und die Arbeit des Politikers muß es sein, einen Begriff, ein Bewußtsein für Zeit zu schaffen. In dem Moment, wo der Bereich der Politik sich vom Tod ablöst, ihn negiert, ihn verdrängt, verfällt die Gesellschaft ganz der militärischen Interpretation. In dieser Verdrängung besteht für Virilio die Stärke des Militärs, sich zum Beschützer aufzuspielen. "Die Arbeit des Politikers ist also ausgesprochen wichtig ... aufgrund der Technologie ... besteht sie darin, auf Unterbrechungen hinzuweisen, auch auf die Unterbrechungen des Todes. Und gerade nach dieser Unterbrechung müssen wir fragen, wenn wir sie irgendwie organisieren wollen." (a.a.O., S. 129) Die Frage nach dem Tod ist für Virilio somit sowohl ein politisches als auch ein metaphysisches Thema, denn die Frage nach dem Tod impliziert die Frage nach einem Ende, nach einem Ziel, nach Gott. Die Möglichkeit eines absoluten Todes, d.h. die Möglichkeit unserer Zivilisation sich qua Atomwaffen vollständig vernichten zu können, bringt uns - und darin könnte, so Virilio, eine Chance bestehen - die Metaphysik, die Frage nach Gott zurück (a.a.O., S. 133).

2.6   Theoretische Ausgangspunkte

2.6.1 Toronto school

Im Gegensatz zu den bis in die späten 60er Jahre und heute wieder neu aufgelegten Ansätzen der Massenkommunikationsforschung, nämlich dem "stimulus response"[24] und dem "uses and gratifications" Ansatz[25], wird bei den Autoren, auf die sich Postman bezieht der Schwerpunkt der Betrachtungen auf die Medien selbst, ihre Formen und ihre Symbole gelegt. Im Unterschied zu den oben genannten Forschungsrichtungen, bei denen es um sozialpsychologische Untersuchungen von Medieninhalten geht, interessiert Postman die Frage, wie ein Medium selbst eine neue (Um)welt hervorbringt und darstellt. Er greift dabei auf Ideen zurück, die die bekanntesten und umstrittensten Theoretiker, nämlich McLuhan und Innis in den 60er Jahren entwickelt haben.

---

24 vgl. hierzu u.a.: Klaus Merten (1991, S. 36-55)
25 vgl. hierzu u.a.: Jay Blumler & Elihu Katz (1994)

Postmans Grundgedanke vom Medium, das selbst die Botschaft bzw. die Metapher ist, geht auf McLuhan zurück. Was McLuhan als Metapher bezeichnet heißt bei Ernst Cassirer, den Postman u.a. zitiert, Symbol. Gemeint ist bei allen drei Autoren dasselbe:

> "Die unberührte Wirklichkeit scheint in dem Maße, in dem das Symbol-Denken und -Handeln des Menschen reifer wird, sich ihm zu entziehen. Statt mit den Dingen selbst umzugehen, unterhält sich der Mensch in gewissem Sinne dauernd mit sich selbst. Er lebt so sehr in sprachlichen Formen, in Kunstwerken, in mythischen Symbolen oder religiösen Riten, daß er nichts erfahren oder erblicken kann, außer durch Zwischenschaltung dieser künstlichen Medien." (Cassirer, 1960, S. 39)

Die Grundlage für diesen ganz neuen Ansatz im Verständnis von Medien lieferte der 1952 verstorbene kanadische Ökonom Harold Innis, der sich als erster mit der Frage beschäftigte, wie die Kommunikationsmedien selbst (d.h. nicht ihr Inhalt, sondern ihre Form) eine Gesellschaft beeinflussen.[26] Innis interessierte dabei besonders der Zusammenhang zwischen bestimmten Kontroll- und Machtstrukturen vor dem Hintergrund der Art der materiellen Träger von Kommunikation und ihr Verhältnis zu Raum und zu Zeit. "A medium of communication has an important influence on the dissemination of knowledge over space and over time and it becomes necessary to study its characteristics in order to appraise its influence in its cultural setting." (1951, S. 33)

Innis kam zu folgendem Ergebnis: es besteht ein Zusammenhang, ein "bias" zwischen eher raum- und eher zeitbezogenen Medien und den die sozialen und politischen Bereiche bestimmenden Strukturen. "Time biased" Medien, wie z.B. Hieroglyphen, also Medien, die zeitaufwendig sind in bezug auf die Einschreibung von Informationen, neigen zu stabilen, kleinen, räumlich begrenzten Gesellschaften. Papyrus, demgegenüber ein "space biased" Medium, d.h. ein Medium, das Informationen relativ einfach in weite Regionen tragen kann, erlaubte z.B. den Römern die Ausdehnung ihres Reiches, aber brachte auf der anderen Seite auch soziale Unruhen und größere Instabilität. Zentral ist auch der Gedanke der Wissenshierarchien und Monopole, die je nach Medium unterschiedlich organisiert sind. Auf

---

26 vgl. Ders "The Bias Of Communication" (Toronto, 1951)

diesen Grundlagen schrieb Harold Innis die erste Geschichte der Kommunikationsmedien.[27]

Als Fußnote zu Innis wollte der kanadische Literaturwissenschaftler Marshall McLuhan seine 1962 veröffentlichte "Gutenberg-Galaxy" verstanden wissen, ein Buch über das Ende des typographischen Zeitalters (vgl. Kap. 1.3). Die Erkenntnisse von Innis, daß die Einführung neuer Medien stets zu gravierenden wirtschaftlichen und politischen Veränderungen geführt hätten, wird von Postman, wie von McLuhan aufgenommen. Jedoch geht es diesem vor allem darum deutlich zu machen, daß bestimmte Medien die Sinnesorganisation des Menschen verändern und beeinflussen. Nach Ansicht McLuhans übertragen bestimmte Medien Wahrnehmungen und Erfahrungen auf eine spezifische Weise. Das Fernsehen wird von ihm in diesem Kontext als ein Medium verstanden, das einen neuen Menschen hervorbringt, der umfassender wahrnimmt und erlebt als der "Gutenberg-Mensch". In diesem Kontext taucht wieder die Formel von den Medien als Metaphern auf: "Denn genauso wie eine Metapher Erfahrungen umformt oder überträgt, tun das auch Medien." (1968, S. 70).

Begreift Marshall McLuhan die Medien besonders im Zusammenhang des Themas "Synästhesie", interessieren Postman eher die Auswirkungen auf bestimmte Bereiche des sozialen Lebens (Kindheit) und der Politik (Showbusiness). Hier übernimmt er von Meyrowitz sehr viel, ohne daß aber ein Verweis auftaucht. Meyrowitz geht in seinem Buch, das im englischen Original den doppelsinnigen Titel "no sense of place" trägt[28] davon aus, daß die elektronischen Medien zu einer Umstrukturierung menschlichen Verhaltens führen. Er bringt damit zusammen was bis dato in getrennten wissenschaftlichen "Diskurssphären" verhandelt wurde, nämlich die Untersuchung zwischenmenschlichen Verhaltens à la Erving Goffmans Rollentheorie und die Untersuchungen über die Veränderung der Welt durch die elektronischen Medien à la McLuhan. Zentral ist hierbei der Gedanke, daß sich die "situational geography" verändert. Damit ist gemeint, daß der physische vom sozialen Ort vollständig abgetrennt wird. Soziale Situationen werden verstanden als durch elektronische Medien beeinflußte neue "Informations-Umwelten". Was sich in den USA in den 60er Jahren an politischen und sozialen Umbrüchen ergeben hat,

---

27 Bis heute existiert keine deutschsprachige Übersetzung dieses so wichtigen Buches.
28 dt.: "Überall und nirgends dabei. Die Fernsehgesellschaft I", und "Wie Medien unsere Welt verändern. Die Fernsehgesellschaft II" (1990).

wird zurückgeführt auf das Fernsehen, das eine einzige Bühne schafft, auf der viele verschiedene Menschen, gleich welchen Alters, welcher Hautfarbe, welchen Geschlechts oder welcher Bildung "zusammengebracht" werden (Meyrowitz 1990, B. II, S. 218). Die Trennungen zwischen "Hier" und "Dort", "Live" und "Aufgezeichnet", "Persönlich" und "Öffentlich" ist damit aufgehoben (a.a.O., S. 216). Meyrowitz versucht genauer zu analysieren, welche Konsequenzen sich hieraus auf die Sozialisation, die Gruppenzugehörigkeit, das Geschlechterverhältnis und die Wissenshierarchien ergeben. Im folgenden führe ich nur das auf, was Postman mehr oder weniger von seinem "Schüler" kopiert hat.[29] Die elektronischen Medien lassen vorher strikt getrennte Rollen (a.a.O., Bd. I, S. 37) ineinander übergehen. Z.B. läßt sich mit Berechtigung vom "Verschwinden der Kindheit" sprechen (a.a.O., B. II, S. 94), was soviel heißt wie, daß Kinder und Erwachsene sich in ihrem Verhalten immer mehr angleichen. In ein und derselben Informationsumwelt, die das Fernsehen täglich liefert, gibt es keine Geheimnisse, keine Tabus, keine Grenzen mehr. Erziehung, die als Steuermechanismus über Information verstanden wird, kann dann nicht mehr funktionieren, wenn die Filter der Erwachsenenautorität entfallen und Kinder alles erfahren können, egal um welches Thema es sich handelt. Bücher schufen Orte der Kommunikation, die Kinder ausschlossen, sie lieferten unterschiedliche Lesestoffe und garantieren, schon über das Faktum der Fähigkeit zu lesen, Zulassungsvoraussetzungen, die das Fernsehen nicht kennt (a.a.O., B. II, S. 18; S. 137).
Die Argumente für das ungebrochene Plädoyer in bezug auf die grenzenlosen Vorteile der Buchkultur entnimmt Postman Autoren wie z.B. Walter Ong (1987). Dieser hat sich ausführlich mit der Frage beschäftigt, wie sich das Lesen und Schreiben auf die geistige Verfassung des Menschen auswirkt (vgl. hierzu Kapl 3.2f.). Postman findet hier die Bestätigung, daß der sequentielle Charakter des geschriebenen Wortes die analytische Verarbeitung von Wissen unterstützt. Schreiben und Lesen befördert die Introspektion und Konzentration, lenkt die Aufmerksamkeit auf die "Internalisation des Bewußtseins" (a.a.O., S. 151). Ein verinnerlichtes, individualisiertes Denken wird gefördert. Das logische, deduktive Denken unserer

---

29 Meyrowitz hat bei Postman promoviert und leider das Pech gehabt mit seiner Publikation zu spät zu kommen. 1982 veröffentlichte Postman sein "Verschwinden der Kindheit" in Amerika, erst drei Jahre später kam "No Sense of Place. The Impact of Electronic Media on Social Behavior" auf den Markt.

abendländischen Kultur wird als Ergebnis unseres Schriftsystems begriffen, das wie kein anderes zu einer starken Abstraktion befähigt. Außerdem würde erst die Schrift eine überprüfbare Vergangenheit garantieren und damit Geschichte und all die anderen Voraussetzungen für die Entwicklungen der modernen Wissenschaften schaffen (a.a.O., S. 100ff.).

Als einer der wenigen Sozialphilosophen, die vor Postmans Augen Gnade erfahren, muß in diesem Zusammenhang Lewis Mumford erwähnt werden (Technics and Civilisation, 1934). Dieser hat sich ausführlich mit der Uhr beschäftigt, die ungeahnte Auswirkungen auf das menschliche Leben mit sich brachte. Sie veränderte die Vorstellungen von Zeit, Ewigkeit, Religion und natürlich auch Arbeit. So wie Lewis Mumford seine Überlegungen auf einen bestimmten Sachverhalt, eine Erfindung und ihre Auswirkungen auf die Gesellschaft untersuchte, allerdings über Hunderte von Seiten auf präzise und innovative Art und Weise, versucht Postman den Umbruch von einer wortbestimmten in eine bildbestimmte Kultur zu beschreiben.

2.6.2 Entropie

Flussers Texte haben keine Literaturangaben, keine Bibliographie. Im Gespräch lehnt der Philosoph es kategorisch ab, sich auf Quellen festlegen zu lassen (vgl. Interview). Ich verstehe dies als konsequente Praxis, die sich aus seiner Theorie ergibt. Es entspricht seinen Vorstellungen von der telematischen Gesellschaft, in der es keine Subjekte und damit auch keinen Autor und keinen Leser mehr geben wird. Innerhalb eines "kosmischen Super-Hirns", in dem permanent Informationen fließen, gibt es nichts Punktuelles mehr. Es geht um ein Knüpfen von Fäden in unendlichen Kombinationsmöglichkeiten, um ein spielerisches Umgehen mit Denken, bei dem sich die Frage nach Autoren oder Quellen erübrigt.

Flusser, der aus einer jüdischen Intellektuellenfamilie stammt (sein Vater war Universitätsprofessor in Prag), zieht in seinen Texten und Reden sämtliche Register seines philosophischen Wissens. Kant, Hegel, Husserl, Wittgenstein gehören in sein Wissensrepertoire und werden mit systemtheoretischen Gedanken und Begriffen aus der Physik vermischt. Diese Fäden genauer zu entflechten, kann an dieser Stelle nicht geleistet werden, stattdessen versuche ich, den theoretischen Fundus durch ein Glossar vorzustellen:

– Informationen: Informationen sind unwahrscheinlich erzeugte Zustände, die in der Natur rein zufällig entstehen, vom Menschen aber strategisch, bzw. absichtsvoll erzeugt werden und in kulturellen Gedächtnissen abgespeichert sind. Darin widerspricht der Mensch der Natur, die sich - in Vokabeln der Entropie gesprochen - mit höchster Wahrscheinlichkeit immer in Richtung größerer Unordnung, d.h. zunehmender Entropie bewegt.

– Entropie: der Begriff Entropie stammt aus der Physik und meint das Gesetz der Wahrscheinlichkeit, welches besagt, daß offene Systeme der Tendenz zur gleichmäßigen Verteilung aller Substanz folgen, mithin einem Zustand größtmöglicher Unordnung zustreben.

– Kommunikation: Kommunikation ist Informationsmanipulation.

– Medienkultur: Selbstzweckwerdung aller Mittel und Überflüssigkeit aller Zwecke.

– Apparat: ein komplexes Spielzeug, das aus Kombinationen der in seinem Programm enthaltenen Symbole besteht. Der Apparat wurde erfunden, um spezifische Denkprozesse zu simulieren. Hierbei handelt es sich um ein Denken, das sich in Zahlen ausdrückt. In allen Apparaten gewinnt das Zahlendenken Oberhand über das lineare, historische Denken.

– Computer: Computer sind Apparate zum Verwirklichen von "innermenschlichen", zwischenmenschlichen und "außermenschlichen" Möglichkeiten dank des exakten kalkulatorischen Denkens.

– Die neue Anthropologie: Wir selbst sind eine Verwirklichung von Möglichkeiten. Auch wir sind Krümmungen im Feld einander kreuzender Relationen, "digitale Komputationen" aus schwirrenden Punkten. Diese neue Anthropologie, die auf das Judenchristentum zurückgeht, das im Menschen nur Staub sieht, sei in die Tat umzusetzen.

– Programme: Programme sind Spiele, die wenn sie genügend lange gespielt werden, notwendigerweise alle, auch die unwahrscheinlichsten ihrer Kombinationsmöglichkeiten zufällig verwirklichen müssen.

– Programmierer/Operator: Die Macht ist vom Besitzer von Gegenständen auf den Programmierer oder Operator übergegangen. Das Spiel mit weichen Symbolen, mit der Software, ist zum eigentlichen Machtspiel geworden. Der Photograph z.B. hat Macht über die Betrachter seiner Photographien. Er programmiert ihr Verhalten. Das eigentlich Kennzeichnende dessen, was wir "Informationsgesellschaft" nennen ist die Umlenkung des Dinglichen auf das Symbolische. So verfügt beispielsweise Japan weder über Rohstoffe noch

über Energie. Seine Macht beruht einzig und allein auf Programmierung.
- Das programmatische Weltbild: Es folgt dem Gesetz der Entropie, es erklärt die Phänomene als zufällige Verwirklichung von Anlagen, eben "Programmen".
- Komputieren: durch mit Tasten versehene Apparate werden Punktelemente gerafft. Eine neue Lesart, bei der nicht mehr versucht wird ein Sinn hinter den Dingen zu finden, sondern dem z.B. Gelesenen wird ein Sinn gegeben.
- Imagination: a) die Fähigkeit (traditionelle) Bilder zu schaffen qua Abstraktionsleistung b) die Fähigkeit diese Bilder zu entziffern. Im übertragenen Sinne schafft die Imagination einerseits die Entkoppelung von Mensch und Umwelt und damit die Spaltung der Lebenswelt des Menschen in Subjekte und Objekte. Die Imagination schafft Abbilder, sie ist projektive Existenz
- Einbildung: Die Fähigkeit (technische) Bilder zu schaffen qua Konkretion (das Umcodieren von Algorithmen in Bildern). Die Einbildung schafft Kalkulationen, sie ist subjektive Existenz.
- Funktionär: Der Funktionär beherrscht den Apparat dank der Kontrolle seiner Außenseiten (des Input und Output) und wird von ihm beherrscht dank der Undurchsichtigkeit des Inneren.
- Gewohnheit: das ästhetische Äquivalent dessen, was die Physik "Entropie" nennt. "Ästhetisch" heißt "erlebbar" und Gewohnheit ist Anästhesie: Woran man gewöhnt ist, wird nicht wahrgenommen. Demnach ist Gewohnheit als Grundkategorie der Ästhetik ein Maßstab des Erlebens, des Wahrnehmens und des Wahrgenommenwerdens; je ungewöhnlicher, desto wahrnehmbarer.
- Das Punktuniversum: Die Welt ist in Punktelemente, in Photonen, Quanten, elektromagnetische Elemente zerfallen. Sie ist unfaßbar, unvorstellbar, unbegreiflich geworden: ein kalkulierbarer Haufen. Alles ist in Punktelemente, in Informations-Bits zerfallen. Man muß diese Haufen komputieren um die Welt wieder faßbar, vorstellbar, begreifbar zu machen.
- Tasten: eine und zwar die vierte der den Menschen aus seiner Lebenswelt befreienden Gesten (nach Handlung, Betrachtung, Erklärung).
- Herrschen: Wie würde eine Gesellschaft aussehen, in der alle Beteiligten Schöpfer und Kritiker wären? Sie wäre ein kybernetisch gesteuertes Netz, in welchem nicht die Knoten (die Einzelmenschen), sondern die Fäden (die zwischenmenschlichen Beziehungen) das

Konkrete bilden. Diese Auflösung des "Ich" im "Wir" würde den Raum und die Zeit auflösen zugunsten einer kosmischen Simultanität.
– Telematik: Neologismus aus Telekommunikation und Informatik. Eine Form der Schaltung, nämlich die Vernetzung, die es möglich macht, daß spielend Informationen erzeugt und verteilt werden: jeder ist Sender und Empfänger zugleich. Nicht zu trennen vom Begriff der telematischen Gesellschaft ist die Automatisierung der Arbeit. Wird der Mensch von der Notwendigkeit enthoben "Dinge zu formieren", dann hört Geschichte auf. Der Mensch wird dann frei, der Welt einen Sinn zu geben.

2.6 Technikgeschichte/Militärwissenschaft/Urbanistik

Dromologie nennt Virilio sein Wissensgebiet (nach "dromos" Lauf, also die Logik des Laufs, vgl. 1984, S. 45), in das Technikgeschichte, Militärwissenschaft, Urbanistik und Physik mit einfließen. Mittels der Dromologie möchte Virilio gesellschaftliche Verhältnisse über alle Zeiten hinweg analysieren. Virilio fordert, Geschwindigkeit als politisches Phänomen zu erkennen. Seine Vorgänger hierbei sind Marinetti, die italienischen Futuristen, aber auch McLuhan (1984, S. 44).
Die Dromologie hat sich im Krieg, im Beutemachen herauskristallisiert, in Situationen und in Beziehungen, die von Aggression und Destruktion bestimmt sind. Ihr Endpunkt ist die dromokratische Gesellschaft, die - so zeigen es die letzten Kriege - keinen klaren Gegner mehr hat, sondern die versucht, die Welt selbst zu vernichten, bzw. die Natur und die Menschen (1980).
Virilios wichtigster Referenzpunkt neben seiner Dromologie, seiner Militär- und Technikgeschichte, ist die Theorie Albert Einsteins. Albert Einstein ist für Virilio wichtiger als Freud und Marx. Für Einstein war, wie für Virilio im Grunde auch, die Wissenschaft eine Wissenschaft der Wahrnehmung im komplexen Sinn dieses Begriffs. Ursprünglich sollte die Relativitätstheorie die Theorie des klaren Standpunktes heißen (1987, S. 20). Für Einstein stand außer Frage, daß es keine endgültigen wissenschaftlichen Wahrheiten geben kann, daß alle Phänomene und alle Denkweisen relativ sind. Auch der Raum und die Zeit sind relativ, und zwar relativ zur Geschwindigkeit. Mit der Lichtgeschwindigkeit, so Virilios weitere Argumentation, erlebt unsere Gesellschaft das Inkrafttreten einer absoluten Geschwindigkeit, die

die Befreiung vom Körpergewicht, vom Zentrum der Erde bedeutet (1994c, S. 35). Für Virilio ist klar (auch auf Grund von Einsteins Theorie), daß der Frage nach der Wahrnehmung nachgegangen werden muß. Mit Berkeley, Bergson, Merleau-Ponty wird deutlich: Wahrnehmung ist erlernt, ist eine Sprache, die die Gesellschaft den Menschen beibringt. Dabei sind heute die Massenmedien entscheidend. Wobei Virilio auch die Monumente der Architektur, die Schrift, die Malerei und die Skulptur als integrale Bestandteile der Massenmedien betrachtet.

2.7 Zusammenfassung/Kritik

2.7.1 Ad Postman

In Kapitel 1.3 ist deutlich geworden wie wichtig eine genauere Bestimmung des Begriffs Medium ist. Was genau wird unter Medien gefaßt? Vor welchem Relevanzsystem werden sie untersucht? Postman übernimmt von Marshall McLuhan den Begriff des Mediums, bzw. der Metapher ohne, wie dieser auch, genauer zu klären, auf welcher Grundlage er mit diesen Begriffen arbeitet. Bleibt man beim kommunikationswissenschaftlichen Modell stellt sich die Frage: Ist ein Medium ein Kanal, ein Code oder eine Botschaft? Die Bedeutung, die in dieser Unterscheidung liegt, ist zentral für jede Medientheorie und wird von Postman völlig ignoriert. Damit übersieht der Professor für Medienökologie grundlegende Standards für das Verständnis von Kommunikations- und Informationsprozessen (vgl. hierzu Interview).[30] Umberto Eco hat in seiner Kritik an McLuhan zurecht darauf hingewiesen, daß, wer von Medien redet, zwischen einem physikalischen Medienbegriff (Transport) und einem grammatikalischen Medienbegriff (Code) unterscheiden muß (1985, S. 149ff.). Ein Kanal ist demnach ein Mittel/Medium eine Information zu transportieren, wohingegen ein Code eine bestimmte Art und Weise eine Erfahrung

---

30 Das allereinfachste, weil in höchstem Maße standardisierte Modell der Funktionsweise von Kommunikation geht von einer Quelle aus, einem Sender und einem Signal, das durch einen Kanal an einen Empfänger geschickt wird. Am Ende des Kanals wird das Signal in eine Botschaft umgewandelt. Dieses Modell setzt jedoch voraus, daß Sender und Empfänger über einen gemeinsamen Code verfügen, um sich zu verständigen. Existiert kein gemeinsamer Code wird Kommunikation unmöglich. vgl. hierzu C. Shannon und W. Weaver (1962)

zu formalisieren darstellt. Menschliche Sprache funktioniert in diesem Sinne nach einem Code. Und eine Metapher ersetzt innerhalb eines Codes einen Terminus durch einen anderen. Sprache und Fernsehen als Medien gleichzusetzen, wie Postman dies tut, negiert begriffliche Genauigkeiten und schadet letztendlich einer Analyse des Gegenstandes mehr als es ihr nützt (vgl. Interview). Das Alphabet z.B. reduziert nach einer *ganz bestimmten* Ökonomie Erfahrungen und codifiziert sie auf eine festgelegte Art und Weise. Dies kann vom Fernsehen nicht gesagt werden. Deshalb ist es kein Medium im Sinne der Sprache. Es basiert auf keinem allgemeingültigen Code, sondern es fördert die Verbreitung audio-visueller Informationen.

Postman geht davon aus, daß jedem Medium unabhängig von seinem Inhalt eine ganz bestimmte Aussage eigen ist. Dies meint er mit der Formel "das Medium ist die Botschaft". Daß Botschaften aber durchaus unterschiedlich gelesen werden können, daß der Rezipient, egal ob von Büchern oder von Fernsehsendungen, immer die Freiheit der Interpretation hat, interessiert Postman nicht. Dabei ist gerade die Interpretationsvariabilität der audio-visuellen Medien groß. Ihre Botschaften gelangen auf Grund ihres Verbreitungsgrades in die unterschiedlichsten sozialen Situationen, in denen die unterschiedlichsten Codes gelten. An einer einzigen Stelle seines Gesamtwerks denkt Postman in eine solche Richtung:

"...one must allow a distinction between a technology and a medium. A technology is to a medium what the brain is to the mind. Like the brain, a technology is a physical apparatus. Like the mind, a medium is a use to which a physical apparatus is put." (1988b, S. 104).

An diese Differenzierung zwischen Technologie und Medium hält sich Postman jedoch nicht, außerdem behauptet er sonst ununterbrochen das Gegenteil. Denn er weist jeder Technik/jedem Medium genau eine bestimmte innere Tendenz zu.[31] So ist für ihn das Buch per se logisch, rational, die Konzentration und die Individualität fördernd, wohingegen das Bild per se emotional regressiv ist und für Distanzlosigkeit und Vermassung sorgt. Dieser pauschale und undifferenzierte Ansatz liefert ihm die Sicherheit, daß Inhalte im Grunde irrele-

---

31 Vielleicht hat er das selbst bemerkt, denn 1992 fügt er der bekannten Stelle folgende Ergänzung hinzu: "Das heißt allerdings nicht, daß wir mit dem Gehirn oder einer Technologie nun alles machen könnten, was uns in den Sinn kommt. Unser Gehirn besitzt eine Struktur, die dem, was wir mit ihm tun, gewisse Grenzen setzt." (1992c, S. 20-21).

vant sind und daß jeder Technik/jedem Medium eine ganz bestimmte Zwecksetzung innewohnt. Der Buchkultur war der Nationalstaat mit seinen von Postman so gepriesenen Institutionen Gericht, Schule, und Familie immanent. Umgekehrt ist das Fernsehen für die Auflösung derselben verantwortlich, ohne selbst etwas die Kultur förderndes produzieren zu können.

An keiner Stelle, auch nicht auf explizite Rückfragen während des Interviews, ist Postman bereit wahrzunehmen, daß Fernsehen ein audio-visuelles Medium ist, also mitnichten ein reines Bildmedium, sondern ein Medium das ganz stark mit und durch Sprache, Töne, Musik seine Wirkung erzielt. Er weigert sich auch, genauere Unterscheidungen zwischen gemalten, photographierten, gefilmten oder synthetisch erzeugten Bilder zu machen. Bilder werden per se abgelehnt. Dies entspricht sowohl der jüdischen als auch der christlich-protestantischen Tradition, die den Antagonismus zwischen dem "guten Wort" und dem "schlechten Bild" pflegt, und die dem (polyvalenten) Sehen das (dienende) Hören entgegenstellt.

Für Postman ist eine sinnvolle Vergesellschaftung von Kommunikation und Information nur über das Buch gegeben. So kann also nicht (!) - wie das Zitat oben glauben machen will - jede Technik, je nach angewandtem Code und nach dem politischen, ökonomischen und sozialen Umfeld, in dem sie sich entfaltet, qualitativ verschiedene Medien ausbilden. Im Gegenteil: für Postman impliziert jede Technik das Medium, das ihr entspricht. Damit werden die Medien ohne ökonomischen, historischen oder politischen Kontext begriffen auf dessen Grundlage sie entstehen und sich ausbreiten. Gefragt wird nur danach, welche soziale und intellektuelle Umwelt das Medium selbst hervorbringt. Das für eine Gesellschaft relevante Medium - und es gibt immer nur eines, ein vielleicht sogar ergänzendes Nebeneinander ist für Postman unvorstellbar - erhält so einen Nimbus, der dem sprichwörtlichen "Geist aus der Flasche" entspricht.

Doch Postman geht noch weiter. Das eine Gesellschaft jeweils bestimmende Medium gibt Auskunft über die Qualität der Gesellschaft als Ganzes. Die Buchkultur brachte die Humanität, die Bildung, den modernen Staat, die Nationen, die Individualität hervor, das Fernsehzeitalter demontiert diese Errungenschaften mit dem Ergebnis, daß die Menschen sich zu Tode ämusieren. Und nun gesellt sich dem Fernsehen noch der Computer hinzu, mit dem wir uns zu Tode informieren (so Postmans Vortragstitel anläßlich des Kongresses "Die Aktualität des Ästhetischen", Hannover 1992), als hätte es bis dahin die Problematik der Informationsmultiplikation und -selektion nicht gegeben. Postman ignoriert jeden möglichen Einwand (vgl. Interview) und übersieht gezielt genauere Differenzierungen, wie sie z.b. Elizabeth Eisenstein in bezug auf die "Gutenberg-Galaxis" vornimmt (Eisenstein, 1983 S. 6ff.).

An keiner Stelle löst der Autor den selbstgestellen Anspruch ein, zu analysieren, wie die Medien uns "massieren", also welche spezifischen Arten des kommunikativen Austausches möglich oder unmöglich sind, welche Wahrnehmungsstile jeweils gefördert werden, und welche Auswirkungen dies "en detail" hat.

Mit stark vereinfachenden Gegenüberstellungen arbeitet Postman auch in bezug auf seinen Geschichtsbegriff. Geschichte wird ausschließlich über die Medien begriffen. Gute Geschichte ist Schrift- und Buchgeschichte, die eine blühende Kultur hervorbringt. Sie verschwindet, wenn die Bücher verschwinden. Mit Daguerre und Morse ist der Untergang des Abendlandes eingeläutet. Allein medientechnische Erfindungen setzen demnach die historischen Zäsuren.

Damit wird der nächste Punkt meiner Kritik deutlich. Postman idealisiert die Vergangenheit. Egal um welchen gesellschaftlichen Bereich es sich handelt, früher war alles besser, weil es feststehende Ordnungs- und Kontrollsysteme in bezug auf Informationen gab. Es war die Zeit, in der es noch eine Kindheit gab, wir uns nicht vor dem Fernsehapparat zu Tode amüsierten, in der die Seßhaftigkeit dominierte und nicht die Mobilität, in der man Eltern, Pfarrern und besonders Lehrern hörig war und nicht dem Walkman. Das gut funktionierende politische System, die demokratischen Bildungsinstitutionen, die gesunden Familien garantierten Wissenshierarchien, die ausdifferenzierte und funktionelle Sozialordnungen ermöglichten. Gefragt werden muß allerdings folgendes: Wenn es stimmt, daß Gutenbergs Erfindung eine Demokratisierung in bezug auf Information und Wissen mit sich brachte, die allerdings erst durch die Etablierung von Schulen als Bildungsinstitutionen möglich wurde, warum kann dann das, was durch die neuen Technologien in Gang gebracht wurde, nicht ebenso zum Wohle der Menschheit organisiert und funktionalisiert werden?

Ganz neu ist jetzt Postmans Ruf nach "narratives", nach Geschichten, die kohärente Weltbilder liefern sollen, um dem "Informationoverload" zu begegnen und das zu bekämpfen, was er Kultur-Aids (das Anti-Informations-Defekt-Syndrom) nennt. Was dies allerdings für Geschichten sein könnten und wer sie erzählen sollte, bleibt der Autor uns schuldig (vgl. Interview). Die Frage ist demnach, wie der Mensch zwischen Skylla (Freiheit durch Technologie) und Charybdis (Abhängigkeit durch Technologie) seinen Weg findet. Was sich hier als Problematik herausschält ist das große Thema der sogenannten Postmoderne mit den vielschichtigen gesellschaftlichen Veränderungen, die sich in ihrer Komplexität sicher nicht darauf zurückführen lassen, daß das Fernsehen uns eine einzige Show vorgaukelt, und wir in der Bilderflut ertrinken.

Interessant ist der Punkt, daß Postman apodiktisch davon ausgeht, daß der Mensch über Institutionen wie z.B. die Schule erzogen werden muß. Nur hier vollzieht sich für ihn die Ausrichtung auf rationale Ziele und ethisches Handeln. Eine zivilisierte Gesellschaft ist für ihn nur denkbar über (staatlich garantierte) Wissenshierarchien, die Kontrolle und Ordnung gewährleisten. Die Leitidee hierbei ist Vernunft bzw. Rationalität, das klassische Paradigma der Aufklärung. Postman plädiert damit für die Form der Rationalität, die als Ergebnis ihres Naturbeherrschungsauftrags beispielsweise den Computer hervorgebracht hat. Für ihn vollzieht sich die Menschwerdung des Menschen in und mit der Aufklärung. Aber, daß das Technopol nichts anderes ist als die logische Konsequenz der Ideen der Aufklärung, scheint ihm zu entgehen.

2.7.2 Ad Flusser

Radikal anders als Postman, der in seiner konservativen Kultur- und Medienkritik nicht müde wird, in polarisierende Wertungen zu verfallen, versteht sich Flusser als Kritiker im Kantschen Sinne des Wortes: Kritik nicht als Anklage oder Opposition, sondern als Rettung. Flussers Ausgangspunkt, auch hier ganz entgegengesetzt zu Postman, ist eine unerbittliche Weigerung die einstmals gültigen und jetzt "verschlissenen" Konzepte - Humanismus, Geschichte, Realität - zu restaurieren. Sich damit zu beschäftigen, was alles unter- bzw. verlorengeht angesichts der Medien- bzw. Informationsrevolution, sich mehr mit dem Zerfall von Bestehendem zu beschäftigen, als mit dem, was emportaucht, bedeute "tote Pferde kicken" (1989a, S. 53). Entschieden tritt er deshalb für eine projektive Sichtweise ein. Flusser zieht dabei alle Register seines Wissens und seiner Lebenserfahrungen. Kaum ein Thema, das nicht in sein Denken, Reden und Schreiben einfließt, kaum eine thematische Verknüpfung, die für ihn undenkbar wäre. So wird er meiner Ansicht nach zurecht "Über-flusser" genannt. Flussers Denken kreist primär um das, was er die technischen Apparate nennt, die Informationen herstellen, speichern und verteilen. Die technischen Apparate, die wiederum dabei sein größtes Interesse wecken, sind diejenigen, die Bilder, Video-, Fernseh-, Computer-Bilder und Photographien erzeugen. Für Flusser bedeutet diese bild-erzeugte Information, vorausgesetzt sie entsteht im telematischen Netz, nicht Trivialisierung von Information (vgl. Postman), sondern im Gegenteil: Diese Bilder eröffnen seiner Meinung nach eine neue Denkart, ein neues Bewußtsein. Der Mensch wird informiert ohne zu lesen, Flusser begreift dies als Chance.

Alle Werte, Errungenschaften und Ergebnisse der Aufklärung, die mit der Buch- und Schriftkultur in Verbindung gebracht werden, deren Konzept für Flusser der Fortschritt aus der konkreten Sache zum abstrakten Typ war und logisch in Auschwitz mündete (1987, S. 55), hält er für überholt. Also auch hier eine radikal entgegengesetzte Wertung zu Postman, der im Buch das Humanum schlechthin sieht. Für Flusser ist das Ende der Buchkultur ein Gewinn. Und wer weiter in ihren Kategorien arbeitet und sie als Positivum zu erhalten trachtet, ist reaktionär. Beide - Postman wie Flusser - gehen dabei vom Medium als solchem aus, ohne eine inhaltliche Perspektive zu inte-grieren. Schade nur, daß sich Postman und Flusser nie getroffen haben, bzw. ihre Gedanken im Netz der Datenströme nie kollidiert sind. Kritisiert werden muß allerdings die pauschale Wertung hier wie dort, die zwangsläufig zu Vereinfachungen und Fehlinterpretationen im Detail führt.

Über die Medien Buch und Bild werden, und diese Denkfigur ist bereits von Postman bekannt, epochale Zäsuren gesetzt und dramati-siert. Der Allianz von Schrift und Geschichte steht die Allianz von technischen Bildern und Nachgeschichte gegenüber. Auf der einen Seite - so die Logik - kristallisiert sich die politische, historische, lineare Denkart heraus, auf der anderen Seite die kybernetische, funktionelle und wertfreie Denkart. Warum allerdings alle technischen Bilder weniger linear sein sollen als die Schrift bleibt unklar. Denn auch Bilder werden sequentiell "gelesen". Das Fernsehbild wird beispielsweise noch linear, d.h. Zeile für Zeile, aufgebaut, und der klassische Spielfilm orientiert sich an Buchvorlagen/Scripts, d.h. Dramaturgie und Sehkonventionen sind, betrachtet man die tech-nischen Bilder mit dem höchsten Verbreitungsgrad, buch- bzw.

schriftorientiert. Jedenfalls gilt auch für Flusser: ein bestimmtes Medium erzeugt ein bestimmtes Denken, Fühlen, Wahrnehmen, Verstehen. An die jeweiligen Medien werden alle Errungenschaften bzw. Verteufelungen geheftet. Gutenberg mit Auschwitz zusammenzubringen erfordert schon einiges an Bereitschaft dergleichen Gedankensprünge mitzumachen.

Alles, was mit der Informationserzeugung, -speicherung und -verteilung zu tun hat wird - so Flussers Prognose - letztendlich dem (technischen) Bild zueilen, weil dieses polyvalenter ist, weil es Sachverhalte darzustellen vermag, vor denen die Schrift kapituliert. Die größere Geschwindigkeit dieser Prozesse ist Flusser im Unterschied zu Virilio kein Gedanke wert. Und die Schrift wird verschwinden, dies wird mit absoluter Sicherheit behauptet, weil sie kein adäquates Ausdrucksmittel mehr darstellt. Statt Buchstaben transportieren die digitalen Codes, die Bits, die technischen Bilder, die für eine Gesellschaft relevanten Informationen. Sie sind besser in der Lage komplexere Sachverhalte darzustellen, weil sie vielschichtiger sind und digitalisiert vernetzt werden können. Flussers Einschätzungen sind, betrachtet man die aktuelle Literatur zum Thema, von der Tendenz, zumindest für einige gesellschaftliche Bereiche, richtig.[32] Allerdings bleibt die Frage, ob die technischen Bilder letztendlich nicht auch wieder über Sprache und Schrift decodiert werden, bei Flusser ebenso unberücksichtigt wie die Frage danach, wie die Kommunikation in der telematischen Gesellschaft auf der Grundlage neuer Elementar- und Universalzeichen funktioniert.

Eine einleuchtende Argumentation, warum die Schrift zwangsläufig völlig von der Bildfläche verschwinden muß, fehlt. Flusser deutet an, daß sie vergänglicher sei als die Informationen im "kosmischen Super-Hirn". Zu ihrer Verteidigung sei jedoch gesagt, noch ist Papier dauerhafter als einige der elektronischen Aufzeichnungssysteme, die u.a. abhängig sind von den jeweils neusten Speicher- und Abspielgeräten. Das Buch bietet außerdem nach wie vor den Vorteil leicht transportabel zu sein, handhabbar und immer funktionstüchtig. Bangt nicht jeder PC-Benutzer um die "Stunde Null", in der all seine Daten

---

32 In der Mikro-Elektronik z.B. ist eines der wichtigsten Mittel der Auswertung die Umsetzung von Informationen in dreidimensionale Abbildungen, in sogenannte Event-Display Programme. Die Energieverteilung von Teilchen wird durch Farbzuordnungen visualisiert. Somit sind Teilchen in verschiedenen Darstellungen sofort wiederzuerkennen. Auch Räumlichkeit läßt sich viel präziser darstellen als in zweidimensionalen Projektionen. (Vgl. Christoph Grab, 1993 S. 189f.).

verloren gehen, um geheime Viren im System, weiß nicht jeder Videofilmer um die Kurzlebigkeit seiner Bänder? Solche Aspekte, die nicht in die allgemein angelegte Tendenz passen, werden schlicht ignoriert. Ein weiterer Einwand ist, daß Flusser die Schrift als Grundlage für die modernen Wissenschaften ansieht. Doch bereits für Descartes galt ganz klar das Modell der Mathematik und Leibnitz' Satz "es gibt 0 und 1 und den lieben Gott" klingt mir im Ohr. Im Grunde übt Flusser hier eher Kritik an der Philosophie selbst, die sich zuwenig mit anderen wissenschaftlichen Disziplinen auseinandersetzt und immer noch streng sprach- bzw. schriftgebunden denkt.

Flusser will die alten wissenschaftlichen Kategorien gänzlich ablegen. Die Befreiung von der westlichen Ideologie, die auf metaphysischen Vorstellungen beruht, auf Vorstellungen, hinter der Welt seien unentdeckte Absichten verborgen, wäre damit garantiert. Fragen nach einem "warum" und "wozu" lehnt der Autor kategorisch ab. Nicht ein Sinn sei zu suchen, sondern ein Sinn sei zu entwerfen. Flusser wischt mit dieser nonchalanten Geste die abendländische Ideengeschichte vom Tisch, daß es einem fast schwindlig wird. Stattdessen träumt er vom "homo ludens". Die Vorstellung, daß der Mensch in der telematischen Gesellschaft endlich befreit ist von der Arbeit und damit frei ist für kreatives, schöpferisches Handeln, für Sinngebung und Zwecksetzung, ist seine Hoffnung (vgl. Interview).

Die Frage allerdings, wie im telematischen Netz die für eine Gesellschaft relevanten Entscheidungen getroffen werden, wie man sich auf gemeinsame Werte einigt, bleibt von Flusser unbeantwortet (vgl. Interview). Die telematische Gesellschaft wird regierungslos sein, in dem Sinne, "... daß alle Entscheidungen von selbst und spontan durch die durch sie hindurchlaufenden Gespräche getroffen werden." (1990e, S. 43) Ein Prozeß, der an seinen angeblichen Vorteilen gemessen, nicht nachvollziehbar ist. Die kybernetische Macht jedenfalls ist die entpolitisierte Macht. Der zentrale Begriff der Telematik, der die Publizität Flussers vielleicht hauptsächlich begründete, reduziert damit die politische Frage nach der sinnvollen Einrichtung menschlicher Sozialität auf das Maß eines technischen Apriori. Wichtig ist die Vernetzung, die garantiert, daß jeder sowohl Sender als auch Empfänger sein kann. Ein Gedanke, der von Brecht über McLuhan bis zu Enzensberger immer wieder in die Diskussion gebracht wurde und insofern nichts Neues darstellt. Dem von Flusser gezeichneten Problembewußtsein wird dies nicht gerecht. Gerade auch dann nicht, wenn man der Auffassung ist, daß der herkömmliche Begriff des

Politischen umgedacht werden muß. Die "informatische Revolution" *ist* als eine Krise der Politik zu denken und darauf in unendlicher Redundanz mit der Frage der Schaltung zu reagieren macht, vorsichtig ausgedrückt, ratlos. Außerdem bringt Flusser nicht ein einziges Argument, das die Befürchtung aufheben könnte, die telematische Gesellschaft gehe nicht genau mit der total verwalteten Welt, wie sie z.b. Horkheimer/Adorno beschreiben, einher.

In der Welt des "digitalen Scheins" soviel jedenfalls ist klar, werden die Mittel über die Zwecke triumphieren. "Selbstzweckwerdung aller Mittel und Überflüssigkeit aller Zwecke meint >Medienkultur<" (1987, S. 130). Gleichzeitig aber kommt in der Geste des Informierens die Absicht zum Ausdruck, sich gegen die Entropie zu widersetzen. Das eigentlich Menschliche, die Hoffnung der Apparate-Logik zu entgehen, nicht im Sinne ihres Programms funktionalisiert zu werden, liegt in der Absicht, Informationen also Unwahrscheinliches zu erzeugen. Jede so erzeugte Geste ist 1. Naturnegation und 2. Kampf gegen den Apparat, also Techniknegation. Damit spricht Flusser dem einzelnen einen Willen zu, oder zumindest die Fähigkeit einen Willen zu haben. Ein Moment, das in Postmans Überlegungen nicht vorkommt.

Flussers Informationsbegriff, dessen Definition vom Gesetz der Entropie abgeleitet wird, meint ein Erzeugen von unwahrscheinlichen Zuständen. Unwahrscheinlichkeiten sind Katastrophen (vgl. 1989a, S. 133), Unfälle, terroristische Gewaltakte. Unwahrscheinlichkeiten aber sind immer mit "im Programm", sie sind die "andere Seite" der Technik (vgl. die Nähe zu Virilio). Flusser folgt hier ganz der Theorie der Chaosforschung, daß dies nichts Negatives sei, sondern im Gegenteil ein kreativer Motor, eine Provokation, eine schöpferische Kraft. Dies ist auch ein direkter Angriff auf jede Strategie der Bewahrung. Wie weit man dieser Denkfigur allerdings folgen kann, scheint fraglich.

An dieser Stelle muß auch kritisiert werden, wie dehnbar sein Informationsbegriff ist. Ein Schuh, eine Vase, ein Grab, jedes Kulturgut und nicht zuletzt der Mensch selbst wird einzig und allein verstanden als Unterlage, als Gefäß für/von Informationen. Der menschliche Körper ist nicht "Kern" des menschlichen Lebens, "Medium" durch das wir Leben erfahren, sondern eine Funktionseinheit zur Speicherung von Information, letztendlich nur Gehirn, nur Speichermasse. Kultur, Geschichte, Technik, Natur, Religion, alles geht im Informationsbegriff auf. Flussers Forderung bei einer Kulturanalyse muß an die

Stelle der Kategorie "Arbeit" die Kategorie "Information" treten, bleibt damit oberflächlich und pauschal (vgl. 1991a, S. 24). Defizitär sind auch die Ausführungen zum Thema Kommunikation. In all seinen Texten läßt sich nur folgender Satz finden: Kommunikation ist Informationsmanipulation (a.a.O., S. 45). Und in "Bodenlos" gibt es ein kleines Kapitel "Kommunikationstheorie" dessen Essenz ist, daß es Programm der Kommunikationstheorie sei, den technologischen Charakter des Wissens um die menschliche Kommunikation zu humanisieren (1992, S. 225).

Unser Verhalten wird jedenfalls immer stärker (von Apparaten) programmiert. Programme sind für Flusser Spiele, die irgendwann notwendigerweise alle Kombinationsmöglichkeiten zufällig verwirklichen. Es gibt damit, ganz systemtheoretisch gedacht, kein Jenseits, kein Außerhalb der Programme/der Apparate mehr. Deshalb hat es keinen Sinn, diese zu objektivieren oder zu anthropomorphisieren, sondern man soll sie in die Hand nehmen, um mit ihnen zu spielen (1990b, S. 74). Den Programmen nicht ganz zu verfallen ist alles, was uns bleibt. Voraussetzung dafür ist die Intersubjektivität. Mehr ist auch darüber nicht zu erfahren.

Gesellschaft wird systemtheoretisch verstanden, als "programmiertes Spiel", dessen Ende die finale Katastrophe (oder das geniale Superhirn) ist. "Im Grunde genommen ist dieser geheime Wunsch nach der Katastrophe ein Symptom für die Lebensmüdigkeit unserer Gesellschaft" (a.a.O., S. 145). Wie dagegen zu rebellieren sei, außer mit einer Taktik des Verzögerns, bleibt ungeklärt.

Umgekehrt gilt: Warum nun der reine Informationsaustausch im telematischen Netz, der alles mit allem vergleichbar macht, das zukünftige Manna sein soll, bleibt ebenfalls dunkel. Natürlich fasziniert den Spieler ein Spiel mit unendlich vielen Möglichkeiten der Kombination. Man ist dann über alles im Bilde, aber womöglich nicht mehr auf der Welt.

Und wie steht es nun mit dem anderen, der uns tele-nahe ist? Ist Technik eine Form der Befriedigung der Bestie Mensch (vgl. Interview)? Reduziert Flusser die Achtung des anderen auf ein technisches Problem? Man könnte es so lesen. Die Technik wird als Erlösung von der Physis, vom menschlichen Körper gesehen und als beste (sittliche) Lösung den Menschen zu befrieden (vgl. Interview). Für Flusser existiert letztendlich kein Unterschied zwischen einer durch Sittlichkeit (also Ethik) vermittelten Sinnlichkeit und einer durch Technik vermittelten Sinnlichkeit (vgl. Interview). Das elektronische

Gehirn wird uns bedienen, auch sexuell, und die Körper sind vernachlässigbar.

Flusser beharrt auf dem Gesetz der Entropie. Allerdings zeichnet diese sich - so Norbert Wiener - durch die Unmöglichkeit von Reversibilität aus. Damit wäre es eine Fehleinschätzung, durch Telematik eine Entwicklung aufhalten oder gar umkehren zu können. Vielleicht ist das Flussers Metaphysik: sein Glaube, daß sich durch Telematik die Entropie aufheben ließe. Die unsterbliche Seele, die er so vehement bekämpft, ist jedenfalls nichts anderes als eine ins telematische Netz verlagerte Idee. Er formuliert es selbst: "Die eigentliche Absicht hinter der Telematik ist, uns unsterblich zu machen." (1989a, S. 92) Begriffe der Technik werden damit metaphysich aufgeladen. Diese Sehnsucht nach Dauer und Unsterblichkeit ist selbst der größte Widerspruch zu seinem Weltbild der unendlichen Kombinatorik, Variation und Veränderung.

Eines ist jedenfalls deutlich geworden. Wenn wir die technischen Bilder nicht richtig zu entziffern und zu gebrauchen lernen, verfallen wir einem "mythischen Dämmerzustand", werden bewußtlos und ohnmächtig. Letztendlich geht es Flusser vielleicht um eine apologetische Beschwörung neuer Lebensformen, hinter der eine tiefe Kritik der westlichen Kultur verborgen ist. Damit wäre seine Medientheorie als Theologie zu lesen, als eine konkret gemachte Vorstellung vom Ende der Menschheit einerseits und vom Jenseits der Vorstellungskraft andererseits. An diesem Punkt träfen sich die Linien von Flusser und Virilio.

2.7.3 Ad Virilio

Virilios Ausgangspunkt unterscheidet sich deutlich von Postman und Flusser. Weder geht es ihm um eine "konservative" Kritik à la Postman, um ein Zurück zu einer besseren, leider vergangenen Welt der Buch- und Schriftkultur, noch um eine radikal projektive Sichtweise à la Flusser, die darin besteht, Szenarien der Zukunft zu entwickeln und das Vergangene vergangen sein zu lassen. Virilios Geschichte der Beschleunigung, der Bewegung, des Krieges versucht vielmehr die gegenwärtige Situation als Höhepunkt einer technik- und militärgeschichtlichen Entwicklung darzustellen.

Seit ungefähr zwanzig Jahren verfolgt Virilio bereits sein Thema, die Allianz von Technik- und Mediengeschichte, mit einer Ausschließlichkeit, die manchmal Gefahr läuft, sich in einseitigen Verallgemeinerungen zu verlieren und durch die Wiederholung der zentralen Gedanken zu langweilen. Für Virilio ist klar, jede für eine Gesellschaft relevante technische Entwicklung hat ihren Ursprung im Krieg. Wobei Virilio Krieg ausschließlich als Phänomen interessiert, das Raum und Zeit durch bestimmte Wahrnehmungs-, Bewegungstechniken bzw. deren Verbesserungen vernichtet (vgl. Interview).

Die Geschichte der Optimierung von Kriegstechniken sieht Virilio uneingeschränkt vor dem Hintergrund einer Evolution von Kommunikations- und Speichermedien bis hin zur kompletten Industrialisierung der menschlichen Wahrnehmung. Endpunkt dieser Entwicklung ist die Visionik. Der Mensch wird aus dem Mensch-Maschine Kreislauf vollständig ausgeschlossen sein. Informationen, die zunehmend mit und durch Bilder geliefert werden, werden dann nur noch von Maschinen für Maschinen produziert, weil der Mensch zu langsam für die Technik geworden ist. Der Geschwindigkeitsaspekt wird absolut gesetzt, die "dromokratische" Frage erhält einen totalisierenden Charakter. So wie Flusser jegliches Medium nur unter dem Aspekt der Entropie betrachtet, zählt für Virilio ausschließlich die Frage nach der Geschwindigkeit, die ein Medium produziert.

Militär- und Kommunikationstechnik gehen damit eine zwingende "Mesalliance" ein. Für Virilio gibt es keine Kommunikation ohne Destruktion, keine für eine Gesellschaft relevante Informationserzeugung, -verteilung und -speicherung jenseits eines kriegerischen Zusammenhangs, jenseits einer wie auch immer zu bewertenden militärischen Logistik. Eine friedliche Vergesellschaftung von Kommunikation und Information scheint unmöglich und findet sie an keiner Stelle Virilios Aufmerksamkeit. So ließe sich auch erklären, warum das Buch/die Schrift als Medium von Virilio ignoriert wird.

Der Krieg ist überhaupt der Vater aller Dinge. Es ergibt sich für Virilio, den Architekten und Urbanisten, zwingend, daß die Stadt beispielsweise nicht durch/mit dem Handel entstanden ist, sondern im Krieg. Auch die Geschlechterbeziehung basiert nicht nur aktuell auf Krieg, sondern der Krieg ist mit ihrer Geschichte unmittelbar verbunden, denn als "..erste logistische Stütze trägt das gezähmte Weibchen den Krieg, indem sie dem Jäger die Sorge um seinen Unterhalt abnimmt." (1978, S. 76) Somit wird jede auftauchende Frage, jedes Problem auf den Krieg, den militärischen Kontext rückbezogen, ohne irgendwelche anderen Aspekte mit in die Überlegungen einzubeziehen.

Virilio versucht deutlich zu machen, daß es bei der Entwicklung der Kriegstechnologie um die Kontrolle von Wahrnehmungsfeldern, von

Bewegung und Geschwindigkeit geht. Durch die elektronische Technik wird der Krieg zwischen den Menschen durch Bilder, Signale und Töne ersetzt, bei denen nicht mehr ausgemacht werden kann, ob sie "echt" oder simuliert sind. Die unsichtbar gewordenen (Wahrnehmungs)Apparaturen bestimmen heute Kriegs- wie Friedenszeiten, sie arbeiten schneller, präziser und unsichtbar. Die Gültigkeit dieser Aussagen sah Virilio im Golfkrieg bestätigt.

Viele Behauptungen Virilios sind empirisch nicht belegt, lassen sich eher als freie Assoziationen begreifen, denn als wissenschaftliche Ausführungen. Auch bleibt in seinen Texten völlig unklar, wie sich das eine Phänomen aus dem anderen ableitet, oder ob die zeitliche Nachbarschaft verschiedener Phänomene schon allein ein Hinweis auf deren Verwandtschaft bildet. Eines scheint für Virilio jedoch immer richtig zu sein: die Vernichtung von Raum und Zeit im Sinne von Dauer ist der letztendlich destruktive Kern aller Medien. Und ihre Genealogie entscheidet über ihre Funktion (z.B. Krieg und Kino). Daß es alternative Anwendungsmöglichkeiten geben könnte, daß bestimmte Produktions- und Kapitalinteressen über Anwendungen entscheiden, interessiert den Autor nicht.

Für Virilio ist Medientechnologie nur barbarisch, ihr Ziel ist ausschließlich Vernichtung: Vernichtung des Feindes, der Zeit, des Raumes, der Materie, letztendlich Vernichtung des Menschen schlechthin. Denn, so der Autor, schlußendlich wird die menschliche Existenz medientechnisch überholt. So wie es bei der Erfindung des Computers darum ging, eine Maschine zur Dechiffrierung komplexer, militärischer Daten zu entwickeln, wird jetzt versucht, den genetischen Code des Menschen "zu knacken", um uns an eine neue Ökologie anzupassen, die nicht mehr menschen-, sondern maschinengerecht ist. Es geht um die Dechiffrierung der Natur selbst mit dem Ziel ihrer endgültigen Auslöschung.

Virilio kritisiert hier, wie Postman auch, den szientistischen Materialismus, den Wunderglauben an Wissenschaft und Technik (1986b, S. 51), der zum Ersatzkult für den Untergang der Religionen geworden ist und diese Entwicklungen forciert. Möglichkeiten diese fatale Logik zu durchbrechen und zu hintergehen, werden nicht entworfen. Wirkt das apokalyptische Szenario, das Virilio entwickelt, erstaunlich überzeugend und nahe, bleiben demgegenüber die Forderungen einer Politisierung der Geschwindigkeit blaß.

Die gesamte Menschheitsgeschichte mit ihren politischen, sozialen und kulturellen Veränderungen ist für Virilio die Geschichte der Veränderungen von Geschwindigkeiten. Wer die Macht über die Geschwindigkeitsvektoren, über die Transportmittel und Medien hat, hat auch die Macht über die Gesellschaft. Diese Idee mag für bestimmte Ereignisse durchaus einen Erklärungswert haben, z.B. für die sogenannte Revolution in Rumänien; jedoch alles damit analysieren zu wollen, schadet der Grundidee mehr als ihr nützt.

Die Chronologie der Arbeiten von Paul Virilio veranschaulicht, daß die Destruktionskraft/Macht des Krieges subtiler geworden ist. Von den riesigen Bunkern des Atlantikwalls, in denen Masse und Sichtbarkeit/Unsichtbarkeit eine merkwürdige Allianz eingehen, kommt Virilio zu den Fernsehbildern von Kriegen und Katastrophen, die wir kaum noch wahrnehmen, geschweige denn auf ihren Wahrheitsgehalt prüfen. Bei jedem Krieg geht es um einen Krieg um Bilder, bzw. um die Verwaltung und Organisation von Blicken. Dabei stellt sich für Virilio heraus, Wahrnehmung, Erkennung wird wichtiger als Munition.

Auch hier gilt: Ein bestimmtes Medium erzeugt ein bestimmtes Wahrnehmen, Denken und Fühlen, allerdings geht Virilio (immerhin) dieser Idee expliziter in bezug auf die Photographie, Film/Fernseh- und Videobilder nach. Ansonsten widmet Virilio dem Medium selbst, d.h. seinem Inhalt oder seiner Form, kaum einen Gedanken. Zwischen dem metabolischen Körper der Frau, des Pferdes, des Esels gibt es keine inhaltliche Unterscheidung, auch nicht zwischen einzelnen Maschinen. Prinzipiell muß an dieser Stelle angemerkt werden, daß sein Medienbegriff genauso undeutlich und unpräzise ist wie der von Postman. Denn einerseits könnte man versucht sein anzunehmen, es gehe ausschließlich um einen physikalischen Medienbegriff, andererseits sind auch Hügel, Bunker, die Achitektur überhaupt, Skulpturen und die Malerei Massenmedien. Naheliegend ist zu vermuten, daß für Virilio all das ein Medium ist, was in irgendeiner Weise die Wahrnehmung von Geschwindigkeiten verändert. Damit wird der Medienbegriff wie bei McLuhan polyvalent.

Virilios Thema ist auch die Täuschbarkeit, die Hintergehbarkeit des Sehens. Der Architekt geht einerseits vom Sichtbaren, vom Körperlichen aus, fordert dies angesichts einer Ästhetik des Verschwindens mit aller Vehemenz ein, auf der anderen Seite beschäftigt ihn bei allen seinen Themen die Hinterfragung eines Glaubens an das Sichtbare, mithin die Frage nach einem religiösen Glauben.

Zentral ist das Bild, das Sichtbare, das Konkrete, die Macht der Bilder und nicht der Worte (vgl. Interview). Es geht um ihre Ästhetik im Sinn von Aisthesis, und darum wie das direkte Sehen optisch, elektronischen Verfahren gewichen ist. Wahrnehmen das ist für Virilio primär Sehen. Die anderen vier Sinne lassen sich offensichtlich in die militärische Logistik nicht oder ungleich schwerer integrieren[33], vor allem aber lassen sie sich schwerer mit dem Zeitaspekt verknüpfen.

Bilder sind das zentrale Thema für Virilio (vgl. Interview). In und mit ihnen artikuliert sich Bewegung, angefangen von den Grabmalereien der ägyptischen Pharaonengräber bis hin zu der "Hölle der Bilder" heute. In den bildlichen Darstellungen der ägyptischen Gräber ist es allerdings noch so, daß der Geist die einzelnen Szenen in Bewegung setzt. Für Virilio ist klar, daß die Anima, die den Menschen eigentlich bewegt, im Laufe unserer Kulturgeschichte nach und nach durch die televisionäre Fernkommunikation ersetzt wurde. Daraus ergibt sich, daß der neue Feudalismus sich in den Bildern selbst befindet.

Für Virilio sind Medien, im Unterschied zu Flusser, egal wie sie geschaltet sind per se keine Heilsbringer. Die Erlösung von der physischen Realität ist nicht Rettung im Sinne einer positiv gewandten Metaphysik, sondern die perfekt gewordene Kontrolle und Überwachung der menschlichen Bewegung und der inneren, mentalen Bilder.

---

33 vgl. dazu Friedrich Kittler "Grammophon Film Typewriter" Berlin, 1986

3. Von der Schrift- zur Bild(schirm)kultur

3.1 Die aktuellen Medientheorien und ihr Verhältnis zur Problematik "Bild versus Schrift"

Die Analyse der hier vorgestellten Medientheorien hat ergeben, daß die für eine Gesellschaft relevanten Informationen nicht mehr über das Medium Schrift, sondern in Form von Bildern transportiert werden. Postman und Flusser teilen die Einschätzung vom Ende der "Gutenberg-Galaxis", wobei Flusser das "Universum der technischen Bilder" prognostiziert, wohingegen Postman befürchtet, daß wir uns mit den Fernsehbildern zu Tode amüsieren. Virilio sieht in der Lichtgeschwindigkeit der elektronischen Bilder die eigentliche Gefahr für die Gesellschaft.

Das folgende Kapitel arbeitet die zentralen Argumente der drei Theoretiker zur Problematik "Bild versus Schrift" heraus. Diese werden anschließend anhand vorliegender Forschungsergebnisse überprüft, bzw. mit Erkenntnissen aus anderen wissenschaftlichen Disziplinen konfrontiert. In Kapitel 3.2 wird der Frage nachgegangen, wie die Schrift die Struktur kultureller Überlieferungen geprägt und transformiert hat, bzw. welche Modi der Informationserzeugung, -speicherung, und -verteilung eine Kultur kannte, bevor sich das Schriftsystem, mit dem wir noch heute arbeiten, etablierte. Kapitel 3.3 stellt vor, welche substantiellen Besonderheiten dem Bild gegenüber der Schrift als "Informationssystem" zugeschrieben werden. Hierbei folge ich den wichtigsten Argumentationslinien der Photo- und Filmtheorie. In Analogie zu einer Sprach- bzw. Schriftwissenschaft stellt sich abschließend die grundlegende Frage nach einer Phänomenologie des Bildes.

3.1.1 Ad Postman

Postmans gesamte Medientheorie kreist um eine zentrale Denkfigur: um den fundamentalen Antagonismus zwischen Bild und Schrift, respektive Sprache. Es geht um den "Kampf" zwischen einem per se schlechten Bild und einer per se guten Schrift, mit dem seiner Meinung nach die Kulturgeschichte der Menschheit begann und mit der sie heute endet. Denn am Anfang stand der Sieg des (phonetischen) Alphabets über die Bilder(schrift), heute verdrängt besonders das Fernsehen das Buch, die Literatur und das Schreiben.

Für Postman repräsentieren Bilder Wunschproduktionen und -erfüllungen, egal ob es sich um die ersten Höhlenbilder handelt (1992b, S. 91), oder um die Werbe- und Reklamebilder der Photographie oder des Fernsehens. In jedem Fall sind Bilder im Vergleich mit dem gedruckten Wort "in kognitiver Hinsicht regressiv" (1983, S. 87), sie gehören einem Diskursuniversum an (vgl. Interview), das sich vollkommen von dem der Schrift und der Sprache unterscheidet. Ein Wort ist für Postman eine Idee, ein Produkt der Vorstellungskraft, eine Abstraktion. Worte schaffen Regelmäßigkeiten, hinterfragbare und widerlegbare Kategoriensysteme (1992b, S. 93). Ein Bild ist demgegenüber nie widerlegbar, man kann niemals sagen, ob es wahr oder falsch ist, ob es logisch oder unlogisch ist. Ein Bild ist vieldeutig, polyvalent. "Es stellt keine Behauptung auf, es verweist nicht auf ein Gegenteil oder die Negation seiner selbst, es muß keinerlei Plausibilitätsregeln und keiner Logik genügen." (1983, S. 87) Bilder sprechen niemals den Verstand an, sie sind irrationale Produkte, die eine emotionale, ästhetische Reaktion auf das, was sie zeigen, erzeugen. Und sie zeigen immer auf etwas Konkretes in dem Sinne, daß sie repräsentieren, was sie referieren. Bilder stellen für Postman immer den Versuch dar zu repräsentieren (1992b, S. 91), wohingegen ein Wort immer eine Abstraktion von der konkreten Dingwelt ist und damit ihr gegenüber Distanz schafft (1992b, S. 93). Diese Distanzierung ist nach Postman Grundlage für den analytischen Geist des Diskursuniversums der Schrift und des Buches, auf denen, wie ich im zweiten Kapitel gezeigt habe, für den Autor alle Errungenschaften der Aufklärung und der Moderne basieren.

Historisch datiert Postman die Zeit zwischen 1850 und 1950 als die Zeit, in der sich die Kommunikationsstrukturen in Amerika veränderten, dadurch daß eine "... Symbolwelt aus Bildern, Karikaturen, Plakaten und Reklame" (1983, S. 87) entstand, die die Sprache und die Literatur verdrängte. Das eigentlich problematische ist hier die Massenauflage, d.h. die Reproduzierbarkeit der Bilder. Mit den reproduzierbar gewordenen Bildern und besonders mit dem Fernsehen ist für Postman die Irrationalität in die Welt der Politik und der Wissenschaft eingedrungen. Fürderhin wurde das Image eines Produktes wichtiger als seine Brauchbarkeit, das gute Aussehen eines Politikers bedeutender als gute bzw. richtige Argumente. Die Welt der Ideen, der Literatur, der Politik veränderte sich schlagartig in eine Welt "lichtgeschwinder Symbole" und Bilder. Statt Ratio bestimmte nun Emotio die Darstellung von Erfahrungen in allen gesellschaftlich relevanten Bereichen. Denn Bilder "... fordern uns auf, zu empfinden, nicht zu denken." (1983, S. 87f.) Bilder schläfern den Menschen ein, sie sind "... der destruktivste Einzelfaktor bei der Aushöhlung der Schriftkultur und ihrer Grundlagen." (a.a.O., S. 88) In diesem Zusammenhang bemerkt Postman, daß photographieren, was so viel bedeutet wie mit dem Licht schreiben, rein gar nichts mit dem Prozeß des Schreibens zu tun hat. Die fundamentalen Unterschiede der beiden Modi des kommunikativen Austausches skizziert er an dieser Stelle wie folgt: eine Photographie bezeugt etwas, sie ist unwiderlegbar, sie steht für sich.

"Die Art, wie das Photo Erfahrung aufzeichnet, unterscheidet sich ebenfalls von der Art, in der die Sprache dies tut. Die Sprache ergibt nur dann Sinn, wenn sie als eine Abfolge von Sätzen präsentiert wird. Die Bedeutung wird verzerrt, wenn man ein Wort oder einen Satz >aus dem Zusammenhang reißt<; wenn man dem Leser oder Zuhörer vorenthält, was vorher gesagt worden ist und nachher gesagt wird. Aber so etwas wie eine aus dem Zusammenhang gerissene Photographie gibt es gar nicht, denn ein Photo verlangt keinen Zusammenhang, keinen Kontext." (1992b, S. 94)

Was hier für die Photographie gesagt wird, behauptet Postman auch für alle anderen Bilder. "Für Bilder gibt es kein ABC. Um die Bedeutung von Bildern verstehen zu lernen, benötigen wir keinen Unterricht in Grammatik, Rechtschreibung, Logik oder Wortkunde." (1987, S. 93) Bilder sind immer dekontextualisiert, d.h. sie können ohne jeden inhaltlichen oder historischen Bezug kombiniert werden, sie kennen keinen Anfang, keine Mitte, kein Ende. Postman sieht also in diesen von ihm unhinterfragten Attributen den Grund dafür, warum Bilder so leicht zu konsumieren sind: Jeder kann sie sehen, ohne eine Schulung oder Bildung haben zu müssen (vgl. Interview). Die Schrift als wichtigstes Instrument zur Deutung, zum Begreifen und zur Prüfung von Realität wird ersetzt. Das spontane Sehen und nicht das reflektierende Lesen wird zur Grundlage menschlicher Überzeugungen (1992b, S. 96). Damit ist das Wissen, das früher über Bücher und damit über Institutionen wie Bibliotheken, Archive, Schulen und Universitäten organisiert und kontrolliert wurde, zugänglich für jeden geworden. Die alten Wissensmonopole, die „Informations-Management-Systeme", um eine Formulierung von Postman zu benutzen, sind zusammengebrochen. Das langsame Erfassen von Themen und

Problemen, das durch die Schrift garantiert war, ist einem situativ und schnell konsumierbaren Wissen durch und über Bilder gewichen (1983, S. 90f.). Das Buch, das immer einen Autor auswies, ist abgelöst durch das flüchtige Fernsehbild, das depersonalisierte und anonyme Informationen liefert. Auch das Zeitgefühl verändert sich. Garantierten das Buch und die Schrift noch Vorstellungen von Vergänglichkeit und Ewigkeit, kennt das Fernsehbild keine Erinnerung, überhaupt kein Zeitgefühl, keine Vorstellungen von Tradition und Geschichte. Postman beschreibt diesen "Kulturkampf" zwischen der Buch- und der Fernsehkultur als einen Kampf um die Herrschaft über das Denken.

"Auf der einen Seite die Welt des gedruckten Worts mit ihrer Betonung von Logik, Folgerichtigkeit, Historie, gegliederter Darstellung, Objektivität, Distanz und Disziplin. Auf der anderen Seite die Welt des Fernsehens mit ihrer Betonung der Bildlichkeit und des Anekdotischen sowie von Augenblicklichkeit, Gleichzeitigkeit, Intimität, unmittelbarer Befriedigung und schneller emotionaler Reaktion." (1992a, S. 24)

3.1.2 Ad Flusser

Flusser geht von einem für unsere Kulturgeschichte bedeutenden Gegensatz zwischen Schrift und Bild aus. Auch für seine Medientheorie ist zentral, daß er einer Phase der Menschheitsgeschichte, in der die Schrift das entscheidende Medium zur Informationserzeugung, -speicherung und -verteilung war, eine Zeit gegenübersetzt, in der die Bilder für eine Kultur dominant sind/waren. Dabei kommt Flusser jedoch zu einer vollkommen anderen Wertung als Postman: Er begreift es als Chance, daß die Bilder heute die Schrift verdrängen. Relevant ist in diesem Zusammenhang, daß Flusser grundsätzlich von zwei verschiedenen Formen von Bildern ausgeht, den sogenannten traditionellen und den technischen Bildern.
Die traditionellen Bilder sind für Flusser dadurch charakterisiert, daß sie das Resultat einer Abstraktion von der gegenständlichen Welt sind. Letztendlich bedeuten sie aber immer etwas aus der gegenständlichen Welt (1990a, S. 96). Es handelt sich bei den traditionellen Bildern um verschlüsselte Symbole auf einer materiellen Grundlage, die viele Deutungen zulassen, was für Flusser heißt, daß diese Bilder im Grunde magisch sind. Denn alles kann alles bedeuten. Sie sind

verschwommen und vieldeutig: Diese Bilder stellen keine absichtsvoll erzeugten Informationen dar, sondern sind letztendlich Ausdruck des Versuchs, etwas Dauerhaftes, Unabänderliches zu schaffen, nämlich einen Mythos (1991d, S. 48f.).

Im Gegensatz hierzu stehen die technischen Bilder, die auf Apparaten und Programmen beruhen und nicht auf der subjektiven Sichtweise eines Künstlers. Diese Bilder entstehen aus Kalkulationen. Ganz deutlich wird dies bei den Computerbildern,

> "denn es werden Algorithmen in den Computer gefüttert, diese werden digital umcodiert, und diese umcodierten mathematischen Ausdrücke erscheinen dann als Bilder auf den Schirmen. Infolgedessen bedeuten diese Bilder die Kalkulation und nicht mehr die Welt. Es sind keine Abbilder, sondern Projektionen aus Kalkulationen." (1990a, S. 96)

Der Imagination der traditionellen Bilder stellt Flusser die Einbildungskraft der technischen Bilder gegenüber. Damit ist gemeint, daß z.B. Träume mittels technischer Bilder dargestellt werden können, d.h. es ist mit ihrer Hilfe möglich, neue, individuelle Bedeutungen zu entwerfen. Die technischen Bilder sind dadurch gekennzeichnet, daß sie eine projektive Existenz haben in dem Sinne, daß etwas eine Bedeutung erhält, was vorher nicht sichtbar war. Insofern stellen diese Bilder für Flusser immer den Versuch dar, etwas Neues herzustellen. Da sie reproduzierbar sind, spielt ihre Materialität keine Rolle. Im Unterschied zu den traditionellen Bildern sind sie nicht aus dem Versuch entstanden, gegen die Vergänglichkeit der Natur, der Körper anzukämpfen. Ihr eigentlicher Wert bemißt sich nach ihrem Informationswert. Im Unterschied zu dem magisch-mythischen Bewußtsein der traditionellen Bilder beruhen die technischen Bilder auf einem spielerisch-kybernetischen Bewußtsein. Sie verändern laufend die Bedeutung der Welt. Damit ist für Flusser klar, daß diese Bilder, da sie unendlich viele Kombinationsmöglichkeiten zulassen, einen ideologischen Standpunkt nicht kennen. Sie sind apparatetechnisches Spiel mit unerwarteten Kombinationen. Auch sie können jedoch magisch wirken, allerdings in einem völlig anderen Sinn als die traditionellen Bilder. Um dies zu erklären greift Flusser auf die Schrift zurück. Die Erfindung der Schrift und ihre Verdrängung muß, wie bei Postman, im Kontext mit den Bildern gesehen werden.

Die Schrift richtete sich von Anfang an, so Flusser, gegen das Magische und Rituelle der Bilder. Ihre primäre Funktion war, klare und

kritisierbare Begriffe und Aussagen zu liefern, die Bilder (weg)er-
klären sollten. In diesem Zusammenhang ist wichtig, daß die
phonetische Schrift ein Schriftsystem ist, das selbst ikonoklastisch ist,
das im Unterschied zu anderen Schriftsystemen keinerlei Bildsymbole
zuläßt (siehe dazu Kap. 3.2). "Schreiben soll Bilder erklären, weg-
erklären. Das bildliche, vorstellende, imaginäre Denken soll einem
begrifflichen, diskursiven, kritischen weichen. Man schreibt alphabetisch und nicht ideografisch, um ikonoklastisch denken zu können."
(1987, S. 34) Für Flusser etabliert sich mit dieser Art von Schrift ein
Denken, das von Beginn an versucht hat, bildhafte Vorstellungen zu
eliminieren. Deshalb ist das phonetische Alphabet das Medium des
"reinen" begrifflichen Denkens. Dieses Alphabet hat die griechische
Philosophie und die modernen Wissenschaften möglich gemacht.
Schriftzeichen sind, im Unterschied zu Bildern, geordnete, lineare,
eindimensionale Zeichen - Zeichen für Gedanken, die in eine Richtung gebracht werden und ein folgerichtiges Sprechen und Denken
garantieren. Auch für Flusser ist damit deutlich, daß erst mit der
Schrift ein historisches, logisches Bewußtsein und Denken möglich
wurde. Aus kompakten, verschwommenen Bildercodes werden
distinkte Schriftcodes. Vorstellungen werden in klar umgrenzten
Begriffen ausgedrückt, Szenen in Prozesse, Kontexte in Texte
transformiert. Der Buchdruck ist nichts anderes als die logische Fort-
setzung des selbstbewußt gewordenen, alphabetischen Schreibens,
Ausdruck des westlichen, wissenschaftlichen, fortschrittlichen Denkens (a.a.O., S. 56). Im radikalen Gegensatz zu Postman konnotiert
Flusser mit der (Druck)Schrift allerdings nicht das Humanum per se,
die Freiheit des Denkens und Handelns, die Ratio, sondern er kommt
zu einer entgegengesetzten Wertung. Die Schrift ist für Flusser von
ihrem Anfang her bis heute nichts anderes als Gebot, Gesetz, Dekret,
Verordnung, Gebrauchs- und Handlungsanweisung mit dem Ziel,
Menschen zu manipulieren. Deshalb ist die Geschichte der Schrift
verbunden mit einem fortschreitenden Funktionalisieren des
Verhaltens (a.a.O., S. 59). Doch das Buchdruckdenken wird von
neuen Mediencodes überholt:

> "Schreiben im Sinne einer Aneinanderreihung von Buchstaben
> und anderen Schriftzeichen scheint kaum oder überhaupt keine
> Zukunft zu haben. Es gibt mittlerweile Codes, die besser als die
> der Schriftzeichen Informationen übermitteln. Was bisher
> geschrieben wurde, kann besser auf Tonbänder, Schallplatten,
> Filme, Videobänder, Bildplatten oder Disketten übertragen wer-

den. Und vieles, das bislang nicht geschrieben werden konnte, ist in diesen neuen Codes notierbar." (a.a.O., S. 7)

Diese neuen Codes erzeugen auf bequemere Weise Informationen, sie sind leichter empfangbar und speicherbar als geschriebene Texte. Grundlegend ist für Flusser allerdings die Tatsache, daß es bei diesem Prozeß darum geht, daß sich das Denken von der Schrift und damit auch von der Sprache emanzipiert. Nicht sprachliche Denkarten, sondern mathematische, bildnerische werden völlig neue Horizonte der Vorstellung eröffnen. Und so drückt sich in den technischen Bildern für Flusser ein neues Bewußtsein aus, ein multidimensionales, quantisches, kybernetisches Denken.

Die Schrift hat im Zusammenhang mit den neuen, technischen Bildern ihre ursprüngliche Funktion verloren. Denn diese Bilder sind das Ergebnis von etwas völlig Durchkalkuliertem und Durchkritisierten. Versuchte die Schrift ursprünglich die Bilder zu erklären, so hat sich dieses Verhältnis heute umgekehrt. Denn die Texte sind derart unvorstellbar geworden, daß sie Bilder benötigen, um wieder konkret zu werden (siehe Interview). Nach Flusser werden wir aus der Welt der gesprochenen Sprache in die Welt der ideographischen Bilder überwechseln, aus der Welt der logischen Regeln in die der mathematischen und besonders aus der Welt der Zeile in die des aus Punkten gebildeten Netzes (1987, S. 152).

Doch was sind technische Bilder? Ähnlich wie Postman sieht auch Flusser deren Beginn mit der Photographie. "Mit der Schrift beginnt die Geschichte im engeren Sinn, und zwar als Kampf gegen Idolatrie. Mit der Fotografie beginnt die >Nachgeschichte<, und zwar als Kampf gegen Textolatrie." (1991a, S. 16) Zentral ist hierbei die Bedeutung der Apparate. Photographien sind nämlich niemals Abbilder wie die traditionellen Bilder, sondern sie beruhen auf in den Apparaten verborgenen Programmen. Was bei den traditionellen Bildern z.B. der Maler als Zwischeninstanz leistet, ist bei der Photographie der Apparat. In ihm erfolgt die Codierung der Information. Der Photograph kann immer nur das aufnehmen, was der Apparat zuläßt. Und hier nun setzt Flussers Analyse an. Der Mensch und der Apparat, dies zeigen die technischen Bilder paradigmatisch auf, sind zu einer Einheit verschwommen. Eine gleichgeschaltete Massenkultur der Apparate ist die Folge, das Verhalten der Menschen ist im Interesse der Apparate programmiert. Flussers Kritik wendet sich nicht gegen die reproduzierbar gewordenen Bilder, die die Massenkultur indizieren, sondern gegen die Praxis, wie diese Bilder ge- und benutzt werden. Sie dienen der Ablenkung und dem Amusement, dabei wäre es ihre eigentliche Funktion, neue Informationen herzustellen. Die Aufgabe des Photographen und aller technischer Einbildner besteht folglich darin, das Programm der Apparate zu überlisten und neue Kombinationsmöglichkeiten, neue Sichtweisen herzustellen. Fatal sind folglich nicht die Bilder, ihre Quantität oder ihre Geschwindigkeit, sondern die in ihnen verborgenen Programme. Diese gilt es zu analysieren, indem wir lernen, anders zu denken. Denn sonst leben wir nur noch in Funktion der Bilder, also wieder magisch-mystisch.

"Mindestens zwei Dinge sind für dieses Umlernen des Denkens charakteristisch. Erstens, daß wir nur Bilder und nichts als Bilder denken, denn alles, was wir Wahrnehmungen nennen - seien sie äußere oder innere -, sind nichts als im Gehirn komputierte Bilder. Zweitens, daß das Denken kein kontinuierlicher, diskursiver Vorgang ist: Das Denken >quantelt<. Das ist eine Einsicht, die dem die westliche Kultur kennzeichnenden Denkverständnis diametral entgegensteht. Für uns war (und ist noch immer) das Denken ein fortschreitender Prozeß, der sich von Bildern, von Vorstellungen loslöst, sie kritisiert, um immer begrifflicher zu werden. Diesem Denkverständnis haben wir das Alphabet zu verdanken und dem Alphabet (Feedback) dieses Denkverständnis." (1987, S. 142)

3.1.3 Ad Virilio

Virilios Medientheorie enthält das ausführlichste Material zum Thema Bilder. Der Autor unterscheidet zwischen mentalen Bildern, "natürlichen" Bildern, mechanisch-kinematographischen Bildern und elektronisch-synthetischen Bildern. Die "natürlichen" Bilder sieht Virilio dadurch charakterisiert, daß sie einmalig (d.h. technisch nicht reproduzierbar) und körperlich sind, in einem doppelten Sinne, nämlich in bezug auf ihre Materialität selbst und in bezug darauf, daß diese Bilder nicht denkbar wären ohne den Körper des Künstlers.

"Der Maler >*bringt seinen Körper ein,*< sagt Valéry, und Merleau-Ponty fügte hinzu: >in der Tat kann man sich nicht vorstellen, wie ein reiner Geist malen könnte.< Wenn die Kunst das Rätsel des Körpers stellt, so stellt das Rätsel der Technik das Rätsel der Kunst. Die Seh-Instrumente machen den Körper des Künstlers in

dem Maße überflüssig, wie das Licht das Bild hervorbringt."
(1989a, S. 48-49)

Hier wird deutlich, daß sich für Virilio bereits mit der Photographie die Materialität der Bilder aufzulösen begann und die "Ästhetik des Verschwindens" einsetzt, die für alle technisch erzeugten Bilder paradigmatisch ist. Doch nicht nur die Körper der Künstler verschwinden aus den Bildern. Bis zu der Erfindung der photographischen Platte kamen die künstlerischen "Dinge" aus dem Sein, aus der Leinwand. Der Künstler hat versucht, die Realität qua Formen auftauchen zu lassen. Seit der Photographie erscheinen die Dinge im Verschwinden (1991a, S. 339f.). Nicht mehr ein Künstler drückt sich aus, sondern Licht "schreibt" sich ein. Mit der Photographie ist das Bild nicht mehr subjektiv, elitär und handwerklich, sondern objektiv, demokratisch und industriell. Bilder "gehen in Serie". Vor allem aber setzt mit den photographischen Bildern eine Entwicklung ein, welche die natürliche Bewegung der Augen des Betrachters fixiert. Photographie bedeutet Einfrieren der Zeit, Unterbrechung des Zeitflusses, Verunmöglichung einer direkten, wirklichen Wahrnehmung. Denn in der Wirklichkeit stehen weder die Zeit noch die Retina still. Das Auge bewegt sich natürlicherweise laufend, es tastet den Sehraum ab. Virilio verdeutlicht diese Problematik anhand der Gedanken von Auguste Rodin, dessen Skulpturen den Anschein erwecken, lebendig zu sein. Im Gegensatz dazu vermitteln Photographien niemals einen authentischen Eindruck von Bewegung. Rodin empfindet Figuren auf Photographien erstarrt, da eine Zeitgleichheit fixiert wird, die nicht der Rezeption entspricht (1989a). Für ihn kann die Illusion von Bewegung nicht mechanisch erzeugt werden, zumindest (noch) nicht von der Photographie. Erst die Chrono- und die Kinematographie geben Bewegung adäquat wieder. Voraussetzung jedoch ist, den menschlichen Blick, die Eigenbewegung der Retina still zu stellen.
Die natürliche Bewegung des Auges korrespondiert für Virilio - und dies ist der Kern seiner Ausführungen - jedoch mit einer Bewegung des Geistes, mit der Erzeugung mentaler, innerer Bilder. Optische Instrumente bringen natürliche Bewegungen zum Erliegen, zerstören das natürliche Sehen und Empfinden. Für Virilio ist mit der Photographie der Übergang vom Sehen zum Visualisieren markiert, die Fusion von Auge und Objektiv, die mit Aufkommen der Kino- und Fernsehbilder weiter vorangetrieben wurde. Die lebendige Welt wurde damit immer weniger zum materiellen Anhaltspunkt unserer gewohnten Bildwelt. Stattdessen entsteht ein gefühlloses Universum

ohne Geruch und Geschmack, in dem körperliche und geistige Erstarrung herrschen (1992b). Die Pioniere der Photographie sahen jedoch genau im Moment der Geschwindigkeit den Vorteil ihres Mediums gegenüber der Langsamkeit des menschlichen Auges und proklamierten für ihre Bilder die ganze Wahrheit. Virilio sieht jedoch darin, daß die Photographie *scheinbar* eine objektive Welt beweist den zukünftigen Verfall derselben annonciert. Denn der "Effekt des Realen" ist fürderhin reduziert auf die Geschwindigkeit eines Lichtstrahls. Dies führe zu einer Entwertung der festen Körper und stattdessen immer stärker zu einer Betonung des Blickpunktes (1989a). Dies ist für Virilio auch der entscheidende Unterschied zwischen Photographie und Film. Denn erst der Film versetzt den Blickpunkt selbst in Bewegung. Die Aufgabe der Kamera war es nicht mehr, wie in der Photographie Bilder zu erzeugen, sondern räumliche und zeitliche Dimensionen zu manipulieren und zu verfälschen.

Referenzpunkt der Kinematographie ist für Virilio der Krieg. Filmische und militärtechnische Entwicklungen sind ineinander verzahnt. Kamera wie Waffensysteme sind Werkzeuge der Manipulation der Perzeption, Mittel der schnelleren/detaillierteren mikro- und makroskopischen Wahrnehmung, der Aufklärung, der Vernichtung. Film und Luftfahrt sollten Informationen liefern, um eine siegreiche Offensive zu ermöglichen. Das Kameraauge und die Waffe funktionieren als Zerstörung der Homogenität von Wahrnehmungsfeldern, von menschengerechter Raum- und Zeiterfahrung. Gleichzeitig entsteht eine Massenindustrie, "... die durch kinematische Beschleunigung auf den Realismus der Welt einwirkte, ein Kino, das auf der psychotropen Verrückung, der Störung der Chronologie beruhte." (1986b, S. 49) Film zeigt eine weitere Realität des noch nie Gesehenen, ist eine weitere intensive Visualisierung, die die Berührung, den Kontakt mit dem Material ersetzt. Es gibt nicht mehr, wie in der traditionellen Kunst, ein einziges Bild, sondern eine Serie von unzähligen Bildern, welche die natürlichen Bewegungen des Auges des Betrachters mechanisch determinieren. Wobei für Virilio in dem Maße wie der menschliche Blick erstarrt und seine natürliche Bewegung und Sensibilität verliert, die Filmaufnahmen immer schneller werden. Die subjektive Reflexion und Imagination, das individuelle Erinnerungsvermögen verschwinden und damit auch die mentalen, imaginären, inneren Bilder, als idiosynkratische Phantasien. Es kommt zu einer kollektiven Gleichschaltung des Unbewußten. Eine Logistik der

Wahrnehmung ist in Gang gesetzt, die zu einer "... Eugenik des Blicks (führt, D.K.), zu einer sofortigen Abtreibung der Vielfalt von mentalen Bildern und der Vielzahl von Bild-Geschöpfen, die dazu verurteilt waren, nicht mehr auf die Welt zu kommen und niemals irgendwo das Tageslicht zu erblicken." (1989a, S. 37-38) Mit den elektronischen Bildern sieht Virilio den Endpunkt einer Codierung der mentalen Bilder gekommen. Es herrscht die totale Bewußtlosigkeit. Video und Fernsehen sind gleichzeitig das Ende des Bildes, da sie nur noch auf indirektem Licht, auf Lichtgeschwindigkeit beruhen und nichts Materielles mehr referieren. Das Bild ersetzt jetzt die Dinge, auch die physisch anwesenden Menschen und zwar in Echtzeit. Bezogen sich die Photographie und die Kinematographie noch auf eine Präsenz des Dargestellten, so markieren die Video- wie die Fernsehbilder oder die Holographie das Ende einer Logik der öffentlichen Repräsentation. Die Bedeutung dieser Bilder liegt nur noch in ihrer Übertragungsgeschwindigkeit, in ihrer Unmittelbarkeit. Diese Bilder funktionieren nur noch wie Signale, d.h. was zählt ist ihre Plötzlichkeit und die Reaktion der Zuschauer. Der viereckige Horizont des Bildschirms hat unsere Wahrnehmung so gestört, daß sich unser mentaler Zustand grundlegend verändert hat. Der virtuell sichtbare Horizont der Telekommunikation verdammt uns zu einer endgültigen Seßhaftigkeit an den Terminalen, um telepräsent auf der ganzen Welt zu sein. Künftig existieren nur noch Bilder in Echtzeit, die nicht mehr konkrete, explizite Informationen liefern, sondern diskrete, implizite Informationen. Der Bildschirm ist ein "monochroner" Filter, der nur Gegenwärtiges sehen läßt, der keine Zeitfolge von Vergangenheit/Gegenwart/Zukunft mehr kennt. Ähnlich wie Postman spricht Virilio in diesem Zusammenhang von einer Gesellschaft als Live-Show (1991, S. 60), ähnlich wie Postman proklamiert Virilio hier, es sei nötig, daß die Schrift gegen den Bildschirm ankämpft.

"Statt jedoch alle Schuld beim >Bild< zu suchen, sollte man sich lieber klarmachen, worauf die betäubende Wirkung der Terminals und >Monitore< im Grunde beruht: nicht mehr auf der räumlichen Disposition visueller Sequenzen, wie es etwa im Kino der Fall war, sondern auf der absoluten Geschwindigkeit, mit der hier die Bilder (oder Botschaften) geliefert werden.
Während die Schrift und die Lektüre stets *mentale Bilder* hervorrufen, so daß es letztlich so viele Madame Bovarys gibt, wie es Leser von Flauberts Roman gibt, während die Filmvorführung im Dunkel des Kinosaals ein *ideographisches Erinnern* begünstigt,

das meist mit mehr oder minder starken Identifikationen mit den Hauptdarstellern einhergeht, erlaubt die Fernseh- oder Computerübertragung von Informationen keinerlei *aktives* Erinnern mehr, sondern nur noch eine emotionale Reaktion, deren *passive* Heftigkeit ihr einziges Kriterium ist, da der Zapper gar nicht die Zeit hat, über seine Wahl nachzudenken!" (1994b, S. 30-31)

Die "Sehmaschinenlogik" ist bereits soweit fortgeschritten, daß jüngere Generationen sich bei der Lektüre von Texten nichts mehr vorstellen können. Für sie haben die Worte aufgehört (mentale) Bilder hervorzurufen. Die immer schneller wahrgenommenen mechanischen und elektronischen Bilder haben bereits die Worte ersetzt, bis nichts mehr ist, was sie ersetzen können, so daß die Analphabeten und "Dyslexiker" des Blickes immer zahlreicher werden (1989a, S. 29).

3.2 Die Schrift

Die Schrift stellt(e) für unsere Kulturgeschichte eine der wesentlichsten Techniken zur Herstellung, Speicherung und Verteilung von Informationen dar. Doch sie gehört der Vergangenheit an, wenn die "Gutenberg-Galaxis" im Rauschen der elektronischen Netze verschwinden sollte, was Postman, Flusser und Virilio behaupten. Vielleicht ersetzen schon bald die Binärcodes als neue Universal- und Elementarzeichen und die auf ihnen beruhenden technischen Bilder die Schrift, das Alphabet, das Schreiben und Sprechen.
Mich interessiert vor dem Hintergrund der Thesen der hier analysierten Medientheorien die Frage, wie die Schrift die Struktur kultureller Überlieferungen geprägt und transformiert hat, d.h. welche Modi der Informationserzeugung, -speicherung und -verteilung eine Kultur kannte, bevor sich das Schriftsystem, mit dem wir noch heute arbeiten, etablierte.

3.2.1 Schrift als Notationssystem

Die früheste Schrift, wenn man von quantifizierenden Zeichen absieht, ist "nur" sechs bis sieben Tausend Jahre alt (Ong, 1987, S. 10; Haarmann, 1990, S. 18). Die meisten Sprachen sind jedoch nie geschrieben worden, so daß es keine Literatur, keine Zeugenschaft ihrer Existenz gibt. Haarmann gibt an, daß nur 13% aller heute lebenden Sprachen verschriftet sind (1990, S. 19). Weingarten betont in

diesem Zusammenhang, daß die zunehmende Technologisierung von Kommunikation zu einem weiteren Verschwinden von Sprachen und Schriften führen wird (1989, S. 39).
Doch was ist Schrift? Sind die ägyptischen Hieroglyphen Schrift? Oder sind es für uns schwer zu entziffernde Bilder? Nach der strengsten sprachwissenschaftlichen Definition ist Schrift nicht jedes semiotische Zeichen (Graffiti z.b. ist keine Schrift), sondern es muß sich um ein genau codiertes System visueller Zeichen handeln, damit die korrekte Decodierung[1] garantiert ist (Ong, 1987, S. 87). Da der ägyptische Hieroglyphenschreiber nur ungefähr bestimmen konnte was der Leser entziffert, handelt es sich hier nicht um eine Schrift im oben definierten Sinne. Die allermeisten Schriften weisen allerdings auf eine Bilderschrift zurück. Doch erst wenn die unmittelbare Verknüpfung zwischen Zeichen und visueller, im Sinne von mimetischer Gestalt zurücktritt, und das visuelle Zeichen für eine sprachliche Bezeichnung steht, beginnt Schrift (Weingarten, 1989, S. 16).
Piktogramme, Ideogramme und Phonogramme stellen neben der Keilschrift die ersten Versuche dar, exakte Notationssysteme zu entwickeln. Die ältesten Funde, die Schrift dokumentieren, stammen aus dem vierten Jahrtausend vor Christus aus Ägypten und Mesopotanien (Havelock, 1990, S. 49). Es waren Zeichen, die mit einem Begriff bzw. einem Gedanken verbunden waren, der entweder zur Symbolisierung einer Rechenoperation diente oder innerhalb der Beobachtung physikalischer Objekte seine Funktion hatte. Erst viel später wurden die Schriftsysteme entwickelt, die ausschließlich versuchten, gesprochene Sprache zu notieren.
Nach Havelock (1963;1990), der als einer der wichtigsten Vertreter der "oral poetry"-Forschung gelten dürfte, ist ein Schriftsystem dann erfolgreich, wenn es ein rein passives Instrument der gesprochenen Sprache darstellt. Schriftsysteme gewannen erst in dem Moment an Effizienz, in dem sie begannen, Phoneme zu repräsentieren, also menschliche Rede selbst zu imitieren. Dies geschah zunächst in dem Versuch, einzelne Silben in Zeichen zu übertragen. Das griechische Alphabet setzte sich gegenüber den nord-semitischen Sprachen an Klarheit und Einfachheit deshalb ab, weil es die Silben weiter in ihre Komponenten auflöste und bestimmten Zeichen, die das Griechische nicht brauchte, Vokale zuordnete (Havelock, 1963/1990; Ong, 1987;

---

1 "Ein Kode ist ein Verfahren zur *Übersetzung* eines Zeichensystems in ein anderes, wobei jeweils einzelne Elemente aus beiden Zeichensystemen einander zugeordnet werden." (Weingarten, 1989, S. 33)

Gelb, 1958). Die graphischen Zeichen des griechischen Alphabets sind somit Repräsentationen einer extremen und universalen Selektion (Goody, 1981, S. 63).

Diese Erfindung, nämlich graphische Symbole für Laute zu setzen, bzw. in einem weiteren Schritt mit einem Zeichenvorrat von nur zwanzig bzw. dreißig Zeichen Phoneme so zu sortieren, daß sie eindeutig lesbar waren, stellt die überragende Kulturleistung des griechischen Alphabets dar. Sie führte zu einer schnellen und exakten Lesart, was entsprechende Konsequenzen hatte, z.b. leichter in andere Sprachen übersetzbar zu sein. Denn Bilderschriften oder Keilschriften bzw. alle nicht phonetischen Sprachsysteme benötigen einen riesigen Zeichenvorrat. Das Chinesische z.b. arbeitet mit über vierzig Tausend Zeichen. "Kein Chinese, kein Sinologe kennt sie alle, hat sie je alle gekannt. Nur wenige der schreibfähigen Chinesen können alle diejenigen Wörter, welche sie verstehen, auch aufschreiben. Im chinesischen Schriftsystem einigermaßen bewandert zu sein, setzt ein etwa zwanzigjähriges Studium voraus." (Ong, 1987, S. 89-90)

Die Einführung des griechischen Alphabets läßt sich, folgt man den Ausführungen von Jack Goody (1981, S. 62), im 8. Jahrhundert v. Chr. ausmachen. Neben den bereits aufgeführten Vorteilen dieses Schriftsystems kommen noch weitere Faktoren hinzu, die für die Verbreitung des griechischen Alphabets sorgten. So war die Einführung des Papyrus aus Ägypten eine weitere Grundvoraussetzung, die das Schreiben einfacher, billiger und schneller machte, wie überhaupt der Handel mit dem Osten insgesamt Wohlstand und technologischen Fortschritt brachte. Die Frage in diesem Zusammenhang ist natürlich, welche Faktoren sich gegenseitig wie beeinflußten. In jedem Fall aber kann man davon ausgehen, daß komplexer werdende gesellschaftliche Organisationsformen und Handelssysteme Rechtssysteme erforder(t)en, die einer schriftlichen Fixierung bedurften (Weingarten, 1989, S. 17).

3.2.2 Orale Mnemotechniken

Doch was läßt sich über eine Gesellschaft, die die Schrift als wesentliche Mnemotechnik nicht kannte, sagen? Es gibt ja keine "Funde", keine Fundstücke einer oralen Kultur, die sich hauptsächlich über gesprochene Sprache vermittelte. Im Zusammenhang mit dieser Problematik stößt man auf die Untersuchungen des Altphilologen Milman Parry (1971), der in den 20er und 30er Jahren die sogenannte Oralitäts-Forschung begründete, die sich mit der Frage beschäftigte, welche Techniken des Memorierens und Vortrags eine Gesellschaft, die die Schrift nicht kennt, entwickeln muß(te), um Wissen weiter zu transportieren. Milman Parry versuchte an Hand der Dichtungen Homers nachzuweisen, daß es sich hier um Verse handelt, die typische Prinzipien oraler Improvisationskunst und Mnemotechnik aufweisen. Die gesamte orale Gedankenwelt, so Parry, stützte sich auf formalisierte Denkmethoden. Homers Dichtung z.b. wiederholt Formeln, die aus feststehenden Epitheta bestanden, z.b. der listenreiche Odysseus, eine Mnemotechnik, die sich auch heute noch in eher oral orientierten Kulturen finden läßt. Odysseus ist "polymetis" (klug), nicht nur weil ihn dieses Attribut charakterisiert, sondern weil er ohne dieses Epitheta nicht ins Metrum des Verses passen würde. Verse wurden also komponiert wie Rhapsodien, d.h. mit einer starken Betonung auf Rhythmik und Melodien, was nicht zuletzt auch durch die Tatsache belegt wird, daß die Erzähler und die Dichter ihren Vortrag mit Musik oder sogar Tanz kombinierten. Das orale Memorieren hatte folglich eine stark somatische Komponente. "Die Griechen bezeichneten diesen Komplex oraler Praktiken mit dem Fachausdruck *mousike`* und nannten die Muse, die der Kunst ihren Namen gab, ganz richtig >Tochter der Erinnerung<". (Havelock, 1990, S. 79) Die Ilias und die Odyssee sind streng metrisch komponiert. Parry (1971) schuf die Grundlage für die Beantwortung der Frage, wie eine Dichtung von solcher Länge und Komplexität von einem Menschen überhaupt memoriert werden konnte. Er bewies, daß es sich nie um ein wortwörtliches Memorieren handelte, sondern daß Formeln von Wörtern zusammengesetzt wurden und zwar in Hexametern. Der Dichter besaß einen Fundus an hexametrischen Phrasen, der es ihm ermöglichte, metrisch korrekte Verse in endloser Zahl herzustellen (Ong, 1987, S. 62). Leicht vorstellbar wird mithin, daß es ebensoviele Varianten einer Erzählung gab wie Dichter. Es erscheint so gut wie sicher, daß es nie zweimal dieselbe Fassung einer Dichtung gab. Parrys Forschungen hatten ans Licht gebracht, daß die Homersche Dichtung nur vor dem Hintergrund der oralen Ökonomie zu verstehen ist.

3.2.3 Orale Noetik

Beschäftigte sich Milman Parry noch hauptsächlich mit den Techniken des Memorierens und den Bedingungen der mündlichen Komposition anhand der homerschen Epen, beginnt Eric Havelock (1963/1990) in den 60er Jahren, beeinflußt durch die Arbeiten von Innis (1951) und McLuhan (1968a/1968b), Fragen nach der oralen Noetik zu stellen. Ihn interessierte, wie die mentalen Strukturen des oralen Denkens beschaffen sein müssen, wie das Schreiben das Denken verändert, bzw. was sich über ein Denken sagen läßt, das die Schrift nicht kennt. Hier taucht der von McLuhan zu einem hohen Popularitätsgrad gebrachte Gedanke von der Medienabhängigkeit unseres Denkens wieder auf. Damit wurde die Welt der oralen Poesie, die bis dahin ausschließlich Forschungsfeld von Literaturwissenschaftlern oder bestenfalls noch Ethnologen war, Gegenstand philosophischer bzw. wissenssoziologischer Disziplinen. Im folgenden arbeite ich heraus, was sich nach Havelock, Goody und Ong über eine orale Kultur im Unterschied zu einer Schriftkultur sagen läßt.
Havelock (1963/1990) geht davon aus, daß in der präliteraten griechischen Kultur das gesamte Wissen in einer narrativen Reihe bewahrt wurde. Die großen Erzählungen Homers z.B. dienten dazu, Phänomene der Natur, deren Wirkungsgesetze noch unbekannt waren, persönlichen Handlungen und Entscheidungen von Göttern zu unterstellen, die den Menschen sehr ähnlich waren. An ihnen wurden moralische Prinzipien exemplifiziert, an denen sich die Menschen anlehnen konnten. In Gesellschaften, die die Schrift noch nicht kannten, war der Dichter ein geistiger Führer, in seinem Gedächtnis wurde das verbindliche Wissen gespeichert, verwaltet und publiziert. Die Dichtung war die einzige und umfassende Organisationsform des kollektiven Wissens. In ihr fand Erziehung und Bildung ihre alleinige Ausformung. Havelock betont in diesem Zusammenhang die Distanzlosigkeit, Unmittelbarkeit und Emotionalität der mündlichen Kultur. Das kulturell relevante Wissen lebte im Dichter und in der Rezitation, an der das Publikum beteiligt war. Feste und Feiern z.B. dienten der Inszenierung und Stabilisierung des kollektiven Gedächtnisses. Das Publikum, wie berauscht, konnte allerdings das Gehörte nicht kritisch überprüfen. Es war auf geradezu "pathologische Weise" (1963, S. 45) identifiziert. Eine kritische, individuelle Besinnung existierte nicht.
Demgegenüber betont Jack Goody, daß die Unmittelbarkeit der mündlichen Kommunikation die direkte "semantische Ratifizierung"

erlaube (1981, S. 48). Dadurch, daß Bedeutungen immer in einen Kontext gebunden und konkret seien, gäbe es eine größere Unmißverständlichkeit. Die Kontinuität von Verstehenskategorien (Durkheim) wird in einer oralen Kultur von Generation zu Generation von und durch Sprache übermittelt, in der sich die sozialen Erfahrungen einer Gruppe am direktesten und umfassendsten ausdrückt (a.a.O., S. 47).

Soziologisch gesprochen sei damit garantiert, und dies belegen Feldforschungen zahlreicher Ethnologen und nicht zuletzt die Untersuchungen von Goody selbst, daß orale Kulturen sich funktional anpassen, d.h. unmittelbar sich verändernden Lebensumständen gegenüber flexibel sind. Was sozial von Bedeutung ist, wird erinnert, der Rest vergessen. Mythen, Gottheiten, heiliges Wissen verschwinden oder verändern sich, je nachdem welchen sozialen Zweck sie erfüllen. Goody spricht davon, daß hiermit eine gesellschaftliche "Homöostase" bei nichtliteraten Gesellschaften garantiert sei, deren bedeutsame Folge sei, die Vergangenheit ausschließlich unter dem Gesichtspunkt der Gegenwart zu sehen (a.a.O., S. 54). Goody/Watt bringen eindrucksvolle Beispiele, wie bestimmte Stämme ihre Genealogien abänderten, um z.B. Rechtsstreitigkeiten zu klären. Die Frage danach, wie eine Gesellschaft das für sie relevante Wissen speichert, könnte auf folgende Formel gebracht werden: Die Gegenwart schreibt der Erinnerung ihre Ökonomie ein. Lévi-Strauss betont in diesem Zusammenhang, daß die orale Tradition viel stärker aktuelle kulturelle Werte erkennen läßt, als Vergangenes aufzustöbern oder zu erhalten (1991). Goody vertritt die Ansicht, daß Gesellschaften, die keine Chronologien, keine festen Aufzeichnungssysteme kennen, anhand derer Veränderungen auszumachen wären, weder einen "Geschichtsbegriff" noch Vorstellungen konstanter Raum-Zeit Relationen kennen (1981, S. 55).

Walter Ong (1987) beschäftigt sich mit der größeren Nähe oraler Poesie zum menschlichen Leben, ihrer Redundanz und ihrem Variantenreichtum. Die Denkweise oraler Kommunikation sei konservativ, die Lernmethode beruhe auf Beobachten und Einüben, also auf operativen Zusammenhängen. Nichtliteralen Kulturen scheinen formale, deduktive Denkprozesse nicht vertraut, sie hantieren niemals mit formal gesetzten Syllogismen. Die Arbeit von A. R. Lurija (1986), der 1931/32 in Usbekistan Feldstudien mit nicht literalisierten Personen durchführte, ist in diesem Zusammenhang interessant. Folgende Ergebnisse lassen sich skizzieren: nichtliteralisierte Personen geben geometrischen, also abstrakten Figuren Bezeichnungen von ihnen vertrauten Gegenständen. Für Lurija heißt das, sie denken eher situativ als kategorial. Außerdem zeichnen sich nicht literate Personen durch eine fehlende Selbsteinschätzung und Selbstwahrnehmung aus, so reden sie niemals in einer Ich-, sondern immer in einer Wirform.

Anhand von Kindermärchen versucht Walter Ong (1987, S. 70f.) zu verdeutlichen, daß das orale Gedächtnis mit Hilfe idealtypischer Gestalten funktioniert, deren Taten einprägsam sind. Ebenso sei nicht zu vernachlässigen, daß die memorierten Inhalte abhängig sind von direkten sozialen Zusammenhängen, d.h. die Erzähler reagieren auf das, was die Zuhörer wünschen bzw. akzeptieren. Ong bringt zur Verdeutlichung an dieser Stelle das Beispiel, daß das hebräische Wort für sprechen "dabar" auch Ereignis bedeutet, was darauf verweist, daß es sich beim Sprechen um einen dynamischen, intersubjektiven Prozeß von Zuhören und Reden handelt. So wie ein Ereignis nicht angehalten und fixiert werden kann und auch keine nachträgliche Eliminierung oder Korrektur erlaubt, ist auch die gesprochene Rede ein einmaliger Fluß. Die Tatsache der Intersubjektivität bzw. Interaktion der Oralität ist denn auch genau einer der Punkte, die Plato im Phaidros im Zusammenhang mit seinen vier Einwänden gegen die Schrift formuliert.

Platos Phaidros ist für die Literaturwissenschaft, Sprach- und Medienwissenschaft deshalb so überaus interessant, weil dieses Stück Literatur, geschrieben im 5. Jahrhundert v.Chr. über einen Zeitpunkt Auskunft gibt, in dem Oralität und alphabetische Literatur zusammenstießen:[2].

> "Denn dies Bedenkliche, Phaidros, haftet doch an der Schrift, und darin gleicht sie in Wahrheit der Malerei. Auch deren Werke stehen doch da wie lebendige, wenn du sie aber etwas fragst, so schweigen sie stolz. Ebenso auch die geschriebenen Reden. Du könntest glauben, sie sprächen, als ob sie etwas verstünden, wenn du sie aber fragst, um das Gesagte zu begreifen, so zeigen sie immer nur ein und dasselbe an." (a.a.O., S. 87-88)

Dies verdeutlicht noch einmal die an anderer Stelle vorgebrachte Meinung Platos, daß Wissen, egal ob es sich um ärztliches oder

---

2 Ich zitiere den Phaidros nach einer Übersetzung von Kurt Hildebrand (Stuttgart, 1991).

rhetorisches handelt, nicht über Bücher erworben werden kann. Da im Geschriebenen kein Unterschied mehr existiert, der Frage und Antwort bzw. die dialektischen Grundprinzipien garantiert. Die Kraft und der Vorteil der Rede liegen für Plato hauptsächlich in der "Seelenführung": Der Redner schätzt sein Gegenüber ein oder wie Plato an anderer Stelle sagt, das Prinzip der Lehre ist eine Art Hebammenkunst. Dabei geht es für Plato hauptsächlich darum, denken zu lernen und dies ist nur in der Rede und Gegenrede gegeben, denn der eine weiß und der andere fragt. Dies zwinge dazu, den Dingen auf den Grund zu gehen und zwar im Kopf desjenigen, der nachdenkt. Es ist ein Prozeß, der durchgearbeitet wird. Der Text, das Buch liefern demgegenüber ein äußeres Produkt. Das Lesen kommt für Plato von außen, es ist ubiquitär.

"Jede Rede aber, wenn sie nur einmal geschrieben, treibt sich allerorts umher, gleicherweise bei denen, die sie verstehen, wie auch bei denen, für die sie nicht paßt, und sie selber weiß nicht, zu wem sie reden soll, zu wem nicht." (a.a.O., S. 88)

Das demokratisierende Moment, das die Schrift auch beinhaltet, sofern es sich um ein leicht zu lernendes Schriftsystem handelt wie das Griechische, wird von Plato negativ beurteilt, da es die "rechte Seelenführung" vereitelt. Dialektik ist nach dieser Vorstellung nur im Dialog möglich. Nichts kann außerhalb der Rede etabliert werden, was in Wahrheit nur innerhalb von Denkprozessen stattfinden kann. Außerdem, und dazu läßt Plato seinen Sokrates die Sage von Teuth erzählen, schwäche die Schrift das Gedächtnis. "Denn wer dies lernt, dem pflanzt es durch Vernachlässigung des Gedächtnisses Vergeßlichkeit in die Seele, weil er im Vertrauen auf die Schrift von außen her durch fremde Zeichen, nicht von innen her aus sich selbst die Erinnerung schöpft." (a.a.O., S. 86)

3.2.4 Phonetisches Schriftsystem

Plato nimmt eine merkwürdige Zwischenstellung ein. Seine Methode zu argumentieren gehört noch der oralen Kultur an, seine Inhalte jedoch sind literal. Plato gehört in eine Zeit, als das griechische Alphabet schon verbreitet war, als es Schreiber gab, professionelle Gesetzeskundige und Sophisten (Goody, 1981, S. 78ff.) Er kritisiert die Schrift als oberflächlich und undialektisch, Mißverständnisse erzeugend und unanalytisch. Und doch braucht er die Schrift für seine eigene Philosophie, für den Wahrheitsanspruch der Metaphysik. Klaus Laermann (1990) weist darauf hin, daß die Idee einer Idee die Metapher für Schriftlichkeit sei, denn was sonst könnte Zeit und Raum übergreifender sein als Schrift? Belegt wird dies durch Platos Ausweisung der Dichter aus seinem Staat. Hiermit wird eine eindeutige Stellungnahme gegen eine oral geprägte Denkweise eingenommen. Plato fordert für das Denken statt einer aggregativen "Beschaulichkeit", Emotionalität und Intuition (der Dichter), die scharfe Analyse und Zergliederung der Welt mit Hilfe dialektischer Methoden (der Philosophen). Hier geht es darum, einen Gegenstand zu beschreiben, zu bestimmen, zu zerteilen und einzuordnen. Mit Plato gedacht könnte eine der Formeln für die mit der Einführung der Schrift möglich gewordene kulturelle Revolution heißen: Trennung des Wissenden vom Wissen. Was heißt das nun für das Denken? Wie verändert das Schreiben das Denken? Plato hat hierzu bereits einige Punkte erfaßt. Doch darüber hinausgehend und mit dem großen zeitlichen Abstand läßt sich noch einiges an Material sammeln.

Havelock erkennt, ganz im Sinne der Toronto school (vgl. Kapitel 2.6.1), die Leistungsfähigkeit des griechischen Alphabets gegenüber allen anderen Schriftsystemen. Die Abstraktheit, Schnelligkeit und Einfachheit der griechischen Buchstaben bewirken die Klarheit, die Effizienz und den hohen Verbreitungsgrad dieses Schriftsystems. Die daraus sich entwickelnde allgemeine Literalität ist für Havelock Grundlage des modernen Denkens (1990, S. 71). Mit dem Alphabet als Mnemotechnik, so Havelock weiter, wurde Gehirnkapazität frei, geistige Energien, die zu einer enormen Expansion von Wissen, Philosophie und Literatur führten. "Als Athen ins 4te Jhh. eintritt, vollzieht es eine literale Revolution, die soviel bedeutender für die zukünftige Geschichte war als alle seine politischen Höhen und Tiefen und die gewisse schicksalsentscheidende Konsequenzen für Europa und die ganze Welt hatte." (a.a.O., S. 103) Goody fügt neben dem Argument, daß das griechische Alphabet ein einfaches Schriftsystem ist, noch hinzu, daß soziopolitisch gesprochen, tolerante Macht- und Führungseliten Voraussetzung sind für die Durchsetzung der Literalität und einer damit sich bildenden Leseöffentlichkeit.

Wichtig jedenfalls, das sei an dieser Stelle noch einmal erwähnt, ist die Frage, wie die Schrift die gesamte Struktur der kulturellen Überlieferungen geprägt und transformiert hat, und wie die Modi der Informationsspeicherung, -übertragung und -verteilung ihren Einfluß in diesem Zusammenhang haben. Das griechische Denken scheint während der Einführung der Schrift analytischer, teleologischer und rationeller zu werden. Die unteilbare Ganzheit der praeliteraten und oralen Kulturen geht verloren (Goody, 1981, S. 80ff.). Mit der Schrift wird die Sprache objektiviert, sichtbargemacht, standardisiert (Goody, 1981; Ong, 1987; Havelock, 1990).

Schrift trennt die Sprache vom Sprechenden, das Wissen vom Wissenden. Dadurch, daß sie auf einer festen Oberfläche fixiert wird, erhält sie einen materiellen Charakter. Mit der Einführung des Papyrus fließen Informationen schneller und effizienter. Die ersten gewohnheitsmäßigen Benutzer des Alphabets waren, folgt man Havelocks Ausführungen an diesem Punkt, Handwerker und Kaufleute, erst viel später setzte sich die Literalität in der griechischen Oberschicht durch.

Die Schrift war also Bedingung und Voraussetzung für komplexere gesellschaftliche Organisationsformen, gleichzeitg schuf sie erst Strukturen, die die Bereiche der Politik, der Ökonomie, der Religion effizienter gestalteten. So sind für Walter Ong die großen introspektiven Religionen ohne die Schrift nicht denkbar (1987, S. 106). Abstrakte Begriffe wie Gerechtigkeit, Wahrheit usw. sind demnach für orale Kulturen unvorstellbar. Nach Jack Goody lassen sich folgende allgemeine Unterschiede zwischen schriftlichen und oralen Kulturen ausmachen: 1. eine neue Art der Beziehung zwischen Wort und Gegenstand, zwischen Allgemeinem und Abstraktem. 2. Die Idee der Logik, der Sinn für menschliche Vergangenheit als einer objektiven Realität und die Unterscheidung zwischen Mythos und Logos (1981, S. 70). 3. Wissenschaftliche Kategoriensysteme, denn Wissenschaft überhaupt hängt mit Schrift untrennbar zusammen: "Wissenschaft ist die Kritik von Mythen; hätte es kein *Buch* der Genesis gegeben, so gäbe es auch keinen Darwin." (a.a.O., S. 72)

Wie wir gesehen haben passen orale Gesellschaften die Vergangenheit der Gegenwart an, sie verfügen über eine "strukturelle Amnesie", wie Goody/Watt sich ausdrücken. Erst in dem Moment, in dem fixierte Aufzeichnungen vorhanden sind, kommt es zu einem kritischeren Umgang mit der Vergangenheit und der Gegenwart, denn es existieren jetzt unterschiedliche Versionen von Sachverhalten, die zu einer persönlichen Stellungnahme provozieren (Goody, 1981, S. 76). In einer schriftlichen Kultur wächst das Repertoire an Quellen, Büchern, Bibliotheken an, und es stellt sich das Problem der persönlichen oder gesellschaftlichen Selektion aus der Masse des zur Verfügung stehenden Materials. Für Goody entwickelten die Griechen hieraus historisch zwei Bereiche intellektueller Techniken, die einmalig waren: nämlich die Epistemologie, die versucht Wahrheiten von Meinungen zu unterscheiden, und hier spielt die Schrift die Rolle als Ideal für definierte Wahrheiten, und die Taxonomie[3], die Gebiete des Wissens und der Erkenntnis auf eine ganz bestimmte Art zu unterscheiden versucht (a.a.O., S. 82).[4] Mit der Schrift kommt es zur Unterscheidung von Ordnungssystemen, die uns als magisch vorkommen und solchen, die als wissenschaftlich akzeptiert werden. Auch Ong kommt zu dem Schluß, daß mehr als jede andere Erfindung das Schreiben das menschliche Bewußtsein verändert hat (1987, S. 81). Der Akt des Schreibens sei kontextfrei, autonom, im Sinne der Entfernung einer Äußerung von seiner Quelle und seinem Empfänger, denn der Schreibende beschäftigt sich mit seinem Text, nicht mit seinem Publikum.

Ein weiterer wichtiger Punkt in diesem Zusammenhang, auf den besonders Aleida und Jan Assmann hinweisen, ist, daß der Mensch durch die Schrift ein Ich, ein Selbst, eine Seele zu entwickeln beginnt (1990). Die Schrift schafft hiernach erst das Bewußtsein des abendländischen Menschen, oder anders ausgedrückt, die Schrift schafft Reflexion über Bewußtsein. Mit der Durchsetzung der griechischen Alphabetschrift, so Havelock mit Plato, gewinnt der abendländische Mensch Verfügungsgewalt über sein Gedächtnis. Havelock betont, daß der Mensch der Antike mit der Schrift aufhört sich der jeweiligen Lebenssituation auszuliefern, er wird von seiner Umwelt, seinen Sinnen unabhängig. Assmanns sehen genau in diesem Schritt "... die Erfindung der "Seele", d.h. die Erschließung eines menschlichen Innenraums, der es dem Einzelnen erlaubt, in Distanz zur Welt zu treten und sich aus dem Griff der Überlieferung zu lösen." (1990, S. 20) Der gemeinsame Nenner, der in der Assoziation von Schrift und Seele verborgen liegt, ist die Unsterblichkeit. Beides sind soziale Konstruktionen, die die Grenzen des endlichen Lebens übersteigen. Hier ist für Assmanns ein Zusammenhang zu sehen, der zu den

---

3 vgl. an diesem Punkt auch Lévi-Strauss, der dem entgegenstellt, daß auch das "wilde Denken" Taxonomien kennt (1991, S. 238f.).

4 Michel Foucault verweist in "Die Ordnung der Dinge" darauf, welche Ordnungssysteme, welches Denken durch bestimmte Taxonomien konstruiert werden (1974).

spannendsten der historischen Anthropologie gehört und bisher weitgehend unbeachtet und unbearbeitet geblieben ist (a.a.O.).
Schrift ist ein Mittel der Wirklichkeitsbewältigung und der herrschaftlichen Repräsentation. Gesetze werden fixiert, Anordnungen sichtbar gemacht. Schrift ist, um mit Foucault zu sprechen, ein "Dispositiv der Macht", sie beherrscht, ordnet, kontrolliert. In diesen Kontext gehört die Frage nach einer Schriftpraxis - ein Ansatz, mit dem sich die Wissenschaft kaum beschäftigt hat - und die Frage nach dem geschichtlichen, politischen und religiösen Umfeld, das die jeweilige Kultur auszeichnet, in der sich die Schrift durchsetzt. Dient(e) die Schrift einer politischen Macht? Einer religiösen Macht? Etabliert(e) sie Bestehendes oder verändert(e) sie es?

Walter Ong betont in diesem Zusammenhang die Abstraktheit der Schrift, indem er darauf verweist, daß die einzelnen Buchstaben des griechischen Alphabets die Verbindung zu den Dingen verloren haben, sie repräsentieren nichts mehr, eben nur einen Klang. Dies habe das griechische Alphabet vor allen anderen Schriftsystemen prädestiniert für abstrakte Denkvorgänge. Denn orale Kulturen kennen keine Listen, Tabellen, Kalender, Schaubilder; all das sind Zeugnisse einer Schriftkultur. Für Jack Goody beginnt Geschichte mit der Schrift (vgl. auch Flusser). Erst mit ihr beginnt eine Form sozialer Organisation, die sich von derjenigen der Tiere unterscheidet (1981, S. 45). Nach Havelock beruht der okzidentale Rationalismus einzig auf der Schrift-Revolution. Diese These bringt die Mythos/Logos-Diskussion auf eine empirische, medienhistorische Grundlage. Auch Jack Goody (1977) legte überzeugend dar, daß die Entwicklung von der Magie zur Wissenschaft, vom prälogischen zum logischen Denken, vom "wilden" zum domestizierenden Denken mit verschiedenen Stufen der Literalisierung erklärt werden kann.[5] An dieser Stelle kann man zusammenfassen: Der Logozentrismus des christlichen Abendlandes - folgt man den Autoren - hat seinen Ursprung und sein Überleben unserem Schriftsystem zu verdanken, hat also eine medialer Basis. Daß die griechische Philosophie ihren Ursprung in der alphabetischen Schrift hat, betonen auch Denker, die sich sonst eher wenig mit Kulturgeschichte beschäftigen, wie z.B. N. Luhmann. Er formuliert hier ganz im Sinne der Medientheorie:

---

5   Diese Zuordnungen zwischen "wild" = unalphabetisiert, zwischen mythisch = unlogisch und kultiviert = literalisiert halten sich bis in unsere Tage.

147

"Denn sobald alphabetisierte Schrift es ermöglicht, Kommunikation über den zeitlich und räumlich begrenzten Kreis der Anwesenden hinauszutragen, kann man sich nicht mehr auf die mitreißende Kraft mündlicher Vortragsweise verlassen; man muß stärker von der Sache selbst argumentieren. Dem scheint die >Philosophie< ihren Ursprung zu verdanken."(1984, S. 219)

In der "Grammatologie" untersucht Derrida (1974) die abendländische Kultur in ihrer Verengung der Kommunikation auf Sprache und Schrift. Derrida kritisiert unsere Schrift als Garant des okzidentalen Logozentrismus. Heute finde sie ihren Ausdruck in der "konvulsivischen Wucherung der Bibliotheken" (a.a.O., S. 20), in der Inflation von Druckerzeugnissen und Büchern, deren Tod sich nun zweifellos ankündigt. McLuhan sprach in den 60er Jahren vom Ende der Gutenberg-Galaxis und meinte dasselbe (1968a/1968b). Derrida analysiert markant die dreifache Distanz unserer Schrift zur Welt, indem Begriffe sich auf die Welt beziehen, indem Sprache sich auf Begriffe bezieht und indem die Schrift sich auf Sprache bezieht. Eine größere Weltdistanz und Abstraktheit ist kaum vorstellbar (a.a.O.).

Goody (1981) geht davon aus, daß medienwissenschaftlich belegt werden kann, daß unsere Auffassung der Natur, des Menschen und des Lebens als eine Funktion der Grammatik unserer Sprache gesehen werden muß (a.a.O., S. 99). Denn vergleicht man z.B. unser Schriftsystem mit der ägyptischen Hieroglyphenschrift, wird deutlich, wie stark diese sich unmittelbar auf die Welt bezieht. "Die Hieroglyphenschrift geht, was ihre sinnliche Präsenz angeht, weit über das gesprochene Wort hinaus. In ihr gewinnt Sprache eine vielfältigere, bezugsreiche Wirklichkeit als in der Stimme." (Assmann/Assmann 1990, S. 25)

3.2.5 Chirographische und typographische Schriften

Die Unterscheidung zwischen chirographischen und typographischen Texten betont besonders Ivan Illich (1991). Für Illich ist die Entstehung des "buchbezogenen Textes" im 12. Jahrhundert innerhalb der Sozialgeschichte des Alphabets ein genauso wichtiger Entwicklungsschritt der europäischen Schriftgeschichte wie die Erfindung des Buchdrucks im 14. Jahrhundert. Denn mit dieser Zeit beginnt die Auflösung des Textes als Ganzes, als Wortgebilde ohne Interpunktion. Es entsteht zum ersten Mal ein buchbezogener Text. Für Illich ist dies hauptsächlich im Zusammenhang damit zu sehen, daß in Europa das Papier als Schriftträger auftaucht und das Pergament, auf dem bisher geschrieben wurde, ablöst. Erst mit dieser Veränderung wurde das Buch zu dem, was wir auch heute noch darunter verstehen. Es entstanden Sachregister, eine korrekte Grammatik, Kapitel und Seitenzahlen. Illich spricht von der "Verschriftlichungs-revolution", die er als mindestens genauso wichtig beurteilt wie die Gutenberg-Erfindung (a.a.O., S. 122). Vor Gutenbergs Buchdrucker-presse war jeder Text ein empfindliches Unikat. Er war hitze- und feuchtigkeitsanfällig, wurde bei jeder Benutzung verschlissen. Immer wieder mußten handgefertigte Kopien hergestellt werden, in die sich häufig Fehler einschlichen, die keiner bemerkte. Erst mit dem Buch-druck wurden Kopien in einer hohen Auflage und Korrektheit möglich. Walter Ong (1987) nennt die Erfindung der Buchdrucktypen, die Idee, die Wörter in ihre kleinsten Einheiten zu zerteilen und die Buchstaben zu typisieren, einen "psychologischen Durchbruch ersten Ranges" (a.a.O., S. 119). Die Druckerpresse war das erste Fließband, die erste Produktionstechnik, die massenhaft Kopien von Texten herstel-len konnte. Jedoch, wenn wir uns heute die ersten gedruckten Bücher ansehen, so verweisen diese noch auf chirographische Raumauf-teilungen, sie tendieren ins Ornamentale. Erst mit der Zeit setzte sich die typographische Raumaufteilung mit ihrer Tendenz zu Regel-mäßigkeit, zu justierten Rändern u.ä.m. durch.

Elizabeth Eisenstein hat in ihren Studien (1979;1983) die vielfachen Auswirkungen des Buchdrucks detailliert behandelt. Ihrer Meinung nach wurde die Geschichte der Druckerpresse im Zusammenhang mit der Zivilisationsgeschichte lange übersehen. Gleichzeitig betont sie die Schwierigkeiten der Rekonstruktion dieser hoch komplexen Phänomene. Die wichtigsten Ergebnisse ihrer Forschungen seien hier vorgestellt.

Mit der Druckerpresse wurden Texte möglich, die auf Grund ihrer Quantität und Qualität verschiedene Wissensgebiete einander welt-weit zugänglich machten. Autoritäten, die vorher den Zugang zu Büchern reglementierten und kontrollierten, in der Regel der Klerus, brachen auf. Philosophische Ideen, ökonomische Entwicklungen und Vorstellungen der Kirche gerieten aneinander. Es kam zu einem Zusammenschluß und zu einer Konfrontation von unterschiedlichen Bereichen, die früher getrennt waren, eine Wissensexplosion war die Folge. Verlage, Übersetzerbüros, Druckwerkstätten, Vertriebe ent-standen, die erste Kommunikationsindustrie entwickelte sich. Ein

Mensch, der lesen konnte und über die finanziellen Mittel verfügte, hatte auf einmal Bücher zur Verfügung, die vorher unerreichbar gewesen waren. Die Druck- und Verlagshäuser wurden zu neuen Zentren des intellektuellen Austausches. Hier trafen sich Autoren, Übersetzer und Editoren. Der Autor wurde erst hier zur rechtlich anerkannten Person. Texte, Atlanten, Karten, Drucke, Bilder brachten neue Informationen, so daß das Vertrauen in alte Theorien zerbrach. Die Reformation und die Religionskriege, die geographischen und wissenschaftlichen Entdeckungen sieht Elizabeth Eisenstein in direktem Zusammenhang mit der Gutenberg-Erfindung.

Gutenberg brachte einerseits die Uniformierung und Standardisierung in bezug auf Texte, auf Wissensgebiete, andererseits aber auch ein gesteigertes Bedürfnis nach Idiosynkrasien. Zeitgleich entstand zum ersten Mal so etwas wie eine persönliche Handschrift. Montaigne schrieb die erste Bekenntnisliteratur, öffentlich gemachte Selbstreflexionen eines eindeutig auszumachenden Autors. Eine neue Art des Individualismus, die die Welt des Mittelalters so nicht gekannt hatte, entstand. Die Leserschaft ihrerseits ist seitdem nicht länger ein auszumachender Zirkel, sondern eine anonyme Masse. Auch die sich herausbildenden Nationalstaaten sind ohne die Gutenberg-Erfindung nicht denkbar, denn erst mit ihr wurden Gesetze, Verlautbarungen, politische Repräsentationsmethoden schriftlich fixierbar und damit verbindlich.

Mittels der alphabetischen Druckerpresse wurden Wörter aus einzelnen Einheiten, den sogenannten Typen zusammengesetzt. Walter Ong betont in diesem Zusammenhang (1987, S. 119), daß nicht die Schrift, sondern der Druck das Wort effektiv vergegenständlichte. Die Buchdrucktechnik begann die Wörter streng im Raum zu fixieren. Mit den alphabetischen Drucktypen wurden die Texte lesbarer, leichter zu überblicken. Sie hatten einen klaren Anfang und ein klares Ende, sie zeigten eine Abgeschlossenheit.

Gegen McLuhan argumentiert Eisenstein (1983), daß es nicht die lineare Ausrichtung der Typographie war, die das rationale, sequentielle Denken förderte, sondern die Art und Weise, wie der Inhalt der Bücher arrangiert und geordnet wurde. Interpunktionen, Paginierungen, Indizes brachten die Gedanken aller Leser in bestimmte Ordnungssysteme. Es entstanden Wörterbücher, Nachschlagewerke, Lexika, die die unterschiedlichen Wissensgebiete voneinander abtrennten. Beschreibungen, Bezeichnungen, Klassifikationssysteme entstanden, die der Wissenschaft vor Gutenberg vollkommen unbekannt waren. Für McLuhan (1968a/1968b) ist im Zusammenhang mit Gutenberg besonders die euklidische Perspektive entscheidend: Mit der Drucktechnik begann der Mensch der Welt gegenüber einen festen Standpunkt, eine eindeutige Perspektive einzunehmen. Eine Uniformität des Raumes und der Zeit begann alle Bereiche des alltäglichen Lebens zu durchdringen. Arbeitsbereiche wurden voneinander gerennt, Fragmentierungen und Spezialisierungen setzten sich durch. Damit geht für McLuhan einher, daß der Mensch, der vorher in einer ganzheitlich oral-taktilen Kultur lebte, sich hiervon abzutrennen begann, zugunsten einer rein visuellen Lebenswelt. Das Wahrnehmungsvermögen der westlichen Zivilisation ist, verglichen mit der Synästhesie auditiver Kulturen, für McLuhan unterentwickelt und stumpf (1968a, S. 41), denn Töne stehen für eine dynamische, emotionale, tätige Welt. War die Manuskript-Kultur noch auditiv-taktil, bringt die Buchdruckkultur den Durchschlag des Augensinns über alle anderen Sinne. Für McLuhan gleicht ein visueller Mensch einem Menschen, der unter Hypnose steht. McLuhan spricht von einer Abspaltung vielfältiger Sinneseindrücke und Gefühle durch den Buchdruck. In den Zeiten der Manuskript-Kultur, als man noch laut las, waren die Buchseiten taktil. Jede Seite war eigenwillig aufgemacht.

Der Buchdruck diente der westlichen Zivilisation dazu, uniforme, wiederholbare Produkte zu schaffen, ein Wirtschaftssystem, ein Preissystem, Raum und Zeit, in denen gleich gedacht und gerechnet wurde. Für McLuhan steht fest, das gedruckte Buch war die erste Lernmaschine und der erste Massenartikel, der riesige uniformierte, kollektive Gedächtnisse schuf. Dieser Uniformität und Homogenität verdankt das Abendland seine charakteristischen Merkmale, nicht zuletzt sein umfassendes Markt- und Preissystem. McLuhans Ansatz kulminiert in folgender Feststellung:

"Die Typographie ist nicht nur eine Technik, sondern sie ist selbst eine Rohstoffquelle oder ein Rohstoff, wie es die Baumwolle, das Holz oder das Radio sind; und wie jeder Rohstoff formt sie nicht nur unsere persönlichen Sinnesverhältnisse, sondern auch die Modelle gemeinschaftlicher Interdependenz." (1968b, S. 223)

Der neue Zeitsinn des typographischen Menschen ist demnach kinematischer, sequentieller und bildhafter Art. Das Gefühl für Wechselwirkungen wird mit dem Lesen geschwächt. In der Literaturgeschichte ist es die Figur des Don Quichotte, die, so McLuhan, paradigmatisch aufzeigt, wie es durch den Buchdruck zu einer Aufspaltung zwischen Geist, Herz und Sinn kommt. Cervantes so wie Rabelais und viele andere Autoren verdeutlichen, daß es sich beim Buchdruck um einen Wahn handelt, um eine Droge, welche die Kraft besitzt, ihre Postulate und Annahmen allen Bewußtseinsebenen aufzuzwingen. Für McLuhan verobjektiviert Schrift Gefühle. In der oralen Stammeskultur werden seiner Meinung nach Sinneseindrücke und Empfindungen unmittelbar wiedergegeben. Welten von Bedeutungs- und Wahrneh-mungseinheiten werden geopfert in dem Moment, in dem sich die alphabetische Schrift durchsetzt (1968a, S. 92f.). Das einschneiden-ste psychologische Moment ist für ihn das der Distanzierung und des Unbeteiligtseins. McLuhan prognostizierte in den 60er Jahren, daß mit der Elektrizität unsere Sinne und Nerven in ein weltweites Elektronengehirn ausgeweitet werden, das unsere Wörter ebenso wenig braucht wie der Computer die Zahlen. Seine Überzeugung war, daß die Elektronik die Aufgabe der Schrift hinfällig machen wird (1968a, S. 125).

Wenige Jahre nachdem McLuhan diese Sätze schrieb kommt der Philosoph Jacques Derrida zu ähnlichen Einschätzungen. Auch er spricht vom Ende der Buchkultur, allerdings vor einem völlig anderen Hintergrund.

3.2.6 Wo beginnt Schrift?

Für Jaques Derrida zieht sich das Anathema der Schrift wie ein roter Faden durch die Philosophiegeschichte des Abendlandes als eine Gewalt, die von außen eine unschuldige Sprache überfällt, um sie zu überlisten. Dagegen formuliert Derrida: Zu denken wäre die ursprüng-liche Gewalt einer Sprache, die immer schon Schrift ist (1974, S. 186). Ausgehend davon, daß man Schrift nur denken kann, indem man Systemen vertraut, die auf der Differenz zwischen der Physis und ihrem Anderen beruht, greift Derrida auf Lévi-Strauss zurück, der in seinen Reflexionen diese Differenz zum verschwinden brachte. Im "wilden Denken" heißt es: "Der Gegensatz zwischen Kultur und Natur, auf den wir früher insistierten, scheint uns heute einen vor allem methodologischen Wert zu haben."(1968, S. 284)
Rousseau wie Lévi-Strauss bringen die Macht der Schrift ausschließ-lich mit der Ausübung von Gewalt zusammen. Dagegen argumentiert Derrida: "Doch wenn man dieses Thema radikalisiert, wenn man die

Gewalt nicht länger als *abgeleitet* gegenüber einem auf natürliche Weise unschuldigen Wort betrachtet, dann erfährt die ganze Bedeutung der These von der Einheit von Gewalt und Schrift eine entsprechende Wende." (1974, S. 186)

Lévi-Strauss kritisiert in seinem Kapitel "Schreibstunden" (1991, S. 288f.) die Vorstellung, daß Schrift das eigentlich kulturbringende Moment sei, indem es Wissen bewahrt und vervielfältigt und dadurch die Möglichkeit gibt, Gegenwart und Zukunft zu organisieren. Dem hält er entgegen, daß eine der schöpferischsten Phasen in der Geschichte der Menschheit das Neolithikum war, in der der Mensch die Landwirtschaft, die Zähmung der Tiere u.v.m. erfand. Es gibt keinerlei Hinweise, wie die Menschen damals ihr Wissen konservierten und weitergaben. Die Schrift jedoch wurde erst viel später entwickelt. Und dann in den 500 Jahren ihrer Ausbreitung und Benutzung fluktuierten seiner Meinung nach die Kenntnisse eher, als daß sie anwuchsen. Das einzige Phänomen, das direkt mit der Schrift in Verbindung gebracht werden kann, ist die Gründung von Städten und Reichen, die Integration einer großen Zahl von Menschen und deren Hierarchisierung in Kasten und Klassen. Dies scheint sich im besonderen für China und Ägypten sagen zu lassen. Tausende von Arbeitern auszubeuten, um riesige Baudenkmäler zu errichten ist nur in einer Kultur möglich, die die Schrift kennt. "Wenn meine Hypothese stimmt, müssen wir annehmen, daß die primäre Funktion der schriftlichen Kommunikation darin besteht, die Versklavung zu erleichtern." (a.a.O., S. 294)

Schrift ist unentbehrlich, um Herrschaft zu konsolidieren, darin sind sich offensichtlich alle Sprach- und Schriftforscher einig. Für Europa z.B. gilt, daß die Einführung der Schulpflicht im Laufe des 19. Jahrhunderts mit der Erweiterung des Militärdienstes und der Proletarisierung zusammenfiel. "Der Kampf gegen das Analphabetentum brachte eine verstärkte Kontrolle der Bürger durch die Staatsgewalt mit sich. Alle müssen lesen können, damit die Staatsgewalt sagen kann: Unkenntnis des Gesetzes schützt nicht vor Strafe." (a.a.O., S. 295)

Doch Derrida weist mit Lévi-Srauss nach, daß die Verwendung von Eigennamen bereits auf eine Ur-Schrift hindeutet. Dies habe Lévi-Strauss übersehen. Eigennamen seien immer nur denkbar durch ihr Funktionieren in einer Klassifikation, in einem differentiellen System (1974, S. 191). Benennung heißt jedoch immer Einordnung, entweder des Selbst oder des anderen. Im Faktum der Benennung zeigt sich die ursprüngliche Gewalt der Sprache, eine Differenz einzuschreiben (a.a.O., S. 197). Wenn man Schrift nun weiter faßt, wie Derrida dies tut, als nur als lineare phonetische Aufzeichnung mit einem eindeutigen Code, muß man sagen, daß eine Gesellschaft, die Eigennamen kennt, Schrift praktiziert (a.a.O., S. 192f.). Außerdem kennen die von Lévi-Strauss untersuchten Nambikwara ein Wort für Schrift. Indem Lévi-Strauss also von einer vorgeblich schriftlosen Gesellschaft spricht, bewege er sich weiter innerhalb eines ethnozentrischen Horizonts, den jeder einnimmt, der sich auf dieser Ebene "Schrift versus Sprache" bewegt. Man verachtet die alphabetische Schrift und verweigert nicht-alphabetischen Zeichen die Ehre überhaupt Schrift zu sein. Vor der Möglichkeit der Gewalt der Schrift und des Schreibens gäbe es nach Derrida die Gewalt einer "Ur-Schrift", die Gewalt der Differenz, der Klassifikation und des Systems der Benennungen (a.a.O., S. 194). Schon in der Benennung, in der Einschreibung, in der Einordnung, zeigt sich die ursprüngliche Gewalt der Sprache (a.a.O., S. 197). Derrida betont, daß Lévi-Strauss eine Gesellschaft konstruiert, eine "unschuldige Gemeinschaft, eine nicht gewalttätige, freizügige Mikro-Gesellschaft, die in unmittelbarer Rufweite voneinander leben", in der die Gewalt der Schrift nur leidend erfahren werden kann.[6]

Derrida geht davon aus, daß die Linguistik bereits mit Saussure versucht, Sprache von der Schrift abzuspalten. Sprache sei authentisch, menschlich vollkommen, Schrift das Gegenteil. Damit schafft man die Trennung von schriftkundigen und schriftlosen Kulturen mit allen dazugehörigen Zuordnungen. Bereits in diesem Modell liegt ein fundamentaler Ethnozentrismus der, und das ist entscheidend, als Anti-Ethnozentrismus gedacht wird (a.a.O., S. 210). Indem man der ursprünglichen Differenz zwischen Sprache und Schrift zustimmt, wird die Differenz zwischen schriftkundigen und schriftlosen Völkern erlaubt. Die orale als eine reine, unschuldige Sprache wird der Schrift mit ihrer graphischen Repräsentation als neuer Technik der Unterdrückung gegenübergestellt. Derrida sieht Lévi-Strauss in der Nachfolge J.J. Rousseaus. Beide repräsentieren einen traditionellen und fundamentalen Ethnozentrismus.

---

6 Lévi-Strauss formuliert in "Die Traurigen Tropen" eine explizit marxistische Theorie der Schrift. Schrift manifestiere Gewalt und Ausbeutung, ja mache sie erst möglich (1991, S. 288f.), eine für Derrida höchst fragwürdige Annahme.

"Der traditionelle und fundamentale Ethnozentrismus, der sich von einem Modell der phonetischen Schrift leiten läßt und unbarmherzig die Schrift vom gesprochenen Wort trennt, wird als Anti-Ethnozentrismus gedacht und praktiziert. Er erhärtet die ethisch-politische Anklage, derzufolge die Ausbeutung des Menschen durch den Menschen einzig ein kennzeichnender Tatbestand schreibkundiger Kulturen abendländischen Typs ist und auf Gemeinschaften des unschuldigen und nicht unterdrückenden Wortes nicht anzuwenden ist." (a.a.O., S. 212)

Für Lévi-Srauss sind die Nambikwara des Schreibens unkundig, weil sie kein Wort für schreiben haben und auch nicht zeichnen können. Derrida betont, daß es durchaus Zeichnungen gibt, die Menschen darstellen. Es handelt sich hier um Schemata, die eine Genealogie bzw. eine soziale Struktur beschreiben, erklären und niederschreiben. Und dies genau sei auch die ursprüngliche Funktion der Schrift: Festschreibung von Genealogien (a.a.O., S. 218). Ein Volk, das sich Zugang zur genealogischen Aufzeichnung verschafft, stößt zur Schrift vor (a.a.O.). Für Derrida impliziert die Lehre von der bösen Schrift gegenüber dem guten Wort eine Theologie bzw. eine Metaphysik.

"Die Schrift im Wort, also den Aufschub und die Abwesenheit erkennen, heißt mit dem Denken des Federspiels beginnen. Ohne die Präsenz des *Anderen*, aber auch und konsequenterweise ohne Abwesenheit, Verstellung, Umweg, Aufschub, Schrift gibt es keine Ethik. Die Urschrift ist der Ursprung der Moralität wie der Immoralität." (a.a.O., S. 243)

Die Überlegungen von Rousseau und Lévi-Strauss (wie auch McLuhan) bauen auf der Präsenz des Wortes auf, das unschuldig und transparent gedacht wird. Derrida weist demgegenüber die Versuche nach, Schrift zu "metamorphisieren". Wenn Plato im Phaidros der schlechten Schrift, also der räumlich wahrnehmbaren, eigentlichen Schrift, die Wahrheit der Seele gegenüberstellt, so wird das Privileg des Logos bekräftigt, denn der Schrift wird das ewig Gedachte und die ewig gesprochene Wahrheit attribuiert. So scheint der eigentliche Sinn der Schrift der einer Metapher zu sein (a.a.O., S. 30f.). Rousseau wiederholt hierin Plato, auch bei ihm ist die Stimme das Unmittelbare, Heilige. Hier wie da existieren also zwei Schriften: eine gute, natürliche, dem Herzen und der Seele eingeschriebene "Schrift" und eine verdorbene, äußerliche, künstliche, technische Schrift. Für Derrida verbirgt sich hinter der "Schrift-

Diskussion" eine Seele-Körper-, Innen-Außen-Problematik, denn bereits im "Phaidros" wird die Schrift als Eindringen einer künstlichen Technik denunziert. So auch bei Lévi-Strauss. Die Schrift, der Buchstabe sind Körper, Materie, die dem Geist äußerlich ist. "Die Seele-Körper-Problematik ist zweifellos ein Derivat des Schrift-Problems, dem sie - umgekehrt - ihre Metaphern zu leihen scheint". (a.a.O., S. 62)

Derrida sieht die Technik und die logozentrische Metaphysik, die miteinander verbunden sind, sich nun ihrer Erschöpfung nähern. Der "Tod" der Buchkultur ist hierfür ein Beispiel. Dieser "Tod" des Buches "... der sich vor allem in der konvulsivischen Wucherung der Bibliotheken offenbart" (a.a.O., S. 20) stellt eine Mutation in der Geschichte der Schrift dar. Was nach dem Ende der Buchkultur kommt, wird eine neue "Schrift" sein, in der das gesprochene und geschriebene Wort eine untergeordnete Rolle spielen wird. Es wird jedenfalls etwas sein, daß sich nicht nur im Reich der Stimmen bewegt, es umfaßt "... all das, was Anlaß sein kann für Einschreibung überhaupt ... Kinematographie, Choreographie, aber auch >Schrift< des Bildes, der Musik, der Skulptur usw. ..." (a.a.O., S. 21) Ebenso ließe sich von einer Schrift des Militärischen und Politischen sprechen, nicht nur um Notationssysteme zu beschreiben und zu analysieren, sondern "... das Wesen und den Gehalt der Tätigkeiten selber zu beschreiben." (a.a.O., S. 21) Derrida verweist darauf, daß man heute bereits bei den elementarsten Informationsprozessen von Schrift und Programm spricht. Der lebenden Zelle ist etwas eingeschrieben. Und die Kybernetik selbst ist ein Bereich der Schrift. Obwohl die Kybernetik alle metaphysischen Begriffe eliminiert, die versuchen die Maschine vom Menschen zu trennen, muß sie doch am Begriff der Schrift festhalten. Bis zu dem Punkt, an dem entlarvt wird, was in ihr selbst noch historisch-metaphysisch ist. In bezug auf die Lobeshymnen auf unsere Schrift gilt zu bemerken, daß die Mathematik auf ihre Unzulänglichkeit verweist. Die Mathematik ist es denn auch, von wo aus die phonetische Schrift immer radikaler kritisiert wird, besonders ihre Metaphysik bzw. die philosophische Idee der Episteme und der Historia. Auf der anderen Seite greift etwas ganz anderes zu. Durch die rasante Entwicklung der Informationspraktiken vergrößern sich die Möglichkeiten von "messages", die nicht mehr "geschriebene" Übersetzungen darstellen. "Die mit der Ethnologie und der Geschichte der Schrift gekoppelte Entwicklung lehrt uns also, daß die phonetische Schrift, das Zentrum des großen metaphysischen, wissenschaftlichen, technischen und ökonomischen Abenteuers des Abendlandes, zeitlich und räumlich begrenzt ist." (a.a.O., S. 23) Der Untergang des Buches mit seiner Idee einer natürlichen Totalität, und seiner Enzyklopädie der Theologie und des Logozentrismus legt für Derrida (endlich) die Oberfläche des Textes bloß. Er plädiert für eine primäre Schrift, eine "... den Wörtern vorgreifende metaphonetische, nicht linguistische, a-logische" Schrift, wie sie z.b. Sigmund Freud folgend der Traum wäre, als ein vor-alphabetisches Schriftsystem.

"Wenn wir daran denken, daß die Darstellungsmittel des Traumes hauptsächlich visuelle Bilder, nicht Worte, sind, so wird uns der Vergleich des Traumes mit einem Schriftsystem noch passender erscheinen als mit einer Sprache. In der Tat ist die Deutung eines Traumes durchaus analog der Entzifferung einer alten Bilder-schrift, wie die ägyptischen Hieroglyphen. Es gibt hier wie dort Elemente, die nicht zur Deutung respektive Lesung, bestimmt sind, sondern nur als Determinativa das Verständnis anderer Elemente sichern sollen." (S. Freud "Das Interesse an der Psychoanalyse", zitiert nach Derrida, a.a.O., S. 336)

3.3. Das Bild

Kapitel 3.2. hat gezeigt, daß eine wesentliche Besonderheit des pho-netischen Schriftsystems darin liegt, daß es eine absolute Abstraktion vom Sichtbaren darstellt, gleichzeitig aber als Sprache auch immer um die Sichtbarmachung des Abstrakten bemüht ist. Deutlich wird auch die Abwehr der Bilder als irrationale Artefakte, denn unsere Schriftkultur ist Schriftkultur durch die Eliminierung aller unreiner Bildelemente (Assmann/Assmann, 1990). Demgegenüber sind andere Kulturen wie z.B. die ägyptische auch als Schriftkulturen Bild-kulturen. In diesem Zusammenhang taucht der Gedanke auf, die Schrift als Ausdruck der Überlegenheit des Geistes im Sinne des Logos über die sichtbare, wahrnehmbare Wirklichkeit zu sehen. Über das Medium Schrift wird die Dichotomie zwischen Geist und Materie, Kultur und Natur aufgebaut, die sich als Grundlinie für die abendländische Philosophie ausweist (von Braun, 1994; Derrida, 1974) und im "Bilderstreit" neue Aktualität erhält. Im folgenden möchte ich darstellen, welche substantiellen Besonderheiten den Bildern gegenüber der Schrift zugeschrieben werden.

Schon eine flüchtige Hinterfragung des Begriffs macht deutlich, in wie vielen unterschiedlichen wissenschaftlichen Disziplinen von Bildern gesprochen wird. Die Psychologie, die Erkenntnistheorie, die Physik, die Sprach-, Kunst- und Literaturwissenschaft kennen und "bearbeiten" Bilder und meinen doch vollkommen Unterschiedliches: Wahrnehmungsbilder, Phantasien, Träume, Halluzinationen, Vorstellungen, Phantasmen, Simulakren, Spiegelbilder, Metaphern sind Bilder, aber natürlich auch Gemälde, Skulpturen, Photographien, Graphiken, Film-, Video- und Computerbilder.

Die Philosophie geht seit Aristoteles prinzipiell von der Annahme aus, daß denken (lesen) selbst ohne bildliche Vorstellungen unmöglich sei. Für Aristoteles ist die Vorstellungskraft die Kraft, die eine Erscheinung reproduziert, ohne daß sie real anwesend ist. Phantasie ist der denkenden Seele immanent, Denken ohne Vorstellungsbilder mißlingt (vgl. Aristoteles, De anima). Geistige Bilder jedoch sind immateriell, nicht nachweisbar, nicht überprüfbar, aber z.B. in Form realer Bilder darstellbar. Die aristotelische Philosophie geht davon aus, daß der Geist wie eine Art Spiegel oder Zeichenblock funktioniert, der unerkennbare, metaphysische Wesenheiten festhält. Im Bewußtsein bildet sich etwas ab und hinterläßt eine Spur, gleichzeitig produziert und reproduziert das Bewußtsein innere Bilder. Idee leitet sich sprachlich von idol/eidolon ab, d.h. die Ethymologie bestätigt das enge Verhältnis zwischen Vorstellungsbildern und Denken, wohingegen die Ethymologie von "Bild" noch unzureichend erforscht ist (vgl. Wackernagel, 1994, S. 184f.). Wörter gelten gemeinhin als direkteste Bezeichnungen von Ideen, obwohl sie sich von jeglicher sinnlichen Komponente gelöst haben. Jeder auszudrückende Inhalt wird durch das Gitter der sechsundzwanzig Buchstaben gedrückt. Sprachliche Bilder sind also nie Kopien einer Realität, da sie zugleich vollständig eliminieren, was sie referieren.
Hier sollen jedoch hauptsächlich die Bilder untersucht werden, die einen konkreten Gegenstand auf einer materiellen Grundlage darstellen. Begriffe wie geistige, sprachliche oder perzeptuelle Bildlichkeit sind falsche Ableitungen, metaphorische Übertragungen des Bildlichen auf Bereiche, in denen Bilder eigentlich nichts zu suchen haben (vgl. dazu auch Mitchell, 1990, S. 42f.). Das Hauptcharakteristikum von dem hier die Rede sein soll ist ihre im Vergleich zur Schrift realitätsadäquatere Wiedergabe von Wahrnehmungen und Vorstellungen. Diese Annahme, die schon in der Antike existiert hat -

die Vögel, die nach den gemalten Trauben auf den legendären Bildern des Zeuxis picken (vgl. Lacan, 1994, S. 72) - wurde endgültig zementiert mit der Entdeckung der Perspektive durch Alberti. Diese nahm für sich in Anspruch, die Dinge so darzustellen, wie sie wirklich sind. Fürderhin konnte nichts mehr diese grundsätzliche Vorstellung ins Wanken bringen und durch die Entwicklungen von Photographie und Film wurde sie weiter bestätigt. Diese Auffassung vom korrekten Abbild der Realität durch Bilder ist auch eine Problematik innerhalb der aktuellen Diskussion um Gewaltdarstellungen in Film und Fernsehen. Dabei geht es in der Malerei wie auch in der Kinematographie von Anfang an auch darum zu zeigen, was nicht sichtbar ist, was sich der menschlichen Beobachtung entzieht und besonders, was nicht in Sprache auszudrücken ist. Mit dem "Makel" der Konkretizität sind die Bilder behaftet und nicht erst seit Postman im Verhältnis zur Schrift in Mißkredit gebracht worden. Ähnlich wie dieser argumentierte bereits Lessing in seinem Laokoon damit, daß Bilder verglichen mit der Literatur niemals in der Lage seien, Ideen auszudrücken bzw. etwas Abstraktes darzustellen (Lessing, 1825, 2. Bd. S. 121f.).[7]
Bleiben wir bei dem Gedanken der den Bildern zugesprochenen Konkretizität. Im folgenden stelle ich einige der wichtigsten Argumentationslinien der Photo- und Filmtheorie vor, die dem photographischen bzw. filmischen Bild eine substantielle Besonderheit im Vergleich zur Sprache attribuieren. Diese besteht darin, daß diese Bilder immer etwas repräsentieren, was im Moment der Rezeption selbst (entweder räumlich oder zeitlich) abwesend ist. Ich spreche in diesem Zusammenhang von dem den Bildern zugesprochenen ontologischen Realismus.

3.3.1 Der ontologische Realismus des photographischen Bildes

Roland Barthes ist der aktuellste Autor, der den ontologischen Realismus des photographischen Bildes ins Zentrum seiner Überlegungen gestellt hat. Mit ihm bzw. seinen Gedanken aus "La chambre clair", die er Sartres Schrift über "Das Imaginäre" gewidmet hat, sei hier begonnen:

---

7 Interessant in diesem Zusammenhang ist die Beobachtung, daß Überlegungen zu einzelnen Medien, dies zeigte schon Platos Geschichte des Theuth, immer in der Differenz zweier unterschiedlicher Medien vorgenommen werden.

">Photographischen Referenten< nenne ich nicht die *möglicherweise* reale Sache, auf die ein Bild oder ein Zeichen verweist, sondern die *notwendig* reale Sache, die vor dem Objektiv plaziert war und ohne die es keine Photographie gäbe. Die Malerei kann wohl eine Realität fingieren, ohne sie gesehen zu haben. Der Diskurs fügt Zeichen aneinander, die gewiß Referenten haben, aber diese Referenten können >Chimären< sein, und meist sind sie es auch. Anders als bei diesen Imitationen läßt sich in der PHOTOGRAPHIE nicht leugnen, daß *die Sache dagewesen ist.* Hier gibt es eine Verbindung aus zweierlei: aus Realität und Vergangenheit. Und da diese Einschränkung nur hier existiert, muß man sie als Wesen, den Sinngehalt (noema) der PHOTOGRAPHIE ansehen." (1989, S. 86)

Die Photographie ist also wahr, insofern all das, auf was sie referiert, wirklich existiert hat.[8] Sie hält eine vergangene Zeit fest, sie archiviert den Moment der Aufnahme und zwar durch einen chemischen Prozeß der Emanation, in dessen Verlauf das dargestellte Objekt Lichtstrahlen reflektiert hat, die auf Silbersalzen eingefangen und festgehalten wurden. Photographie ist also primär ein optisch (physikalisch-chemischer) Prozeß. "Die PHOTOGRAPHIE ist wörtlich verstanden, eine Emanation des Referenten. Von einem realen Objekt, das einmal da war, sind Strahlen ausgegangen, die mich erreichen, der ich hier bin;" (a.a.O., S. 90f.). Was Roland Barthes in seinen Überlegungen beschwört ist weniger das Moment des sich Erinnerns durch das Medium der Photographie als das Moment, daß etwas Abwesendes anwesend wird qua photographischem Bild. Der "Zauber" der Photographie bestehe in der Auferstehung der Toten im Material, in das sie eine nicht zu leugnende Spur eingeschrieben haben. Die Photographie ist folglich niemals Nostalgie, Erinnerung, sondern Bestätigung, Gewißheit. Sie kann niemals lügen, sie erfindet nichts. "Nichts Geschriebenes kann mir diese Gewißheit geben" (a.a.O., S. 96), denn die Sprache ist für Barthes ihrem Wesen nach reine Erfindung.

Es ist die Verbindung aus Realität und Vergangenheit, die Bezeugung einer vergangenen Zeit, die für Barthes den eigentlichen Sinngehalt der Photographie ausmacht. Es geht um den empirischen Beweis, um den Wahrheitsgehalt dieser Bilder gegenüber anderen Bildern bzw. der Sprache.

---

8 vgl. in diesem Zusammenhang die kritischen Essays von Susan Sontag über Photographie.

3.3.2 Der ontologische Realismus des Filmbildes

In diesem Sinn argumentiert auch André Bazin, der bedeutendste französische Filmkritiker und -theoretiker nach dem 2. Weltkrieg, der schreibt:

"Welche kritischen Einwände wir auch immer haben mögen, wir sind gezwungen, an die Existenz des repräsentierten Objekts zu glauben, des tatsächlich re-präsentierten, das heißt, des in Zeit und Raum präsent gewordenen. Die Fotografie profitiert von der Übertragung der Realität des Objekts auf seine Reproduktion."

Und in einer Fußnote fügt er dem hinzu:

Hier müßte auf die Psychologie der Reliquie und der Andenken eingegangen werden, die auf den Bereich der Mumien zurückgehen und die ebenfalls aus der Übertragung der Realität Nutzen ziehen. Hier sei nur kurz hingewiesen auf das Leichentuch Christi von Turin, das die Synthese von Reliquie und Fotografie darstellt. (1975, S. 24f.)

Der Photographie wird hier ein Moment der Offenbarung zugesprochen, der direkt auf theologische Implikationen verweist. Die Bestimmung des photographischen Bildes als Abdruck der Wirklichkeit und Statthalter der physischen Realität findet sich auch in der Filmtheorie von Siegfried Kracauer. "Die Errettung der physischen Realität" heißt sein bekannter Aufsatz[9], in dem er von der Filmkunst als der ganz anderen Kunst spricht. Denn bildende Künstler nehmen die Natur als Rohmaterial, um ihre eigenen Intentionen zu erfüllen. Wahrheit oder Schönheit soll hier zum Ausdruck gebracht werden, niemals aber die Realität selbst. Filmemacher demgegenüber nutzen das realistische Material als Rohmaterial. Für Bazin heißt das, sie vermeiden es, Spuren des Theaters zu folgen, sie visualisieren keine Glaubensinhalte, keine Ideologien, keine starren Stories. Filme sind Kunst von anderer Art.

Kracauers Filmemacher liest im Buch der Natur (1979, S. 247), und was er entdeckt, hält er fest. Die materielle Evidenz der Filmbilder zwingt den Zuschauer in die Konfrontation mit seinen eigenen Ideen. Dinge, die z.B. zu grausam sind, die uns lähmen und blind machen,

---

9 Der engl. Originalbegriff "redemption" (Erlösung) verweist auch hier auf theologische Implikationen, die die dt. Übersetzung mit "Errettung" verwischt. vgl. ders.: "Theory of Film. The Redemption of Physical Reality (New York, 1960)

werden durch Filmbilder erfahrbar. Diese funktionieren hier wie eine Art Spiegelbild. Kracauer schreibt: "Unter allen existierenden Medien ist es allein das Kino, das in gewissem Sinne der Natur den Spiegel vorhält und damit die >Reflexion< von Ereignissen ermöglicht, die uns versteinern würden, träfen wir sie im wirklichen Leben an." (a.a.O., S. 251) Der Zuschauer soll befähigt werden, Dinge zu erkennen, die er sonst nicht wahrnehmen würde. Die Bilder sind hier Mittel zu einem (politischen) Zweck. Filme über Konzentrationslager z.B. "... erlösen ... das Grauenhafte aus seiner Unsichtbarkeit hinter den Schleiern von Panik und Phantasie." (a.a.O., S. 252) Es ist einzig die dokumentarische Qualität der Bilder, ihre Beweiskraft, die die Konfrontation möglich macht. D.W. Griffith war der erste Filmemacher, der die Kamera als ein Mittel der Entlarvung nutzte. Mit ihrer Hilfe wollte er die Menschen überhaupt sehen lehren. Immer geht der Film jedenfalls vom materiell Gegebenen aus, niemals von einer vorgefaßten Idee, bzw. wie Kracauer es ausdrückt, Filme beginnen immer damit "... physische Gegebenheiten auszukundschaften, und arbeiten sich dann in der von ihnen gewiesenen Richtung nach oben, zu irgendeinem Problem oder Glauben hin. Das Kino ist materialistisch gesinnt; es bewegt sich von >unten< nach >oben<." (a.a.O., S. 256) Umgekehrt ist die Intention der traditionellen Künste: Sie entsprechen einer idealistischen Konzeption der Welt, bzw. wie Erwin Panofski, der bekannte Kunsthistoriker, sich ausdrückt, "sie beginnen mit einer Idee, die in formlose Materie projiziert wird, und nicht mit den Objekten, aus denen die physische Welt besteht ..." (1990, S. 27).

André Bazin, der die Filmtheorie und -praxis der 50er und 60er Jahre entscheidend beeinflußt hat, besonders die "cahiers du cinema" und die "nouvelle vague", beschäftigte sich immer wieder mit dem Unterschied zwischen realistischen und expressionistischen Filmstilen und Fragen der Montage. Für die Regisseure der 20er bis 40er Jahre unterscheidet er zwischen denen, die an das Bild glauben und denen, die an die Realität glauben. Unter Bild versteht Bazin "... ganz allgemein alles, was die Repräsentation auf der Leinwand dem repräsentierten Gegenstand hinzufügen kann." (1979, S. 260) Zwei Bereiche sind hierbei besonders relevant: die Gestaltung des Bildes und die Hilfsmittel der Montage. Die filmische Montage ist der entscheidende Unterschied zur Photographie, sie verstärkt die Bedeutung eines Bildes durch die Gegenüberstellung mit einem anderen Bild, sie schafft damit einen Sinn, den die Bilder für sich allein genommen objektiv so gar nicht hätten. Bazin nennt die Montage eine unsichtbare Sprache, die er jedoch ablehnt, weil sie den ontologischen Realismus des Bildes verzerrt und Ausdruck einer übergeordneten Idee ist, die, statt sich in Literatur auszudrücken, in Bildern formuliert wird. Eisensteins Filme sind in diesem Zusammenhang das markanteste Beispiel. Die Bedeutung seiner Filme liegt in der Organisation ihrer Bestandteile, in den Beziehungen der Bilder untereinander. Je nachdem wie diese kombiniert sind, entsteht ein unterschiedlicher Sinn, damit ergeben sich unzählige Kombinationsmöglichkeiten.

"Allen aber ist gemeinsam, daß sie eine Idee durch Vermittlung einer Metapher oder durch Assoziationen zu dieser Idee suggerieren. Genau gesagt wird zwischen das Drehbuch, das eigentliche Objekt der Erzählung und das unbearbeitete Bild ein zusätzlicher Verstärker (relais) geschaltet, ein >Transformator< der Ästhetik. Der Sinn liegt nicht im Bild, er ist dessen durch die Montage in das Bewußtsein des Zuschauers projizierter Schatten." (a.a.O., S. 262)

Bazin hingegen plädiert für eine Stilistik, die die Welt so nah und eindringlich wie möglich betrachtet, so daß sie ihre Grausamkeit und Häßlichkeit enthüllt. Film ist "eine Sprache, deren semantische und syntaktische Einheit niemals die Einstellung ist, in der in erster Linie das Bild zählt, nicht um der Realität etwas hinzuzufügen, sondern um sie zu enthüllen." (a.a.O., S. 264) Erst der Tonfilm bringt seiner Meinung nach den Film wieder zum Realismus zurück. Auch die Entdeckung der Tiefenschärfe, wie sie beispielsweise in den Filmen von Orson Welles praktiziert wird, ist ein neues Stilmittel, das sich weigert, ein Geschehen zerstückelt darzustellen. Ein Geschehen wird in der Zeit festgehalten, Beziehungsgeflechte können dokumentiert werden, die die Montage erst umständlich hätte beschreiben müssen. Die Montage ist für Bazin letztendlich eine "Trickserei" mit Raum und Zeit. Erst die Filme von Orson Welles oder die Filme des italienischen Neo-Realismus geben dem Kino den Sinn für die Vieldeutigkeit der Wirklichkeit zurück. Hier wie dort geht es darum, "die Montage auf ein Nichts zu reduzieren und die Realität in ihrem wahren Ablauf auf der Leinwand zu zeigen." (a.a.O., S. 275) Der Tonfilm bringt die wirkliche Zeit der Dinge zurück, integriert die Dauer des Geschehens,

"an deren Stelle der klassische Schnitt hinterlistig nur eine intellektuelle und abstrakte Zeit setzte. Weit davon entfernt, die Errungenschaften der Montage endgültig aufzugeben, gibt er ihnen im Gegenteil Bestimmtheit und Sinn. Nur durch einen erhöhten

Realismus des Bildes wird die Abstraktion möglich." (a.a.O., S. 276)

Für Bazin ist klar, daß erst mit dem Tonfilm der Regisseur den Film unmittelbar zu schreiben beginnt. Er beendet seine Überlegungen zur Problematik mit folgenden für unsere Fragestellung interessanten Gedanken:

"Das Bild - seine plastische Struktur, seine Organisation in der Zeit - verfügt, gestützt auf einen größeren Realismus, über viel mehr Möglichkeiten der Beeinflussung und Verwandlung der Realität in ihrem Kern. Der Filmemacher ist nicht mehr nur der Konkurrent des Malers und des Dramatikers, sondern endlich dem Romanschriftsteller ebenbürtig." (a.a.O., S. 277)

Daß sich mit dem (Stumm)film überhaupt erst eine optische Kultur herausgebildet hat, in der wir "... optisch assoziieren, optisch denken gelernt haben ..." (1979b, S. 210) ist der Ansatzpunkt der Überlegungen von Béla Balázs. Der Körper und die Gesten sind durch die Kinematographie als umfassende menschliche Ausdruckssprache zurückgewonnen worden, Ausdrucksformen, die für Balázs durch die Buchdruckerkunst eliminiert wurden. Die Gesten, die Mimik, die körperlichen Bewegungen bedeuten für Balázs "Begriffe und Empfindungen" (1979a, S. 228), die durch Worte überhaupt nicht ausgedrückt werden können, da sie innere Erlebnisse darstellen, die tief in der Seele liegen und von anderen Kunstformen, die ganz auf das Wort angewiesen sind wie die Literatur oder das Theater, nicht adäquat abgebildet werden können. Die Kinematographie macht den Menschen in seiner Ganzheit, in seiner ganzen Ausdrucksfähigkeit sichtbar und sehend. "Das war nicht eine die Taubstummensprache ersetzende, Worte anzeigende Zeichensprache, sondern die visuelle Korrespondenz der unmittelbar gestaltgewordenen Seelen. Der Mensch wurde wieder sichtbar." (a.a.O., S. 229) Balász glaubt, daß es, so wie es ein Lexika des Wortes gibt, dank der Kinematographie auch Lexika der Mimik und Gestik geben wird, bzw. eine der Sprachforschung vergleichbare Mimik- und Gestenlehre. Denn die Geste ist die "Urmuttersprache der Menschheit" (a.a.O., S. 230). Die von Griffith eingeführte Großaufnahme bietet die Möglichkeit ein einzelnes Bild aus dem ganzen herauszuheben, was soviel heißt, wie die "kleinsten Lebensatome" (1979b, S. 213) deutlich zu machen. "Die Großaufnahme im Film ist die Kunst der Betonung. Es ist ein stummes Hindeuten auf das Wichtige und Bedeutsame, womit das dargestellte Leben zugleich interpretiert wird." (a.a.O., S. 214) Als zweites wichtiges Moment gegenüber den anderen darstellenden Künsten realisiert der Film den Wechsel von Plansequenzen, Distanzen und Perspektiven. Die Kunst von der Antike bis heute war darüber definiert, daß es eine festgelegte Distanz zwischen Mensch und Kunstwerk gab, und das Kunstwerk in sich eine abgeschlossene Totalität darstellt. Das Kunstwerk ist umrahmt, fixiert, vom Betrachter getrennt, es hat eine geschlossene Komposition. "Die Welt eines Gemäldes ist unnahbar und ohne Eingang, auch dann, wenn ich es in der Hand halte." (a.a.O., S. 215) Niemals kann der Betrachter in das Bild eintreten, in den Raum der Handlung, genau dies aber geschieht mit dem Film. "Die bewegte Kamera nimmt mein Auge, *und damit mein Bewußtsein*, mit: mitten in das Bild, mitten in den Spielraum der Handlung hinein." (a.a.O.) Die ständig wechselnden Perspektiven machen den Blick des Zuschauers mit den Blicken der handelnden Protagonisten identisch. Das Zuschauerauge ist das Kameraauge. Dies ist für Balász die Grundlage des Raumerlebnisses, des Richtungsgefühls, der Identifikation. Demgegenüber kennt das Gemälde nur einen einzigen Blickpunkt, den des Malers. "Dadurch erscheint seine Kontur als etwas untrennbar Wesentliches, etwas objektiv Gegebenes, als das ständige, einzige >Antlitz< des Objekts. Also bekommen die Gegenstände in der Malerei auch ein Antlitz. Jedoch kein wechselndes Mienenspiel." (a.a.O., S. 222) Für Balász erhalten die Gefühle der Menschen und des Künstlers erst mit und in der Kinematographie ihren wirklich physiognomischen Ausdruck in den Bildern.

3.3.3 Apparatus-Theorie

Einen vollkommen anderen Zugang zum Verständnis der kinematographischen Bilder liefert die sogenannte Apparatus-Theorie, die hauptsächlich mit Jean-Louis Baudry verbunden ist. Diese versucht über die technische Anordnung der Apparate in der filmischen Rezeption eine Klärung der Frage, was das Spezifische der Filmbilder sei. 1975 schrieb Baudry einen Artikel in der Zeitschrift "Communications", in dem er die Kinosituation mit Platos Höhlengleichnis parallelisiert. Platos bekannter Text von 374 vor Christus beschreibt eine Situation, in der Menschen gefesselt in einer Erdhöhle sitzen. Dort betrachten sie Schattenbilder von Gegenständen, die durch ein hinter ihrem Rücken brennendes Feuer auf die Höhlenwände projiziert werden. Auch die Töne, die zu den Gegenständen gehören, werden reflektiert (1961, S. 268f.). Für Baudry ist diese Beschreibung paradigmatisch für das, was sich im Kino abspielt. Baudry interessiert, neben der Tatsache, daß Platos Text die topographische Anordnung der Kinosituation beschreibt, auf der Grundlage der psychoanalytischen Theorie, die quasi räumliche "Realisierung" innerer Bilder und Vorstellungen. Er vertritt die Ansicht, daß Platos Höhlengleichnis und dem Kinoerlebnis eine psychische Grundkonstitution vorausgeht. Beide Räume sind dunkel und die Menschen in ihnen sind bewegungsunfähig. Plato betont die technische Anordnung, den Aufbau, "das Dispositiv"[10], als entscheidendes Moment für die Illusion der reproduzierten Realität. Platos Geschichte ist eine Geschichte über die Faszinationskraft der Bilder, deren Illusion so perfekt ist, daß die Betrachter den Weg zum Licht, zur "Welt der Ideen" verweigern. Für Baudrys psychoanalytische Lesart ist die Höhle der Ort des Mutterleibes, in den wir uns zurücksehnen, so daß sowohl Platos Höhle als auch das Kino weniger mit der Frage der Verdoppelung des Realen durch kinematographische Bilder zu tun hat, "als mit der Wiedergabe, mit der Wiederholung eines bestimmten Zustandes, mit der Vorstellung eines bestimmten Ortes, von dem dieser Zustand abhängt." (1994, S. 1058) Das Kino ist demnach der Ort des Wunsches eine verlorengegangene Befriedigung wieder zurückzuholen, bzw. das erste Medium, dem die Realisierung dieses Wunsches gelingt. Im Dispositiv der Höhle wie des Kinos, werden bestimmte Mechanismen des Unbewußten dar- und vorgestellt, etwas, was dem Vorstellungsleben des Wachzustandes zuwiderläuft. Die kinematographische Projektion entspricht beinahe einem Traum; wie beim Traum handelt es sich um eine zeitliche und topische Regression, um die Umwandlung von Träumen und Wünschen in Bilder. Wie der Schlaf, so ist auch die Filmrezeption durch die Unmöglichkeit der Realitätsprüfung gekennzeichnet, durch Rückzug der Motilität, durch Rückkehr zum primitiven Narzißmus, durch das komplette Eintauchen des Subjekts in seine eigenen Vorstellungen und Wünsche. Der Traum und das Kino benötigen eine Leinwand, die sowohl vom Träumenden als auch vom Kinogänger übersehen wird. Es geht also um den Wunsch, einen Traum zu konstituieren, von dem man denken könnte, daß er im Kino-Effekt seine

---

10 vgl. zum Begriff des Dispositivs: Foucault (1978, S. 119f.); Zielinski (1989, S. 15f.)

Wirkung erzielt, insofern das Kino eine vom Subjekt erlebte Befriedigung nachahmt und deren Szene reproduziert (a.a.O., S. 1067). Aus den bisherigen Überlegungen ergibt sich für Baudry die Merkwürdigkeit, daß die Film- und Kinotheorie sich in bezug auf den Realitätseindruck des Bildes bis dato ausschließlich mit dem Bildaufbau, der Frage der Bewegung und der Montage beschäftigt hat, "ohne wahrnehmen zu wollen, daß der Realitätseindruck zunächst einmal von einer Subjekt-Wirkung abhängt und daß es notwendig sein könnte, die Position des Subjekts gegenüber dem Bild in Frage zu stellen, um den Existenz-Grund für den Kinoeffekt herauszufinden." (a.a.O., S. 1067) Es ist für Baudry ein falscher Ansatz, ideologische oder inhaltliche Wirkungen zu untersuchen, sondern man muß das Dispositiv des Kinos selbst analysieren, zu dem das Bilder erzeugende Subjekt gehört: "Und zwar in erster Linie das Subjekt des Unbewußten." (a.a.O.)

Die Kino-Lust entspringt aus dem Wunsch zu regredieren, in einen Zustand des Narzißmus zurückzukehren, zu einer Form des "Realitätsbezuges", die man als umhüllend bezeichnen könnte, insofern als feste Körper- und Ich-Grenzen zur Außenwelt hin aufgehoben sind. "Auf diesem Wege könnte man dazu gelangen, die Stärke der Bindung des Subjekts an das Bild und der vom Kino bewirkten Identifizierung zu verstehen." (a.a.O., S. 1069) Die Möglichkeit der Realitätsprüfung ist aufgehoben, das Subjekt kann auf den Gegenstand seiner Wahrnehmung nicht handelnd einwirken, der Ablauf, der Rhythmus der Bilder, ihre Bewegung werden dem Zuschauer ebenso wie im Traum auferlegt. Wie im Traum besteht die Realität hauptsächlich aus Bildern, die das fördern, was Baudry das "Mehr-als-Reale" nennt. Vorstellung und Wahrnehmung sind noch nicht voneinander getrennt, das Realitätsprinzip als Korrektiv ist noch nicht eingeführt. Dieser Befriedigungsmodus wird in der Kinosituation wiederbelebt. Wobei zwischen Traum und Kino folgendermaßen unterschieden werden muß: Im Traum sind die Vorstellungen unter Abwesenheit der Wahrnehmung Realität, im Kino werden vermittels der spezifischen Wahrnehmung die Bilder als Realität ausgegeben.

"Eben deshalb faßt man das Kino einerseits - auf der Seite der Realisten - als Verdoppelung der Realität auf und analysiert den Realitätseindruck mit Hilfe dieses Schemas; andererseits macht man aus dem Kino ein Äquivalent des Traums - bleibt dann aber dabei stehen, indem man das durch den Realitätseindruck gestellte Problem in der Schwebe läßt. Es ist völlig klar, daß das

Kino kein Traum ist: es reproduziert bloß einen Realitätseindruck, es löst einen Kino-Effekt aus, der sich mit dem durch den Traum veranlaßten Realitätseindruck vergleichen läßt. Um diese Simulation hervorzurufen, tritt das ganze kinematographische Dispositiv in Aktion: Dabei handelt es sich jedoch um die Simulation eines Subjektzustands, einer Subjektposition, einer Subjektwirkung, und nicht der Realität." (a.a.O., S. 1073)

3.3.4 Semiotik des Filmbildes

Christian Metz, der Vater der semiotischen Filmtheorie und Schüler von Roland Barthes, beschäftigte sich ebenfalls mit dem Realitätseindruck der Kinobilder auf der Grundlage der psychoanalytischen Theorie. Für Baudry hat der Film Spiegelcharakter. Er ähnelt den Bedingungen des Spiegelstadiums im Sinne Lacans (Lacan, 1986, S. 63ff.) insofern, als er den narzistischen Rückzug und die phantasiehafte Selbstgefälligkeit fördert. Metz schreibt, Film sei ein "Mahlwerk der Affinität und der Handlungshemmung." (1994, S. 1011) Im Unterschied zu den mentalen Bildern oder zu den Traumbildern sind die Filmbilder jedoch real. "Der Unterschied zwischen beiden ist der Unterschied, der im Rahmen einer Phänomenologie des Bewußten die Wahrnehmung von der Einbildung trennt." (a.a.O., S. 1012) Denn die Traumbilder bleiben, um in der Freudschen Terminologie zu sprechen, innerhalb des psychischen Apparates, wohingegen die Filmbilder quasi von außen dazu beitragen, den "Phantasiefluß des Subjekts zu speisen und die Figuren mit seinem Begehren zu tränken." (a.a.O., S. 1013) Für Metz gilt, daß das klassische Kino ein Ort der affektiven Befriedigung ist.

"Als Darbietung von Verhaltensmustern und libidinösen Prototypen der Körperhaltungen, von Bekleidungsarten, Vorbildern der Lässigkeit oder der Verführung und als Initiationsinstanz für eine permanente Adolenzenz hat der klassische Film die historische Vermittlungsstelle des Romans der Großen Epoche - des 19. Jahrhunderts - eingenommen (der wiederum ein Abkömmling des antiken Epos ist): Er erfüllt dieselbe gesellschaftliche Funktion; eine Funktion, die der Roman des 20. Jahrhunderts, der immer weniger diegetisch und repräsentativ ist, zum Teil preiszugeben neigt." (a.a.O., S. 1013)

Der Zuschauer im Kino unterhält nach Metz zum Film eine Art von Objektbeziehung, man liebt einen Film oder eben nicht. Diese Lebhaftigkeit der Reaktion bestätigt für Metz die enge Verwandtschaft zwischen Film und Phantasie. Freut man sich über Filmbilder, so besteht diese Freude darin, von der Außenwelt Bilder zu empfangen, die den eigenen inneren Bildern nicht unähnlich sind. Allerdings kann der Zuschauer im Kino im Unterschied zum Traum seine Phantasien nicht völlig ausleben, da Bilder und Töne vorgeformt sind. Der Film ist Teil des Realen, er ist eingeschrieben auf einem äußeren, materiellen Träger. Außerdem funktioniert der Realitätseindruck der Filmbilder darüber, daß die Fiktion als echt wahrgenommen wird, d.h. das Repräsentierte/das Dargestellte wird als solches rezipiert und nicht als Repräsentierendes (a.a.O., S. 1019). "Wenn der Film ein Pferd im Galopp darstellt, haben wir den Eindruck, ein Pferd im Galopp zu sehen, und nicht sich bewegende Lichtflecken, die an ein Pferd im Galopp erinnern." (a.a.O., S. 1019) Die Frage ist für Metz, wie der Zuschauer den mentalen Sprung schafft, den Signifikanten zu leugnen zugunsten eines Imaginären, aber psychisch realen Signifikats. Metz versucht dies damit zu erklären, daß durch die Unmöglichkeit im Kino zu handeln, durch die Unbeweglichkeit, durch die Dunkelheit, bei gleichzeitiger Wachheit eine doppelte Verstärkung der Wahrnehmungsfunktion einsetzt. Gleichzeitig sind die Bilder dicht und durchorganisiert, so daß das Subjekt dazu prädisponiert ist, die Eindrücke "über-zu-empfangen". Eben diese doppelte Verstärkung, diese "Zange" wie Metz schreibt, ermöglicht den Realitätseindruck. So wird der Zuschauer zum Glauben an die Realität von etwas Imaginärem befähigt. Denn es sind im Grunde nur Lichtreflexe auf einer Leinwand, Töne und Bilder, die von "nirgendwo" kommen. Daß diese Wahrnehmung überhaupt so funktionieren kann, sieht Metz in der Tradition der älteren darstellenden Künste begründet, die uns bereits fiktionsfähig gemacht haben, die uns fähig gemacht haben, das Dargestellte für Realität zu halten. Trotzdem steht für Metz fest, daß der Film

"einen Realitätseindruck hervorbringt, der sehr viel lebendiger ist als der eines Romans oder eines Gemäldes, weil die eigentümliche Natur des kinematographischen Signifikanten, mit seinen besonders >originalgetreuen< photographischen Bildern und mit der realen Präsenz von Bewegung und Ton usw., die Wirkung hat, das doch sehr alte Fiktions-Phänomen auf historisch jüngere

und gesellschaftsspezifischere Formen zurückzubeziehen."
(a.a.O., S. 1022-1023)

Wichtig ist jedoch, daß die sich bewegenden Bilder, die eigentlichen Signifikanten eine gewisse Verwandtschaft mit dem Traum aufweisen, weil wir vorwiegend in visuellen Bildern träumen. Das Unbewußte denkt nicht und redet nicht, sondern stellt sich in Bildern dar.[11] In jedem Fall hängt der Realitätseindruck der Filmbilder von der physischen Natur des Signifikanten ab. Das auf photographischem Wege gewonnene Bild ist eine originalgetreue Nachbildung von Ton und Bewegung, es gleicht Erfahrungsbildern aus dem Alltagsleben in weit stärkerem Maße als andere Bilder. Jedoch muß der Realitätseindruck zugunsten des Imaginären wirken, nicht zugunsten des Materials, das er verkörpert. Deshalb ist das Theater, obschon vom Material originalgetreuer, weniger fiktionsfähig als der Film. "Folglich kann der Realitätseindruck nicht allein durch den Vergleich mit der gewöhnlichen Wahrnehmung erforscht werden, sondern nur im Verhältnis zu den verschiedenen Arten der Fiktionswahrnehmung, von denen außerhalb der darstellenden Künste der Traum und die Phantasie die wichtigsten sind." (a.a.O., S. 1043)

3.3.5 Fernsehbilder

Manches von dem, was über die Photo- und Filmbilder hier aufgeführt wurde, läßt sich auch auf die Fernsehbilder übertragen, wenngleich einige wichtige Unterscheidungen zu machen sind. Technisch betrachtet ist das Fernsehen aus dem Hörfunk entstanden. Manche Sendungen, z.B. die Tagesschau oder noch extremer das Wort zum Sonntag, gleichen auch heute noch eher einem bebilderten Hörfunk als einem visuellen Medium. Ikonographisch betrachtet sind es weniger Fern-sehbilder, Totalen und weite Überblicke, als Details und Ausschnitte, die gezeigt werden (vgl. Doelker, 1989). Dies liegt daran, daß das Fernsehbild auf Grund seiner geringen Größe bestimmte Bilder nicht adäquat zeigen kann. Weite Landschaftsaufnahmen verlieren sich auf den 625 Zeilen der Mattscheibe. Gleichzeitig ist das Wohnzimmer nicht das Kino, nicht Platos Höhle, in der die Zuschauer

---

11 In "Das Ich und das Es" schreibt Freud: "Das Denken in Bildern ... steht auch irgendwie den unbewußten Vorgängen näher als das Denken in Worten und ist unzweifelhaft onto- und phylogenetisch älter als dieses." (1923, S. 235)

gefesselt sitzen. Das Fernsehbild konkurriert mit anderen störenden oder ablenkenden Faktoren des häuslichen Ambientes. Die Bilder müssen deshalb eine hohe Informationsdichte erreichen. Zielinski verweist darauf, daß es bei der Einführung des Fernsehens ursprünglich darum ging, ein Telekommunikationssystem in die Gesellschaft zu implantieren, das neben audio-visuellen Informationen auch den Bildschirm- und den Videotext zur Verfügung stellen sollte (1989, S. 179). Der Bildschirm war von seinen technischen Anfängen her betrachtet auch als Textseite gedacht. Dies deutet auch auf den Informationscharakter des Mediums hin und ist ein weiterer Hinweis dafür, daß das Optisch-Visuelle nicht das primär Markante des Fernsehens ist.

Im Unterschied zur Photographie und zum Film ist das Fernsehen kein optisch-chemischer bzw. mechanischer Produktions- und Übertragungsprozeß, sondern ein elektronisches Verfahren, bei dem ein Elektronenstrahl den einzelnen Zeilen und Pixels die Bildinformation einschreibt. Technisch ist das Fernsehen ein Medium, das schnell und ubiquitär ist. Deshalb ist das eigentlich charakteristische Bild das Live-Bild. Die Live-Übertragung, das eigentliche Faszinosum des Fernsehens, spielt mit dem Gefühl des direkt Dabeiseins (Knops, 1992, S. 96). Gleichzeitig transportiert das Fernsehen auch andere Bilder: Standbilder, Realbilder und zunehmend auch künstlich erzeugte Bilder. Durch den zunehmenden Einsatz graphischer Mittel, elektronischer Bildbearbeitung, Computeranimation u.ä.m. verändern sich die TV-Bilder, insofern als der realitätsabbildende Charakter der Bilder verlorengeht. Wenn in der Tagesschau Realbilder mit Hilfe von Schnittcomputern umgeblättert werden als seien sie aus Papier, wird auf das "Gemachte" dieser Bilder, auf ihre künstliche Bearbeitung deutlich verwiesen. Der ontologische Realismus wird hier gebrochen, das referentielle Verhältnis der Bilder zur Welt gefährdet. Zurecht kann man in diesem Zusammenhang davon sprechen, daß die Fernsehbilder ihre "Referenzgläubigkeit" eingebüßt haben (Winkler 1992, S. 231f.), eine Tatsache, die durch empirische Erhebungen bestätigt wird (Kiefer, 1987).

Einer der Hauptunterschiede zum Film liegt darin, daß das Fernsehen versucht, durch die immer gleichen Personen, einen direkten Kontakt zum Zuschauer zu simulieren. Die Bilder sollen eine Atmosphäre der Vertrautheit und der Zuverlässigkeit schaffen (vgl. Sichtermann, 1994, S. 16), ein Wir-Gefühl herstellen. Reporter, Nachrichtensprecher, Talkshowmaster sind wichtige Figuren des Fernsehens, die uns direkt ansprechen und direkt ansehen, die uns begrüßen, verabschieden, informieren, beraten u.ä.m. (Hilmes, 1985). Die Medienwissenschaft spricht in diesem Zusammenhang von para-sozialen Interaktionen, imaginären Beziehungen, die mit Medienpersönlichkeiten eingegangen werden (vgl. Mikos, 1992). Der Betrachter fühlt sich selbst im Bild vertreten. In jedem Fall spielen hier Erkennen und Wiedererkennen eine große Rolle, die Vertrautheit von Typen und das serielle Eingebundensein (Köck, 1990, S. 58ff.). Hickethier betont im Zusammenhang mit dem Fernsehen den Aspekt des Programms, das wie ein "Passepartout für das Bild" (1992, S. 25) funktioniert, das grundlegend vorgibt, was und wie zu sehen ist. Das Programm ist sowohl Ordnungsfaktor der Wahrnehmung, wie auch bestimmend für die Produktion der Bilder selbst. Das Programm bringt in bezug auf das Gezeigte Ordnung in einem zeitlichen und räumlichen Sinne. Gleichzeitig wird aber durch die Einführung der Fernbedienung (und auch durch den Videorekorder) das Programm aufgelöst, insofern als jeder Zuschauer seine individuelle audiovisuelle Bilderfolge "zappt". Erkennbar wird hier ein durch und durch spielerischer Umgang mit dem Medium.

3.3.6 Computerbilder

An dieser Stelle muß auch gefragt werden was die Computerbilder, die auf Algorithmen und Bits beruhen, an Veränderungen mit sich bringen. Von den Machern, den Computerkünstlern wird betont, wie vielfältig und neu die Möglichkeiten sind, mit diesen Bildern zu arbeiten (Le Bot, 1989; Weibel, 1991; Youngblood, 1991). Die Produktion selbst "beginnt" wie bei der Malerei, im Unterschied zur Photographie und zum Film, mit dem leeren Bildschirm. Gleichzeitig ist jeder Arbeitsschritt ohne umfangreiche Softwarepakete undenkbar, die ein schier unerschöpfliches Reservoir an Möglichkeiten zur Verfügung stellen. Der Künstler bringt sich selbst und seine Ideen wesentlich stärker ein, sein Einfallsreichtum, seine Vorstellungen werden abgebildet und nicht eine wie auch immer schon vorhandene Realität. Hier wird der ontologische Realismus, den der Film und die Photographie für sich in Anspruch nahmen, endgültig aufgehoben. Die Computerbilder sind Produkte reiner Abstraktionen/Kalkulationen, und sie sind immateriell, denn die Bits sind nichts Materielles.
Das, was sichtbar wird, ist nicht Ausdruck einer Spur, einer Aufzeichnung, sondern eines mathematisches Modells. An Stelle des Realen

tritt das abstrakte Programm, die Software, die Zahlenmatrix (Rötzer, 1991; Forest, 1991). Die digitalen Bilder sind neu erzeugte Wirklichkeiten, die die Realität und die Bildwelt auf einen größtmöglichen Abstand bringen (Winkler, 1994). "Mit den Informationsmaschinen erscheint in einem radikalen Bruch mit der optischen Repräsentation eine andere Darstellungsweise. Noch ist ihre Neuartigkeit nicht deutlich, denn es ist schwierig, den Unterschied des synthetischen Bildes von anderen automatischen Bildern zu begreifen." (Couchot, 1991, S. 347) Gleichzeitig versagen die Algorithmen auch jede Möglichkeit einer Realitätsabbildung, insofern als komplexe Figuren und differenziertere Bewegungen schwierig abbildbar sind. Die Bildverarbeitung am Rechner zeigt jedoch vor allem eines auf. Der monströse Speicherbedarf und die enormen Rechenzeiten, um ein Bild aufzubauen zeigen an,

"daß die Bildverarbeitung auf dem gegenwärtigen Stand der Technik gewissermaßen >rechnerwidrig< und anderen, >schmaleren< Zeichensystemen deutlich unterlegen ist. Anders als ihr menschliches Gegenüber verfügen die Rechner gegenwärtig noch nicht über jene Algorithmen der Gestalt-Erkennung und der Parallelverarbeitung, die es dem menschlichen Gehirn ermöglichen, die Datenflut bildhafter Wahrnehmungen ökonomisch zu bearbeiten und auf ein mit den knappen Ressourcen verträgliches Maß zu reduzieren." (Winkler, 1994, S. 302-303)

Daraus kann man schließen, daß im Moment der Computer weniger als ein neues Bildmedium benutzt wird, als vielmehr mit der Möglichkeit der Vernetzungsstruktur gearbeitet wird. In diesem Zusammenhang ist auch von einer neuen Ästhetik der Kommunikation die Rede.

"Der Kommunikationskünstler, der wirkliche >Bildhauer< der Information, führt die Ästhetik wieder in ihrer ursprünglichen anthropologischen Funktion als System von Zeichen und Symbolen ein. Von der Ästhetik der Kommunikation wird diese aus der medialen Organisation der Welt entstehende neue Sensibilität aufgegriffen: das Handeln aus der Ferne, der Zusammenstoß der Zeiten durch die Begegnung des Unmittelbaren mit dem zeitlich Dauernden oder die Überwindung des Raums durch die Simultanität der kathodischen Bilder. Wir sind endgültig in die Ära der globalen Netze und der elektromagnetischen Zärtlichkeit eingetreten." (Forest, 1991, S. 324)

Es entsteht eine Ästhetik, die weniger eine Ästhetik der Objekte ist, als eine Ästhetik des Raums und der Zeit. Zu fragen ist also nach der identischen Nutzung von Software, denn diese konstituiert möglicherweise ein neues symbolisches Universum, das von Millionen von Nutzern wie ein Alphabet gehandhabt wird. Die Interaktivität erscheint als neue Relationsform zwischen dem Menschen und der Maschine. Für Couchot ist sie eine neue Form des Gesprächs und daher der Sprache (1991, S. 346).

Existiert bei der Photographie noch ein Negativ und gibt es beim Film noch ein Original, von dem Kopien gemacht wurden, haben Film und Fernsehen noch ausweisbare Autoren und Regisseure, verlieren sich im digitalen Netz jede Quelle und jedes Recht auf ein Privateigentum. Gleichzeitig stellt der digitale Code ein Grundalphabet zur Verfügung, das für die unterschiedlichsten Bereiche funktioniert. Klang, wie Sprache, Schrift und Bilder können erzeugt, verknüpft und übermittelt werden, so daß man von den Bits als neuen Elementar- und Universalzeichen sprechen kann (Vief, 1991).

Mit der Digitalisierung wird die direkte Manipulation der Bilder möglich. Jeder einzelne Bildpunkt kann in Form und Farbe innerhalb kürzester Zeit verändert werden. Ganze Szenerien können synthetisch erzeugt werden und sind in der Rezeption nicht mehr von realen Ab-Bildern zu unterscheiden. Diese technischen Bilder, die an jegliche Anbindung an die sichtbare Welt "verzichten", sind reine Abstraktionen, letztendlich so etwas wie eine Bild gewordene Schrift.

3.3.7 Was ist ein Bild?

Diese Frage klingt einfach, jedoch wird rasch deutlich, wie defizitär die Versuche sind, sich einer Phänomenologie des Bildes, vergleichbar einer Phänomenologie des Blicks bzw. der Wahrnehmung, zu nähern. Vergeblich fahnden wir nach einer expliziten Bildtheorie oder Bildwissenschaft in Analogie zu einer allgemeinen Sprachwissenschaft (Boehm, 1994, S. 326). Was bleibt, ist das Feld der Ästhetik bzw. der Kunstgeschichte, in dem sich einzelne Ansätze ausmachen lassen, die für die Fragestellung interessant sein können. Eugen Fink (1966) oder auch Roman Ingarden (1962), beide Schüler von Husserl, sprechen innerhalb eines *kunstwissenschaftlichen* Diskurses von Bildern nach dem Modell eines Fensters (Alpers, 1992, S. 132f.). Sie folgen dabei dem zentralperspektivischen Paradigma, nach dem sich die Kunstgeschichte bis in die Moderne orientierte. Auch Maurice

Merleau-Ponty (1966) folgt in seinen bildtheoretischen Überlegungen diesem Vorverständnis. Durch den Rahmen des Bildes blicken Künstler und Betrachter wie durch ein Fenster auf eine von ihm außerhalb sich befindliche Welt. Zentral ist hierbei eine ästhetische Erfahrung, die jenseits von normalen Alltagserfahrungen liegt, insofern als ein neuer, anderer (fixierter) Blick auf die Welt geworfen wird. Es geht in der Rezeption um ein Innehalten, um ein Verharren, das eine Entdeckung erlaubt und um ein Spiel mit der Mimesis[12] oder um das Erkennen eines Anderen (Kamper, 1994). So wie letztendlich die Geste des Malens selbst ein "um zu" ist. Der Maler malt um zu sehen, um zu begreifen oder um der Malerei eines anderen zu antworten (Wohlfahrt, 1994). Versteht man Bilder so, können sie als dialogische Systeme, als Kommunikationssysteme jenseits der Sprache und der Schrift verstanden werden.

Dieser Blick muß jedoch (siehe hierzu die Äußerungen von Neil Postman zum Thema Bilder) gelernt sein. "Das Bild ist ein Palimpsest.[13] Ihn zu entziffern lehrt uns die Kunstgeschichte. Sie lehrt uns... das Bild zu buchstabieren, um es als ästhetische Erfahrung lesen zu können." (a.a.O., S. 167) Es handelt sich demnach um einen Irrglauben, ein Vorurteil, wenn behauptet wird, Bilder seien sofort verständlich, oder Bilder seien emotional regressiv wie Postman postuliert. Im Gegenteil, auf Grund ihrer enormen Informationsdichte sind sie viel schwerer "zu lesen" als ein Text. Wobei dieses Lesen nicht im Entziffern aufgeht. Bilder "sehen" hat immer etwas mit Resonanzen zu tun, mit visuellen Wechselwirkungen. Was sich für die Tafelbilder sagen läßt, gilt in noch extremerer Weise für die audio-visuellen Medien, da hier neben der Tatsache, daß die Bilder sich bewegen auch noch akustische Reize eine Rolle spielen (Doelker, 1989, S. 125). Die stummen Bilder an der Wand jedenfalls bedeuten immer die Aufforderung zu verweilen, inne zu halten und zu staunen (Gadamer, 1994, S. 94f.). Ihre Stille, ihre Begriffs- und Namenslosigkeit muß ausgehalten werden. Dabei ist das Verharren, die Zeit unabdingbar.

Teil ihrer Magie und Moment ihrer Beunruhigung ist ihre mimetische Kraft, die Tatsache, daß sie Abbilder/Zeichen von etwas Ungreif-

---

12 "Kunst ist Zuflucht des mimetischen Verhaltens. In ihr stellt das Subjekt, auf wechselnden Stufen seiner Autonomie, sich zu seinem Anderen, davon getrennt und doch nicht durchaus getrennt." (Adorno, 1970, S. 86)
13 In der Kunstwissenschaft beschäftigt sich die nach E. Panofsky genannte Ikonographie mit dem Nachweis, daß gegenständliche Bilder nicht allein für die optische Wahrnehmung geschaffen sind, sondern auf einer zweiten, tieferen Bedeutungsebene auch gelesen werden können.

barem und Fernen, aber Lebendigen oder lebendig Gewesenen sind. Darauf verweisen die Photographien, wie die Portraitmalerei und die Reliquien. In diesem Moment liegt die eigentliche (politische) Macht der Bilder. Bereits die Geschichte des Bilderverbots in der Bibel macht dies deutlich. Das alttestamentarische Buch Exodus 20.4. erzählt die Geschichte von Moses, dem auf dem Berg Sinai von Jahwe eine Folge von Geboten überantwortet wird. Unter anderem wird die Unvergleichbarkeit Gottes gefordert, die auf dem Weg über das Bildverbot garantiert werden soll. Jahwe ist ein unsichtbarer Gott, der sich in abstrakten Handlungsanweisungen ausdrückt. "Du sollst Dir kein Bild machen; Du sollst Dich nicht vor diesen Bildern niederwerfen und sie verehren". Doch Aaron folgt in der Abwesenheit seines Bruders (Moses) dem Bedürfnis des Volkes nach einer bildlichen Verehrung des Göttlichen dadurch, daß er ein goldenes Kalb aufrichten läßt. Bereits das Buch Exodus ist Ausdruck davon, wie groß die Macht und damit die Gefahr eingeschätzt wird, die von Bildern ausgehen kann. Auf der anderen Seite erzählt die Geschichte vom Bedürfnis, Gott eine Gestalt zu geben, um sie zu verehren.

> "Die Macht erwächst aus der Fähigkeit, ein ungreifbares und fernes Sein zu vergegenwärtigen, ihm eine derartige Präsenz zu leihen, die den Raum der menschlichen Aufmerksamkeit völlig zu erfüllen vermag. Das Bild besitzt seine Kraft in einer Verähnlichung, es erzeugt eine Gleichheit mit dem Dargestellten. Das goldene Kalb *ist* (in der Perspektive des Rituals) - *der Gott*. Das Bild und sein Inhalt verschmelzen bis zur Ununterscheidbarkeit." (Boehm, 1994, S. 330)

Die Geschichte der Bilder vom alttestamentarischen Bilderverbot über den byzantinischen Bilderstreit bis zur Bilderflut heutiger Tage zeigt jedoch eines mit aller Deutlichkeit auf: Das Auge läßt sich vom Bild verführen, egal ob es sich bei den Bildern um ikonisches Vertreten oder Ineinssetzen handelt. Betrachtet man allerdings die Bilder der Videoclips, so haben diese Bilder längst die hier angedeutete Repräsentationsebene verlassen. Sie operieren vorrangig mit (unbewußten) Symbolen und einer stark fragmentarisierten Wahrnehmung (vgl. Schulte-Sasse, 1988, S. 435f.). Will man es mit psychologischen Vokabeln ausdrücken, so läßt sich sagen, das Bild ist verglichen mit der Sprache und der Schrift das Medium mit dem höchsten Identifikationswert. Dies ist der entscheidende Punkt, den die politische Propaganda, die Werbung, die Mode-, Film- und Musikindustrie gekonnt zu nutzen weiß. Diese Bilder sind von der Kunstgeschichte und -wissenschaft weitestgehend unbearbeitet geblieben. Impulse, den Bedeutungen dieser Bilder auf die Schliche zu kommen, hier eine Ikonik oder Ikonographie zu entwickeln, scheinen eher von der Semiotik auszugehen. So hat sich z.B. Roland Barthes mit Werbeplakaten beschäftigt (Barthes, 1990, S. 29f.). Auch Maurice Merleau-Ponty hat versucht, Elemente aus der Sprachtheorie Saussures auf die Bildtheorie zu übertragen. Merleau-Ponty wurde dazu durch die Malerei Cézannes angeregt (1994, S. 39f.). So wie in der Sprache der einzelne Buchstabe/Laut für sich genommen nichts bedeutet, so bedeutet auch in Cézannes Bildern, wie in den Bildern Monets oder Seurats, der einzelne farbige Fleck nichts. Erst in der Kombination mit anderen Bildpunkten ergibt sich ein Sinn. Jedoch kommt dieser Vergleich zwischen Bildpunkten und Buchstaben relativ rasch an seine Grenzen. Denn Bilder verfügen im Unterschied zur Sprache und zur Schrift weder über eine diskrete Menge wiederkehrender Elemente oder Zeichen, noch existiert ein Regelsystem oder eine Systematik, die Elemente und Zeichen auf eine bestimmte Art und Weise zuordnen. Um an dieser Stelle nur zwei Aspekte der Barriere zwischen den Medien zu benennen.

Die Kunstgeschichte zieht es vor, sich mit der Ikonik klassischer Bildinhalte zu beschäftigen. Es steht noch aus, zu prüfen, welche dieser Ergebnisse für eine Medientheorie des Bildes brauchbar wären. Max Imdahls letzter Aufsatz (1994, S. 300f.) ist geprägt von der Idee, die Eigentümlichkeiten des Visuellen selbst zu entdecken. Ausgehend von einem Fresco von Giotto in der Arena-Kapelle in Padua, das die Gefangennahme Christi zeigt, untersucht Imdahl die Spezifika des Bildes gegenüber dem Wort. Imdahl zeigt auf, daß durch eine besondere Ikonik die Figur des Jesus ohnmächtig und mächtig zugleich gezeigt wird, ein Sachverhalt, der durch die Sprache so nicht ausgedrückt werden könnte. "Die Sprache liefert kein Wort, das Unterlegenheit und Überlegenheit in einem bezeichnet. Zur Erfahrungsevidenz einer solchen Ineinssetzung bedarf es des Bildes und seiner spezifisch ikonischen Anschauung. Ein Text kann diese Erfahrungsevidenz nicht erzeugen ..." (a.a.O., S. 312). Auch ein Theaterstück oder ein Film kann dies nicht, sondern nur ein statisch, unbewegtes Bild. Nur in ihm liegt die Möglichkeit einer derartigen Informationsdichte bzw. die Möglichkeit, etwas an sich Unanschauliches anschaulich zu machen. Ein Bild wie dieses Fresco kann laut Imdahl etwas repräsentieren, was der Sprache, der Schrift oder den bewegten Bildern nicht möglich ist zu repräsentieren.

Eingangs war davon die Rede, daß in der phänomenologisch orientierten Kunstwissenschaft von Bildern als Fenstern gesprochen wird. Diese "Fensterbilder" folgen einem ganz bestimmten Betrachtungspunkt, den Gesetzen der Linearperspektive nach Alberti. Demgegenüber existiert eine zweite Darstellungsweise, die nicht von einem Fenster ausgeht, sondern von einer Fläche, auf der sich ein Bild der Welt niederschlägt (Alpers, 1992, S. 132). Die "camera obscura" wird hier zur Metapher für eine perspektivische Darstellung, bei der nicht das Auge durch ein Fenster auf eine äußere Welt blickt (perspicere), sondern das Bild direkt ins Auge fällt, so daß die Perspektive beider identisch wird. Diese Bilder entsprechen eher einer Spiegelfläche, auf der sich Eindrücke der äußeren Welt niederschlagen, so, wie sich das von einer Linse gebündelte Licht auf der Netzhaut des Auges ein Bild formt. Das Bild als Spiegel zu verstehen, in dem man letztendlich sich selbst erkennt, verweist auf den Narziß-Mythos wie auf Lacans "Spiegelstadium als Bildner der Ich-Funktion" oder auf Baudrillards Simulationstheorie. In diesem Verständnis geht es nicht mehr um Bilder als Möglichkeiten einer Erfahrungserweiterung mit einem Anderen, sondern um Selbstbezüglichkeit, um Ausdruck des Selben auf das Selbe (Kamper, 1994, S. 108f.) Egal, welcher Richtung man selbst geneigt ist zu folgen, ob man Bilder als Fenster oder als Spiegel interpretiert, in jedem Fall geht es um universelle Codes. Bilder dienen der Orientierung und der Selbstvergewisserung, solange es noch etwas gibt, was sich zu sehen lohnt.

Heute scheint es, daß die Bilder durch ihre mediale Vervielfältigung ihre ursprüngliche Kraft verloren haben. Vermutet wird, daß es sich bei der aktuellen Bilderflut der Medien letztendlich um eine neue Form des Ikonoklasmus handelt (Boehm, 1994; Kamper, 1994).

4. Zusammenfassung und Diskussion

Die neuen Informations- und Kommunikationsverhältnisse, die zunehmend über technische Medien organisiert werden, führen zu gravierenden Strukturveränderungen innerhalb der Gesellschaft. Alle
momentan kursierenden Stichworte zur Markierung der sogenannten
Postmoderne verkennen die Problematik, die die Medien im Zusammenhang mit den gesellschaftlichen Veränderungen haben. Wer von
der "radikalen Pluralität" der Postmoderne (Welsch, 1991), von der
"zunehmenden Individualisierung" (Beck/Beck-Gernsheim, 1990),
oder von der "Ästhetisierung der Lebenswelten" (Schulze, 1993)
spricht, ohne wahrzunehmen, daß die Medien für die Kultur eine entscheidende Rolle spielen, ignoriert die Problematik der sogenannten
Informationsgesellschaft. Die audio-visuellen, elektronischen und digitalisierten Medien sind nicht nur Mittel der Informationserzeugung, -
speicherung und -verteilung, als Instrumente der Wirklichkeitskonstruktion (Schmidt, 1994), sondern sie bestimmen mit zunehmender
Technisierung jede Form der Kommunikation (Haefner, 1989). Damit
ist die "face-to-face" Kommunikation nur noch ein Modell unter vielen
anderen zunehmend technisierten und beschleunigten Kommuni-
kationsmodellen. Geht man von dieser Situationsbeschreibung aus
und stellt die daran anschließende Frage, wie die Sozialwissenschaft
hierauf reagiert, gerät man rasch in nicht "kartographiertes Terrain".

Die vorliegende Untersuchung hat ergeben, worin die Defizite der in
der Soziologie relevanten Kommunikationstheorien liegen. Zusammenfassend seien hier einige der wichtigsten Erkenntnisse thesen-
artig vorgestellt:
- Parsons begreift Medien als Zusatzeinrichtungen zur Sprache.
Dabei geht er vom klassischen Modell der Nachrichtentheorie und
von Paradigmen der Linguistik aus. Es wurde herausgearbeitet, daß
Medien für Parsons zwei Funktionen haben: sie lenken, kontrollieren
und sanktionieren Interaktionen, und sie speichern Informationen im
Sinne eines raum-zeitlichen "Transfers" von Kulturmustern. Medien
dienen, im Vokabular der Systemtheorie, der Generalisierung von
effektivem Kollektivhandeln und der Stabilisierung des Gesamtsystems "Lebenswelt".
- Der implizite Kern der Kommunikationstheorie von Habermas sind
die von Rationalität geprägten, intersubjektiven rein sprachlichen
Verständigungsverhältnisse. Sprache ist hiernach teleologisch auf

Verständigung angelegt und auf die Koordinierung zielgerichteter Handlungen. Die Technizität der Medien penetriert und zerstört demnach die Hermeneutik der Lebenswelt. Würde Habermas die Problematik der technischen Informations- und Kommunikationssysteme zur Kenntnis nehmen, ergäben sich prekäre Folgen für seine gesamte Theorie, da die grundsätzliche Trennung von System und Lebenswelt nicht mehr haltbar wäre.

– Luhmann liefert ein genuin anderes Bild von Kommunikationsprozessen, indem er den Aspekt der prinzipiellen Kontingenz von Kommunikation betont. Hier ist Kommunikation im Unterschied zu Habermas nicht von lebensweltlichen Kontexten bestimmt, sondern von einem binär ausgerichteten Differenzschema vorstrukturiert. Luhmann untersucht die Frage der Selektionsleistungen von Medien, Medien auch hier im Sinne der Systemtheorie, mit dem Ziel der Komplexitätsreduktion. Dabei löst er sich - im Gegensatz zu Parsons - vom kommunikationswissenschaftlichen Modell Sender/Empfänger/ Kanal, da es jede Form von Intersubjektivität sozialer Kommunikation verkennt. Luhmann interessiert nicht das Problem der Informationsübertragung, sondern das Problem der Übereinstimmung von Selektionen. Die Relevanz der technischen Medien für die Weltgesellschaft wird von Luhmann zwar zur Kenntnis genommen, theoretisch aber nicht weiter untersucht.

So kann als Ergebnis festgehalten werden, daß die soziologischen Theorien sich gegenüber den technischen Informations- und Kommunikationsverhältnissen und ihrer Bedeutung für die Gesellschaft erstaunlich abstinent erweisen. Keiner der Theoretiker setzt sich differenziert mit der Informations- und Kommunikationsproblematik der technischen und digitalisierten Medien auseinander. Ihr Medienbegriff ist jeweils eingebunden in einen vorgegebenen Verständnishorizont vor dem Hintergrund einer übergeordneten Handlungs- bzw. Kommunikationstheorie.

Für die weiteren untersuchten Theorien ergibt sich folgendes:

– Schmidt begreift Kommunikations- und Informationsvorgänge nicht als Austauschprozesse, sondern ähnlich wie Luhmann als systemspezifische Selektionsleistungen und Sinnproduktion aus Anlaß der Wahrnehmung von Umwelteinflüssen. Auf der Grundlage der Theoreme des radikalen Konstruktivismus sind für Schmidt Sprache, Kommunikation und technische Medien Instrumente der Wirklichkeitsbeschreibung. Erst mit ihrer Hilfe werden überhaupt Erfahrungswirklichkeiten erzeugt. Daß diese zunehmend aus

Medienangeboten bestehen, wird zwar thematisiert, eine differenziertere Analyse schließt hieran jedoch nicht an.
– McLuhan bewegt sich, wie auch Kittler, innerhalb des Kommunikationsmodells von Shannon und Weaver. Gesellschaftliche Überlegungen bleiben marginal, das Medium selbst steht im Zentrum der Untersuchungen. Es wurde herausgearbeitet, daß einzig die Art und Weise in und mit der Informationen gespeichert und übertragen werden zum zentralen Moment der gesamten Theorie wird. Der Informationskanal und seine spezifischen Eigenschaften werden als der entscheidende Faktor zur Klärung von Kommunikationsverhältnissen absolut gesetzt. Deshalb sind auch diese Ansätze für eine theoretische Analyse von gesellschaftlichen Veränderungen im Zusammenhang mit den technischen Medien nicht geeignet.
Die prekäre Ausweitung des Medienbegriffs in der Tradition McLuhans ist auch kennzeichnend für den französischen Soziologen Jean Baudrillard. Bezogen auf die diskursanalytische Fragestellung wurde für diesen Theoretiker nachgewiesen
– daß die Sender und Empfängerposition implodiert, der Mensch qua Medien nur noch selbstreferentiell kommuniziert und
– daß die gesamte Kommunikationsstruktur von einer komplexen Sprachstruktur zu einem binären, signalartigen System von Frage und Antwort nach Maßgabe von Tests übergegangen ist.
Insgesamt wird damit eine weit größere Nähe der Gedanken von Luhmann und Baudrillard als bisher erkannt deutlich. Es werden auch deutliche Anleihen Baudrillards bei McLuhan sichtbar. Gleichzeitig konnte auch nachgewiesen werden, daß Baudrillard die Medien "nur" als markante Verdeutlichung seiner Simulationstheorie dienen.

Als Fazit des ersten Kapitels kann festgehalten werden: keine der untersuchten Theorien reflektiert den Zusammenhang zwischen den neuen Informations- und Kommunikationsverhältnissen und den gesellschaftlichen respektive kulturellen Veränderungen. Auf der Grundlage dieses Ergebnisses habe ich die Ansätze von Postman, Flusser und Virilio untersucht, da sie diesen bisher vernachlässigten Zusammenhang zu beleuchten suchen. Bezogen auf die übergeordnete Fragestellung läßt sich als Ergebnis folgendes festhalten:
1. alle drei Theoretiker reflektieren den Zusammenhang zwischen den technischen Informations- und Kommunikationsverhältnissen und den gesellschaftlichen Veränderungen.

2. Die Auswirkungen der technischen Medien werden von allen Autoren als Gesellschaft und Kultur grundsätzlich verändernd verstanden.
3. Besonders die technischen Bilder werden als für den kulturellen Wandel relevant begriffen.
4. Hinsichtlich der Bewertungen der technischen Medien und ihrer zukünftigen gesellschaftlichen Entwicklungen nehmen die Autoren sowohl ähnliche als auch unterschiedliche Positionen ein.

Diese divergierenden Bewertungen sind nur nachvollziehbar, wenn der zugrundeliegende Verständnishorizont, der von den Autoren allenfalls implizit formuliert wird, herausgearbeitet wird: Für die medientheoretischen Überlegungen von Postman, Flusser und Virilio läßt sich ein philosophischer bzw. theologischer Kern herleiten.
Bei Postman ist eine sinnvolle d.h. rationale Vergesellschaftung von Information und Kommunikation nur über das Buch respektive die Schrift gegeben. Diese Medien garantieren den Staats- und Bildungsbürger, der gegen die primär vom Fernsehen indizierte Bilderflut einer Amüsier- und Konsumkultur geschützt werden muß. Gelingt dies nicht, ist der Untergang des Abendlandes mit all seinen Errungenschaften voraussehbar.
Postman geht von klassischen Paradigmen der Aufklärung aus. Der Mensch als rationales Wesen ist für ihn das Humanum per se. Gut ist demnach, was diese Komponente fördert, verderblich, was die sinnlich-emotionalen Seiten des Menschen anspricht. Folglich ist das Thema "technische Medien" für Postman ein Thema der Moralphilosophie und nicht der Wissenschaft.
Flussers Positionen sind denen Postmans radikal entgegengesetzt. Kennzeichnend ist hier, auf der wissenschaftstheoretischen Grundlage der Chaosforschung und der Lehre von der Entropie, die konsequente Weigerung, die einstmals gültigen und jetzt verschlissenen Konzepte - Humanismus, die traditionelle Gesellschaft, eine ontologisch gegebene Realität - zu restaurieren.
Flusser dienen die technischen Medien zur Befreiung des Menschen von seiner belastenden Natur. Die Erlösung von der physischen Realität, die schon Kracauer in seiner Filmtheorie formulierte, sieht er als "Rettungsprogramm". Er proklamiert die Befreiung des Menschen von seinem Körper, von Krankheit, Vergänglichkeit, sexueller Bedürftigkeit, Alter und Tod, indem die geistigen Energien im telematischen Netz über das Gesetz der Entropie siegen. Flussers Medientheorie ist

letztendlich eine positiv gewandte Metaphysik, denn mit der Telematik wird der Mensch (sein Geist) endlich unsterblich. Virilio, so das Ergebnis meines Gesprächs mit ihm in Paris, bejaht die Frage danach, ob er sich als klassischer Aristoteliker zu erkennen gibt. Hintergrund seiner Überlegungen ist das "hic et nunc", die unmittelbare Gebundenheit an Materialitäten, die eineindeutige Verortung in Raum und Zeit. Diese Faktoren würden besonders durch die Geschwindigkeit der technischen Informations- und Kommunikationsverhältnisse verändert. Für Virilio gilt es als ausgemacht, daß die Medien alles Sein auf Erden derealisieren und zerstören, den Menschen überflüssig machen, die Körper auslöschen. Virilio begreift die Medien als technische Fehlformen der Metaphysik, die die "anima" und die Beweglichkeit geistiger Vorstellungen vernichten und stattdessen einer perfekt gewordenen Kontrolle und Überwachung der menschlichen Bewegung und der inneren mentalen Bilder dienen.

Wie oben erwähnt ist ein wichtiges Ergebnis der systematischen Analyse, daß für alle drei Theoretiker besonders die technischen Bilder in bezug auf gesellschaftliche Veränderungen relevant sind. Die neuen Informations- und Kommunikationssysteme sind laut Postman, Flusser und Virilio weniger sprach- und schriftgebunden als bild-(schirm)gebunden. Daher wurden in einem nächsten Untersuchungsschritt die wichtigsten Argumente der Theoretiker zu dieser Problematik extrahiert mit dem Ergebnis: Die neuen Informations- und Kommunikationsverhältnisse sehen alle drei Theoretiker gekennzeichnet durch eine Prädominanz der technischen Bilder, die die "Gutenberg-Galaxis" ersetzen. Hierbei wird von einem grundlegenden Antagonismus zwischen der Diskurssphäre des Bildes und der Diskurssphäre der Schrift ausgegangen.

Im letzten Untersuchungsschritt der vorliegenden Arbeit werden die zentralen Argumentationspunkte der drei Theoretiker zum Thema "Bild versus Schrift" anhand von theoretischen und empirischen Ergebnissen der Sprach- und Schriftforschung, der Ethnologie sowie der Film- und Kunstwissenschaft evaluiert. Belegen lassen sich auf diese Weise:

– Schrift stellt die für unsere Kulturgeschichte bisher wichtigste Technik zur Herstellung, Verteilung und Speicherung von Information und Kommunikation dar,

- Schrift ist eine Materialisation der Sprache, die eine neue Art der Beziehung zwischen Wort und Gegenstand, zwischen Abstraktem und Konkretem herstellt. Je nach Art des Schriftsystems handelt es sich um einen mehr oder weniger ausgeprägten Distanzierungsprozeß gegenüber der sinnlich erfahrbaren Welt handelt,
- Schrift schafft Logik und kann an sich abstrakte Sachverhalte visualisieren,
- Schrift ist eine der wichtigsten Voraussetzungen für Kategoriensysteme, für Taxonomien, für die Ordnung des Wissens,
- mit Hilfe der Schrift etablieren sich erst allgemein gültige Gesetze und Anordnungen, die, um mit Foucault zu sprechen, ein "Dispositiv der Macht" garantieren,
- Schrift ist Voraussetzung für einen differenzierteren Organisationsgrad einer Gesellschaft.

Wesentlich komplizierter ist eine Evaluierung der Thesen von Postman, Flusser und Virilio zum Thema Bild. Denn es existiert keine der Schriftforschung vergleichbare Wissenschaft, die sich explizit mit der Phänomenologie des Bildes beschäftigt. Aus der kunst- und filmwissenschaftlichen Literatur ergeben sich jedoch hierfür die folgenden Ansatzpunkte:
- deutlich geworden ist die enorme Komplexität der Bilder, ihre Vielschichtigkeit, ihr Variantenreichtum, besonders aber ihre mimetische und synästhetische Kraft. Diese wird durch die Synthetisierbarkeit, durch die Digitalisierung zerstört, denn an Stelle des Realen tritt die Software und die Zahlenmatrix. Definiert man die Bilder über ihren referentiellen Charakter, so verzichten die digitalisierten Bilder an jegliche sinnliche Anbindung, sind somit - wie Flusser richtig betont - reine Abstraktionen.
Nimmt man diesen Faden auf, ergibt sich das Gegenteil von einem prinzipiellen Antagonismus zwischen Bild und Schrift. Denn mit den technischen Bildern vollzieht sich ein Prozeß der Entsinnlichung, der Konventionalisierung von Zeichen, der zunehmenden Abstraktion mit dem Ergebnis, daß diese Bilder letztendlich etwas wie eine Bild gewordene Schrift darstellen.
Wenn man davon ausgeht, daß der Prozeß einer zunehmenden Visualisierung sich in allen gesellschaftlichen Bereichen fortsetzt, wäre eine weitere Forschung, die sich explizit mit der Materialität und Form der technischen Bilder auseinandersetzt, dringend erforderlich.

Die Theorien von Postman, Flusser und Virilio liefern auch in ihrer Überakzentuierung und provozierenden Ausführung einen Grundstein für eine aktuelle Medientheorie. Mit der vorliegenden Untersuchung, die sich als ein Beitrag zur Grundlagenforschung versteht, werden ihre Überlegungen wissenschaftlich diskutierbar gemacht.

Vor dem Hintergrund der Ergebnisse erscheinen mir folgende Aspekte von besonderer Bedeutung:

1. Eine klare Trennung von manipulationstheoretischen Ansätzen aus den 60er Jahren, die die Medien ausschließlich als Produkte der Kulturindustrie analysieren.

2. Eine deutliche Distanz zu inhaltsbezogenen und wirkungsforschungsorientierten Ansätzen. Denn die Bedeutung der technischen Medien bezieht sich nicht auf einzelne spektakuläre Inhalte, wie die Gewaltdiskussion anhand von Splattervideos und brutalisierten Videospielen zu suggerieren sucht. Eine rein inhalts- bzw. wirkungsbezogene Auseinandersetzung mit moralischen Implikationen verfehlt hier vollständig das eigentliche Thema, nämlich wie sich der gesamte Bereich der Kommunikations-, Wissens- und Informationsvermittlung verändert.

3. Im Gegensatz zum veralteten Kommunikationsmodell von Shannon/Weaver wird das Medium selbst zentral gesetzt. Damit eröffnet sich die Chance, sich von einem Modell zu lösen, das sich entweder auf produktanalytische oder auf rezeptionsanalytische Perspektiven beschränkt.

Die drei untersuchten Ansätze, die das Medium genuin in den Mittelpunkt stellen, lassen sich auf die folgende zentrale These zuspitzen: alles, was über die Welt gewußt, gedacht und gesagt werden kann, ist nur in Abhängigkeit von den Medien wißbar, denkbar und sagbar, die dieses Wissen kommunizierbar machen. Nicht die Sprache in der wir denken, sondern die Medien, in denen wir kommunizieren, modellieren und bestimmen unsere Welt.

Diese These ist in ihrer mediendeterministischen Sichtweise zweifelsohne provokant, macht jedoch gerade durch ihre Überpointierung auf dringend zu bearbeitende Forschungslücken aufmerksam. Davon ausgehend sollte

1. der Medienbegriff dergestalt bearbeitet und definiert werden, daß er weder zwischen einem grammatikalischen noch einem physikalischen Begriff oszilliert, wie beispielsweise bei McLuhan, noch mit

hochaufgeladenen Begriffen aus anderen Disziplinen arbeitet wie beispielsweise bei Kittler.

2. Sollten die einzelnen technischen Medien auf ihre Materialität, ihre
Geschichte, ihre Aisthesis und ihre Organisationsform hin untersucht
werden, denn die Analyse einzelner Medien ist die Voraussetzung für
ein der Struktur der technischen Informations- und Kommunikationsverhältnisse angemessenes Verständnis.

3. Sollten die technischen Bilder als wichtige Transportmittel neuzeit-
licher Weltvermittlung intensiver untersucht werden. Es gilt, die Problematik der Informationserzeugung, -speicherung und -verteilung
jenseits von sprachlicher und schriftlicher Form wahrzunehmen.

Interview mit Neil Postman[1]

Professor Postman, in Deutschland spricht man von Ihnen als Kommunikationswissenschaftler, als Medienpädagoge, als Kulturkritiker. Wie würden Sie sich selbst bezeichnen?

Tief in meiner Seele verstehe ich mich als Sozialkritiker. Das bedeutet für mich, sich mit aktuellen Problemen zu beschäftigen, sie zu verstehen und sie den Leuten zu erklären, auch wenn man nicht unbedingt Lösungen parat hat.

Schreiben Sie Ihre Texte auf dem Computer?

Nein, ich schreibe alles mit der Hand und zwar auf gelb liniertem Papier. Alle meine zwanzig Bücher habe ich so geschrieben. Dann tippe ich alles auf meiner alten Schreibmaschine, keine elektrische, sondern eine alte Smith Schreibmaschine, die meine Mutter mir kaufte, als ich mit dem Studium an der Columbia Universität begann. Für diese Schreibmaschine gibt es nicht einmal mehr Ersatzteile, aber Gott sei dank, sie hält sehr gut. Jetzt gibt es allerdings eine junge Frau an meinem Fachbereich, die glaubt, daß alles, was ich geschrieben habe auf den Computer muß.

Aber Sie bleiben bei Papier und Stift?

Ob der Computer wirklich eine Hilfe beim Schreiben darstellt, ist eine interessante Frage. Da gibt es geteilte Meinungen. Ich möchte ihnen dazu folgendes erzählen. Einer meiner beiden Söhne ist Schriftsteller. Er schreibt gerade an einer Novelle. Neulich rief er mich zu sich und sagte: "Dad, ich muß Dich was fragen, ich kann das nicht auf dem Computer schreiben, ich glaube ich kehre zu Papier und Bleistift zurück". Er ist 29 Jahre alt. Das ist doch interessant, oder?
Demgegenüber sagen einige meiner Studenten, ich solle einen PC benutzen, da hätte ich z.B. ein Rechtschreibsystem. Aber ich weiß doch, wie man rechtschreibt. Und dann sagen sie überhaupt das Seltsamste, nämlich mit einem Computer könnte ich problemlos die

---

1   Leicht gekürzte Fassung eines Interviews, das im September 1992 in Hannover anläßlich des Kongresses "Zur Aktualität des Ästhetischen" stattfand und von der Autorin aus dem Englischen ins Deutsche übersetzt wurde.

Seite 12 auf die Seite 2 packen. Aber das mache ich nicht. Das ist für mich Ausdruck eines unorganisierten Geistes. Allerdings frage ich mich, ob und wie sich die Schriftstellerei durch die Computertechnik verändert.

Herr Postman, unsere Kultur leidet Ihrer Meinung nach an einer Art Aids. Ist das nicht ein etwas gewagter Vergleich?

Nein. Ich habe diese Metapher benutzt, um deutlich zu machen, daß bestimmte Verteidigungsmechanismen gegen Informationen zusammengebrochen sind. Schulen, Universitäten, Religionen, politische Parteien oder auch die Familie sind als soziale Institutionen zu verstehen, die den Menschen helfen Informationen zu selektieren. Man könnte sie auch als Informations-Management-Systeme bezeichnen. Brechen diese Systeme zusammen, gibt es keine Orientierungen, keine organisierenden Prinzipien mehr. Dasselbe passiert, wenn ein körperliches Immunsystem zusammenbricht. Wie z.B. bei der Krebserkrankung. Krebs ist ein normaler Prozeß eines Zellwachstums, der außer Kontrolle geraten ist. Ein funktionierendes Immunsystem jedoch eleminiert ungewollte Zellen, und so bleiben wir gesund.

Lassen Sie mich ein konkretes Beispiel nennen. Vielleicht wissen Sie, daß es in Amerika zwei große politische Parteien gibt. Als Kind gab es bei uns zu Hause eine Theorie über Politik, die uns dabei half, zu wissen auf welche Informationen wir achten, und welche Informationen unwichtig sind. Wir waren Demokraten, also widmete man seine ganze Aufmerksamkeit dem, was Demokraten sagen, und bei den Republikanern hört man einfach weg. Ist das nicht eine ziemlich gute Theorie, um Informationen zu selektieren? (lacht) Nein, aber das Problem ist doch heute, daß Informationen eine Art Müll geworden sind. Das heißt das Problem ist, wie man sie wieder loswird. Die funktionierenden sozialen Institutionen waren hierbei wichtig, und nun ist dieses Immunsystem nicht mehr funktionstüchtig. Wir sind intellektuell nicht mehr kohärent und deshalb eine Art intellektueller Krebspatient.

Diese intellektuelle Köhärenz wurde Ihrer Meinung nach zum einen durch die Existenz funktionierender Institutionen gewährleistet, zum zweiten durch eine gemeinsame Geschichte, nicht im historischen Sinne, sondern verstanden als eine Story, eine verbindende Erzählung, an die man glaubte.

Ja, und im Moment existiert überall auf der Welt ein großer Bedarf an so etwas. Amerika hatte einmal wundervolle Geschichten. Eine war z.b. die, daß die amerikanische Revolution nicht nur ein Experiment war, wie man Politik macht, sondern ein Teil von Gottes Plan. Das gab uns die Autorität zu glauben, ein moralisches Vorbild für die Welt sein zu können. Ist das nicht großartig (lacht)? So wurde Amerika in 150 Jahren eine Weltmacht.

Die Russen hatten ja auch eine interessante Geschichte. Ihr politisches Experiment war nicht Teil eines göttlichen Planes, sondern eines historischen Entwurfs. Mit Hilfe dieser Geschichte, bzw. dem Glauben an diese Geschichte, konnte aus einem primitiven Land ein Weltmacht werden.

Deutschland übrigens braucht dringend eine neue Geschichte, denn Deutschland hat gezeigt, wie gefährlich ein Land werden kann, wenn keine Geschichte mehr existiert. Im übrigen ist jedes Land, das keine Geschichte mehr kennt, gefährlich. Die Skinheads jedenfalls reaktivieren da etwas, was mich beunruhigt. Auch in Amerika haben wir eine fundamentalistische Bewegung, die genauso beunruhigend ist. Allerdings gibt es auch Bewegungen, die mir Mut machen. Die Grünen z.b., ihre Story ist die, daß wir eine Verantwortung gegenüber der Erde haben. Filme wie E.T. sind ein populärer filmischer Ausdruck dieser Idee, daß wir alle nur Mitglieder des Raumschiffs Erde sind.

Und was in Osteuropa passiert ist ja auch sehr interessant. Dort hat man sich vom Marxismus-Leninismus abgewandt, und wir bieten ihnen nun die großartige Story der liberalen Demokratie an. Allerdings wird das wohl noch eine ganze Weile dauern, bis die Russen das "in ihre Seele bringen".

Das hört sich alles sehr simpel an, wäre das auch Ihre story, die Sie erzählen würden?

Ich? Wenn Sie mich als Amerikaner fragen, ja. Es ist doch so, daß jede Nation ihre Geschichte und ihre Geschichtenerzähler braucht, Menschen, die eine Idee herauskristallisieren und in eine Form bringen. Der beste Geschichtenerzähler, den ich kenne ist Mark Twain. Und Huckleberry Finn ist für mich die tollste amerikanische Geschichte, die je geschrieben wurde.

Wer hat nun heute die Rolle des Geschichtenerzählers übernommen, bzw. wie müßten die Inhalte einer aktuellen story aussehen? Denn die Geschichte von der liberalen Demokratie scheint doch für die Kohärenz einer Kultur nicht mehr ausreichend zu sein?

Das ist eine gute Frage. Das Problem heute ist, daß die neuen Geschichtenerzähler in Amerika Leute sind, die Fernsehwerbung machen. Sie ersetzen die Dichter und die Romanautoren. Sie erzählen was das gute, wahre, schöne Leben ist. Nur ist das keine reiche, ermutigende Story, sondern im Gegenteil eine äußerst dumme, nämlich die, daß der Weg ins Paradies der ist, ständig neue Sachen zu kaufen: Autos, "Hamburger", Kleider ... Und die Leute fallen darauf rein. Die Amerikaner haben Mark Twain durch die Männer ersetzt, die Fernsehwerbung machen. Und wenn man sich jetzt überlegt, daß ein Amerikaner bis zum Alter von 22 Jahren eine Million solcher TV-Spots gesehen hat, kann man sich vorstellen, was das für einen enormen Einfluß hat.

Und hier setzt das an, was Sie unter Medienkunde bzw. Medienerziehung verstehen?

Ja, Medienerziehung ist absolut essentiell. Als Amerikaner glaube ich an Erziehung. Man muß alles, was die Medien anbetrifft lernen und lehren, also z.B. wie die Bilder uns "massieren". Wenn wir unseren Kindern das beibringen, haben wir einen guten Grund auf eine intelligente und humanistische Zukunft zu hoffen.

Wie sieht das nun konkret aus? Sie sind ja Professor für Medienökologie. Mit welchen Inhalten beschäftigen sich Ihre Seminare an der Universität?

Ich habe z.B. im letzten Semester einen Kursus über Fernsehwerbung an der Universität angeboten. Wir haben uns mit der Frage beschäftigt, wie man lernen kann, die Botschaften der TV-Werbung "zu lesen".
Es gibt da z. B. ein wundervolles "commercial" über American Express Travellerschecks, das könnte von Dante geschrieben sein. Folgendes passierte: Sie sehen ein Ehepaar, das seine Hotelrechnung bezahlen muß, und zwar in einem Hotel in Istanbul, also ein sehr exotischer Platz, dann sagt der Mann "oh mein Gott, mein Geldbeutel ist weg", der Hotelportier fragt, "haben Sie Travellerschecks?", der Mann sagt "ja". "Ja?", fragt der Portier, "sind es American-

Express Schecks?", "Nein!", dann sagt der Portier "Sorry, I can't help you". Und die Kamera kommt jetzt ganz nah an die beiden verzweifelten Gesichter. Und man fragt sich, was ist mit diesen Menschen passiert? Es sieht so aus, als kämen sie nie mehr nach Hause (lacht). Ich sagte ja, es ist "dantenesk", sie werden nie mehr nach Hause kommen, nie mehr ihre Kinder sehen, und das nur weil sie keine American-Express Schecks haben.

Sie sehen also, die Werbefilmschreiber borgen sich ihren Stoff aus traditionellen Vorlagen, aus alter Literatur, oder aus religiösen Symbolen. Z.B. "das Gleichnis vom Kragenrand". Da sieht man ein junges, glückliches Paar in einem Restaurant, sie unterhalten sich, lachen usw., dann kommt der Kellner und sieht den Kragen des Hemdes, das der Mann trägt, und der ist schmutzig, "oh, ein schmutziger Kragenrand!", und die Frau schaut ihn voller Verachtung an, und der Kellner schaut ihn angeekelt an. Ich habe lange über dieses "commercial" nachgedacht und herausgefunden, daß es einen epistemologischen Gehalt hat.

Und der wäre?

Probleme haben nicht wirklich Ursprünge, sie tauchen einfach auf. Sehen sie, die meisten Systeme haben einen Glauben in die Ursprünge des Bösen. Z.B. das Christentum, bzw. die Katholiken, die daran glauben, daß man so geboren wird, oder die Psychoanalytiker, die daran glauben, daß die frühesten Interaktionen mit den Eltern die Menschen moralisch prägen, oder die Universitäten, die daran glauben, daß die Ignoranz das schlimmste Übel sei. Jedes System hat also eine Vorstellung davon, woher die Sorgen und Probleme kommen. Aber die Fernsehwerbung will uns glauben machen, daß Probleme gerade keine Ursachen und keine Geschichte haben, daß Probleme einfach so auftauchen. Und die einzige Lösung, sie in den Griff zu bekommen ist, die richtige Technologie dagegen zu haben.

Barbara Sichtermann hat sich heute vormittag in der Diskussion mit aller Entschiedenheit gegen eine Medienerziehung ausgesprochen.

Also wenn Barbara Sichtermann noch dazu als Fernsehkritikerin von der "Zeit" dagegen ist oder nicht enthusiastisch auf solche Ideen reagiert, dann ist das für mich sehr seltsam, das kann ich nicht verstehen!

Sie vertritt eben den Ansatz, daß der Rezipient entscheidet, was er aufnehmen will und was nicht.

Ja natürlich, aber auf welcher Grundlage? Also ich zum Beispiel, und das empfehle ich auch anderen, versuche nach 20 Uhr abends die Läden runterzuklappen. Also keine weiteren Informationen mehr aufzunehmen. Ich lese nicht mehr soviele Zeitungen wie ich es früher tat, weil es nur verwirrt, und sowieso alles immer dasselbe ist. Das vermittle ich, um auf Ihre vorherige Frage weiter zu antworten, meinen Studenten.

Und dann bringe ich ihnen folgende zwei Sachen bei: ich liebe es, alte Sachen zu behalten. Alte Autos, alte Kleidung und sogar alte Frauen, ich habe eine alte Frau (lacht), weil mir das ein Gefühl für Kontinuität gibt. Ich habe z.B. eine Sportjacke in meinem Kleiderschrank, die mir überhaupt nicht steht, aber mein Vater hat sie 1958 für mich gekauft, als ich in die Armee kam, und immer, wenn ich meinen Kleiderschrank aufmache, sehe ich meine Geschichte. Oder mein Auto, was wirklich eine alte Schrottkiste ist, aber ich behalte sie, weil, wenn Sie da rein schauen, sehen sie noch die Flecken, die mein Sohn hinterlassen hat, als es ihm schlecht war bei einer Reise, die wir machten. Da war er sechs Jahre alt. Also meine Geschichte ist in diesen Dingen. Also bringe ich meinen Studenten bei, nicht so wild auf neue Sachen zu sein. Nicht, daß ich dagegen wäre, ein neues Auto zu kaufen, wenn das Alte nicht mehr funktioniert, aber es ist eine gute Idee mit seiner eigenen persönlichen Biographie in Kontakt zu bleiben, das gilt auch für Menschen, die einem ein Gefühl für Kontinuität geben.

Die andere Sache ist folgende. Menschen vertragen nicht zuviel Veränderungen. Also, wenn Sie einen neuen Job bekommen, dann heiraten Sie nicht noch einen neuen Mann, oder legen sich nicht auch noch eine neue Wohnung, ein neues Auto oder eine neue Frisur zu. Tun Sie nur eine Sache in einer Zeit. Denn unsere Kultur ist so stark auf permanente Veränderung angelegt, daß, wenn man das auch noch an sich selbst anwendet, verrückt wird.

Ich lese nicht mehr viel Bücher. Ich lese natürlich viel, aber ich habe herausgefunden, daß, Bücher, die man schon kennt, noch einmal zu lesen eine wahre Bereicherung sein kann. Ich lese jetzt gerade z.B. das dritte Mal den Don Quichotte von Cervantes, das ist die beste Novelle, die je geschrieben wurde. Das hält mich verankert. Was natürlich so nicht unbedingt für andere gelten muß. Man muß also spezifische Strategien entwickeln um den "Informationsoverload" zu bewältigen und das muß sehr bewußt geschehen.

Ein anderes Thema, das viel Raum in Ihren Büchern einnimmt, ist, daß Sie der Schrift als Technologie alle Vorteile gegenüber dem Bild einräumen. Für Sie ist Rationalität eindeutig mit der Schrift verbunden?

Bis zum heutigen Tag denke ich, daß die Schrift eine der geheimnisvollsten Aktivitäten ist, die der Mensch vollziehen kann. Ich schreibe alles mit der Hand, und dabei antizipiere ich was ein potentieller Leser verständlich finden wird und was nicht. Ist das nicht seltsam? Nun ich denke, schreiben ist eine sehr seltsame Tätigkeit, und Kinder sollten das für sich prüfen. Noch eine andere seltsame Geschichte möchte ich Ihnen erzählen, als ich in der Schule war, forderten die Lehrer uns immer auf, Dinge erst durchzudenken bevor man sie hinschreibt, hat man Ihnen das noch erzählt? Also wenn man erst über die Dinge nachdenken würde, dann würde ich z.B. nichts mehr hinschreiben ... Das Mysterium des Schreibens ist doch, daß, wenn man einen Satz hingeschrieben hat, er mir erzählt, wie der zweite Satz auszusehen hat, usw. ... Schreiben ist also ein Prozeß der Entdeckungen. Ich weiß doch nicht genau, was ich denke, bevor ich anfange zu schreiben. Aber vielleicht schreiben nicht alle Menschen auf diese Art und Weise. Ich finde das ein wahres Mysterium.
Wenn ich von Medienerziehung spreche, rede ich nicht nur vom Fernsehen, von Computern usw., sondern auch von Sprache, die uns überhaupt erst zum Menschen macht, Schrift, die uns zivilisiert und all die anderen Medien, die Körperextentionen sind. Die Frage ist die, was sich über ihre psychologischen und soziologischen Effekte sagen läßt. In meinem letzten Buch habe ich darüber geschrieben. Auf deutsch heißt es "das Technopol", und ich liebe diesen Titel, denn das hört sich so an, als wäre das Buch von Karl Marx geschrieben, das gibt ihm eine solches Gewicht ... (lacht), und, um auf das Vorherige zurückzukommen, für Kinder ist das ganz wundervoll, solche Sachen zu entdecken. Jede technologische Erneuerung ist eine Art Wundertüte, mit lauter Überraschungen, die vorher keiner voraussehen konnte.

Dann wäre es also falsch zu sagen "das Medium ist die Botschaft"?

Nehmen wir als Beispiel die mechanische Uhr. Die mechanische Uhr wurde im zwölften bzw. dreizehnten Jahrhundert entwickelt und zwar von einem Benediktiner und der Grund dafür war, daß die Benediktiner sieben Mal am Tag beten mußten, und um präziser zu sein wurde die mechanische Uhr erfunden. Am Ende des 14ten Jahrhunderts war die Uhr außerhalb der Klostermauern vorgedrungen und wurde von Händlern benutzt, um die Arbeitsstunden zu standardisieren und natürlich auch das Produkt. Und so kann man sagen, daß die mechanische Uhr eine der fundamentalen Werkzeuge für die Entwicklung des modernen Kapitalismus war. Darin liegt die Ironie. Sie ist von Menschen erfunden, die sich Gott widmen wollten, und es endete damit, daß sie von denen genutzt wurde, die sich dem Geldverdienst verschrieben. Oder Gutenberg. Er war ein gläubiger Christ, und Martin Luther benutzte seine Erfindung, um die heilige römische Kirche zum Zusammenbruch zu bringen.

Und Sie glauben, daß, wenn man mehr über die Auswirkungen von Technologien wüßte, Entwicklungen zu stoppen wären?

Stellen Sie sich vor es wäre 1905 und man wüßte was man heute über das Auto weiß, und man könnte sagen, laßt uns darüber diskutieren, laßt uns eine Liste anfertigen über alle guten und schlechten Konsequenzen des Automobils. Die Amerikaner würden natürlich trotz allem sagen, klar das machen wir, die Deutschen wahrscheinlich auch. Aber vielleicht gäbe es etwas, die Nachteile zu minimieren und die Vorteile zu optimieren? 1905 hätte man natürlich sehr viel machen können, auch noch 1950, mit Erziehung, politischen Taten usw., aber heute ist ein Drittel des Schwarzwaldes kaputt, und es scheint keine Möglichkeiten zu geben, diese Geschwindigkeit zu stoppen, es ist zu spät. Und so kann man das auch in bezug auf das Fernsehen für die 60er Jahre sagen und für den Computer jetzt. Aber niemand tut das. Jeder, der über Computer spricht, spricht nur darüber, was die Dinger können. Es erscheint ganz und gar unmöglich jemanden zu finden, der darüber spricht, was die Computer alles nicht können, denn jede neue Technologie bringt etwas, aber nimmt auch etwas. Die Menschen haben dafür keinen Blick.

Gibt es Anzeichen dafür, daß Ihre Botschaften verstanden werden?

Die Amerikaner sind im Moment sehr wachsam, wachsamer als sie je zuvor waren in bezug auf die Veränderungen, die die Technologien für ihr Leben haben. Es gab eine Zeit, da waren sie komplett versessen auf Technologien, und nun kriegen sie langsam mit, daß alles auch mit Problemen verbunden ist.
Es gibt eben sehr wenige Dinge im Leben, die nicht zwei Seiten hätten und die Technologie gehört mit Sicherheit nicht dazu. Und ohne ein Maschinenstürmer sein zu wollen, bin ich der Meinung, man sollte eine gewisse Kontrolle behalten und nicht zulassen, daß die Technologien mit unserer Kultur machen, was sie wollen.
Die meisten Leute glauben ja, daß man die technologische Uhr nicht zurückdrehen kann, aber die Japaner haben genau so etwas einmal gemacht und zwar vor 200 Jahren. Am Ende des 16. Jahrhunderts entschlossen sie sich, obwohl sie in der Herstellung von Schußwaffen und Kanonen weltführend waren, keine Kanonen oder Gewehre mehr herzustellen oder zu benutzten.

Wenn Sie so etwas in bezug auf das Fernsehen durchsetzten könnten, würden Sie es tun?

(lacht) Das ist unmöglich. Wenn Sie mich fragen, klar, aber niemand, zumindest im Westen, würde da mitmachen.

Herr Postman, was ist Ihr Lieblingsfilm?

Oh, das ist eine großartige Frage, da möchte ich Ihnen etwas erzählen. Vor 1 1/2 Jahren besuchte ich einen Professor in Harvard an der John F. Kennedy-Schule für Politikwissenschaft. Das war vor dem totalen Zusammenbruch der UdSSR. Er war von den Russen gefragt worden, was man tun kann, um den Menschen dort möglichst schnell die Idee der freien Marktwirtschaft beizubringen. Der Professor fragte mich also, ob es irgendwelche Filme gibt, die in diesem Zusammenhang nützlich sein könnten. Er wollte von mir eine Liste.
Die ersten zehn Filme, an die ich dachte, waren Gangsterfilme. Und die nächste Gruppe waren Cowboyfilme. Sie alle handeln vom Individualismus. Das einzelne Individuum gegen die Gesellschaft.

Was halten Sie vom deutschen Fernsehen?

Als ich das erste Mal nach Deutschland kam, haßte ich es. Wissen Sie, ich habe ja dann diesen Jetlag, ich wache mitten in der Nacht auf und kann nicht mehr einschlafen. Also wollte ich fernsehen, und alles, was ich sah, war dieses graue Nichts und ich dachte: "mein Gott, was sind das für Leute, ohne Fernsehen!" Aber heute ähnelt das deutsche Fernsehen schon sehr dem amerikanischen, "Denver" lief hier als Hit Nummer eins.

Ein Fernsehdirektor sagte einmal zu mir, "Denver" schön und gut, aber wir brauchen deutsche Shows von deutschen Schreibern mit deutschen Schauspielern. Und dann kam die "Schwarzwaldklinik".

Gibt es etwas, was Ihnen am deutschen Fernsehen besonders gefällt?

Ja, die deutschen Nachrichtensprecherinnen. Die sind wunderschön! Also, die schaue ich sehr gerne an, das sind die schönsten Frauen, die ich je gesehen habe. Das macht Spaß!

Wenn Sie der Chef einer Fernsehanstalt wären, wie würde das Programm aussehen?

Das Programm würde abends um 20 Uhr anfangen und um 23 Uhr enden. Dienstags und Donnerstags gäbe es gar kein Fernsehen.

Und wie würde der Inhalt aussehen?

Wenn man nur drei Stunden jeden Tag sendet, ergibt sich der Inhalt von selbst. Aber eigentlich liebe ich das Fernsehen. Letzte Nacht z.B. konnte ich nicht schlafen, also habe ich den Fernseher angemacht, und da kamen die Tennis US Open. Ich habe gesehen, wie Jimmy O`Conners spielt. Ist das nicht großartig? Also Sport im Fernsehen ist toll, oder alte Filme ...

Fernsehen an sich wäre für eine Kultur kein Problem, wenn es einen festen Platz unter anderen Medien hätte. Aber in Amerika verdrängt das Fernsehen alle anderen Medien und übernimmt alles: die Politik, die Religion, unsere Nachrichten, unsere Erziehung, unsere Literatur. Erst damit wird Fernsehen zum eigentlichen Problem.

Als ich letztes Jahr auf der Frankfurter Buchmesse war, habe ich mich allerdings gewundert, wieviele junge Leute da waren, die sich für Bücher interessierten. Also in Amerika gibt es das nicht. Von daher glaube ich, in ein paar Jahre werden auch in Deutschland nur noch alte Leute auf die Buchmesse gehen. Aber, um auf Ihre Frage zurückzukommen, wenn ich es könnte, würde ich die TV-Werbung verbieten, besonders die, die sich an junge Leute richtet. Auch religiöse Sendungen würde ich verbieten. Aber wir leben in einem freien Land, und die Leute können sehen, was sie wollen. Man kann keine Gesetze dafür machen. Eben auch deshalb ist Erziehung die einzige Chance, die wir haben...

Was meinen Sie eigentlich genau, wenn Sie den Begriff "Medien" benutzen. Marshall McLuhan hat da ja mit seinem bekannten Ausspruch "das Medium ist die Botschaft" für einige Begriffsverwirrung gesorgt?

Vor McLuhan verstanden die Leute unter einem Medium etwas wie eine Art Vehikel, etwas wird von hier nach dort transportiert, und sie beachteten nicht genügend die Art und Weise dieses Transports. Das war der Fehler. Die Druckerpresse z. B. ist wichtiger als irgendetwas, was je damit gedruckt wurde, und das Fernsehen als Medium ist wichtiger, als irgendetwas, was ausgestrahlt wird. Darauf wollte McLuhan aufmerksam machen. Was nun die Definitionen anbetrifft ... Oh Gott, lesen Sie meine Bücher da steht alles drin ...

Ihre Bücher habe ich alle gelesen, und genau deshalb stelle ich die Frage, weil so vieles, was Sie schreiben so vage bleibt.

Ich weiß, Sie denken wahrscheinlich an eine sehr traditionelle Art der Definition. Aber ich spreche lieber mit Beispielen. Das ist sicher nicht die deutsche akademische Art. Lesen Sie also meine Bücher, da steht alles drin.

Bilder, und auch hier weiß man nie von was für Bildern Sie sprechen. Ich würde da doch einen Unterschied machen zwischen einem traditionellen Tafelbild zum Beispiel und einer Computersimulation. Bilder sind für Sie per se etwas Irrationales, kognitiv Regressives, und Bücher sind in jedem Fall logisch, rational und vermitteln einen Sinn für Geschichte. In welcher Tradition kann man diese doch sehr ablehnende Haltung den Bildern gegenüber begreifen?

Nein, ich stehe Bildern nicht prinzipiell ablehnend gegenüber. Ich glaube nur, daß Ideen oder Theorien nicht durch Bilder ausgedrückt werden können.

Wenn Sie ein Bild von Kandinsky sehen, und Sie wissen etwas über Kunst, sind gebildet, dann können Sie daraus eine Idee oder auch eine Theorie "ablesen", der Meinung bin ich jedenfalls.

Nein, das ist falsch. Kandinsky hatte keine Idee in seinen Bildern, genau so wenig, wie irgend ein anderer Künstler. Zum Beispiel Picasso. Kennen Sie sein Bild mit dem Titel "Guernica"? Das war eine spanische Stadt, die von den Faschisten bombardiert wurde. Das Bild handelt vom Schrecken des Krieges. Aber ohne den Titel wüßten Sie überhaupt nichts. Sie würden also rein gar nichts von diesem Bild verstehen.

Aber auch hier gilt, ich kann es nur verstehen, wenn ich etwas über diese Stadt weiß. In jedem Fall brauche ich, egal, ob es sich um Begriffe, Bezeichnungen oder Bilder handelt, Hintergrundwissen.

Das Bild an sich ist undeutlich. Und alles, was ich in dem ganzen Kram, den ich schreibe, versuche über den Unterschied zwischen Bildern und Wörten zu sagen ist, daß Worte, weil sie Kommentare darstellen, Interpretationen und Ideen liefern und Bilder das nicht schaffen. Sie sind reine Repräsentationen. Die Sprache schafft Konzepte über die Welt, Bilder nicht. Bilder erzeugen Gefühle und das ist das Gefährliche. Ein Beispiel. Sie sehen ein Photo eines kleinen Kindes, das vollkommen abgemagert ist. Was ist mit diesem Kind? Ist es krank? Kommt es aus einem armen Land? Ist es ein Kriegsopfer? Dann kommt die Sprache, die Ihnen die Interpretation liefert. Wenn ich Ihnen nur das Photo zeige, bleibt alles andere unklar. Sie können nur sagen, es macht mich traurig. Aber das Bild selbst gibt Ihnen keinen Kommentar, keine Interpretation, das kann nur die Sprache.

Bilder können doch auch sehr klar und rational sein. Ein Bild von Frank Stella z. B. ist für mich viel weniger mit Emotionalität verknüpft als z. B. ein Liebesroman?

Natürlich, da haben Sie recht. Der entscheidende Punkt jedoch ist der, daß man Bilder nicht ablehnen kann. Aber man kann z.B. einem

Satz nicht zustimmen. Man kann sagen ein Satz ist nicht wahr, oder nicht logisch. Das können Sie niemals gegenüber einem Bild sagen. Ein Bild ist was es ist.

Gibt es für Sie denn Unterscheidungen zwischen einem gemalten Bild, einer Photographie und einem Hologramm?

Mit Computern kann ich Bilder herstellen von Dingen, die nicht existieren. Die anderen Bilder sind Repräsentationen von Realität. Das ist der Unterschied. All das bedeutet jedoch nicht, daß Bilder per se unbedeutend wären. Es bedeutet nur, daß es eine Grenze für sie gibt. Ein Bild kann Ihnen niemals eine Theorie liefern.

In Ihren Büchern kann man eine Art Entwicklung feststellen. Es gibt da den Punkt, an dem die Technik selbst zur Ideologie wird, und der Mensch nur noch Sklave seiner "Werkzeuge" ist. Habe ich das richtig gelesen?

Denken Sie mal nach.

Das versuche ich.

Wann gehen wir Mittag essen? In der Regel um 1 Uhr, ob wir nun hungrig sind oder nicht. Die Uhrzeit diktiert uns wann wir essen müssen. Sogar unsere Biologie ist durch die Uhr, die ja auch eine Technologie ist, kontrolliert. Wir werden also von der Technik bestimmt. Kennen Sie den französischen Philosophen Roland Barthes? Er benutzt den Begriff des Mythos. Die Dinge werden zunehmend mythisch besetzt und zwar dadurch, daß die Menschen anfangen zu glauben, daß alles ein Teil der Natur sei. Man muß sich also von der Technologie distanzieren, es hilft nur bewußte Distanzierung.

Mister Postman, ich bedanke mich für dieses Gespräch.

Interview mit Vilém Flusser[2]

Professor Flusser würden Sie sich als "fröhlichen Wissenschaftler" bezeichnen?

Ich würde mich nicht als Philosophen bezeichnen. Ich habe vor dem Wort Philosophie eine Hochachtung, und ich würde es nicht auf mich selbst anwenden.

Und die Tätigkeit, die Sie betreiben, wie würden Sie die bezeichnen?

Ich denke über Dinge nach, die um mich herum passieren. Ich habe in meinem Gedächtnis eine Reihe von Informationen, die mir helfen, die eigenen Informationen zu lagern und zu präzisieren und was herauskommt schreibe ich dann in meine Schreibmaschine hinein, oder diktiere das in irgendeinen Diktierapparat, und dann kommt ein Text dabei heraus.

Sie schreiben mit der Schreibmaschine, nicht mit einem Computer?

Nein, aber ich habe mit Computern zu tun. Ich selbst habe eine alte Schreibmaschine, so wie sie in Osteuropa erzeugt wurden. Ich habe fünf Schreibmaschinen. Und man bekommt sie nur in ganz billigen Papierläden. Aber leider werden sie jetzt immer rarer.
Das Malheur ist, ich bin technisch derart unfähig, daß jedes Mal, wenn das Farbband ausgeht, ich mir eine neue Schreibmaschine kaufen muß, weil ich es nicht wechseln kann.

Aber die alten sind doch sehr mühsam zu bedienen...

Ja, je mühsamer desto besser, ich schreibe ja ganz langsam. Direkt ins Papier. Je langsamer, desto besser. Nicht wie der Virilio, der glaubt... Nein, nein, ich bin Anti-Virilio in dieser Hinsicht. Je langsamer, desto besser.

Wo sind Sie noch anti-Virilio?

---

2   Leicht gekürzte Fassung eines Interviews, das im Oktober 1991 mit Vilém Flusser, kurz vor seinem tötlichen Unfall, in Karlsruhe stattfand.

Ich will nicht über die anderen reden. Ich würde meinen Ausgangspunkt so charakterisieren: ich bin von der Wissenschaftsphilosophie hergekommen. Ich habe die Wissenschaft immer als einen Diskurs angesehen, der aus Dialogen besteht, die diskursiv vorangehen. Also habe ich mich in der Wissenschaft für ihre kommunikologische Struktur interessiert. Außerdem ist mir aufgefallen, daß in den wissenschaftlichen Überlegungen alphabetische Texte eine immer kleinere und Zahlen eine immer größere Rolle spielen, und das hat mein Interesse auf Codes gelenkt.

Das habe ich dann erweitert, und so habe ich mich für die Kommunikationstheorie interessiert, also auch und vor allem für ihre ästhetischen Aspekte. Gegenwärtig würde ich sagen, daß mich der Zwiespalt zwischen Text, Bild und Zahl interessiert.

Wir werden also in eine Kultur hineinwachsen, in der die Schrift keine Bedeutung mehr haben wird? In der wir ausschließlich in Zahlen denken und formulieren ?

Ich bin kein Prophet. Ich rede nie über die Zukunft. Oder wenigstens nicht bewußt

Aber Sie sind doch Futurologe.

Das bin ich nicht! Diesen Titel lehne ich am radikalsten ab! Ich versuche die gegenwärtigen Tendenzen zu fassen. - Natürlich, Tendenzen zeigen auf die Zukunft, aber ich folge ihnen nicht, sondern ich versuche sie festzuhalten.

Wenn ich an das denke, was Sie über die telematische Gesellschaft schreiben, so entwickeln Sie da doch durchaus positive und negative Szenarien in die Zukunft hinein. Und wenn ich jetzt ein solches Szenarium nehme und mir plastisch vorstelle, wie die Menschen in dieser nicht mehr allzu fernen Zukunft denken werden, wie sie sich formulieren werden, wird die Schriftkultur dann keine Relevanz mehr haben?

Ich glaube, wir sind in einer Inflation von Drucksachen. Es hat noch nie so viel alphabetische Texte gegeben. Wir schwimmen in dieser Menge. Wenn ich von Inflation spreche, spreche ich von Entwertung.

Die Menge der verfügbaren Texte zeigt an, daß diese immer wertloser werden.

Wir schwimmen aber auch in den Bildern...

Ja, aber das ist nicht das Entscheidende. Das Entscheidende an der gegenwärtigen Situation ist, daß die für die Wissenschaft und die Technik entscheidenden Informationen nicht mehr in Buchstaben, sondern in Zahlen verschlüsselt werden. Daß also die Buchstaben eine ihrer wichtigsten Aufgaben, nämlich Erkenntnis zu übermitteln, aufgegeben haben. Andererseits, daß sich die große Menge immer weniger an Texten informiert und orientiert und immer mehr an Bildern. Sie haben recht, auch die Bilder sind sintflutartig über uns gekommen. Aber das entwertet die Bilder nicht. Die technischen Bilder, wie Sie wissen unterscheide ich zwischen den traditionellen und den technischen Bildern, sind etwas Neues insofern, als sie uns Formen des Denkens selbst ansichtig werden lassen. Es gibt Bilder, numerisch generierte Bilder, die platonische Formen auf dem Computerbildschirm ersichtlich machen. In diesem Zusammenhang benutze ich den Begriff Einbildungskraft, den ich von Kant gestohlen habe. Ich glaube, es gibt jetzt die Möglichkeit mit Hilfe von Bildern zu philosophieren und zwar nicht nur mit Hilfe von Computerbildern.

Können Sie hierzu ein Beispiel ausführen?

Ja, ich habe ein Buch geschrieben, es heißt "Angenommen", in dem ich versucht habe, Szenarien für Videoclips zu machen. Das erste Beispiel darin heißt Großmutter. Ich habe da den Versuch gemacht, drei Begriffe des Wortes "Venus" bildlich übereinanderzuschieben, so daß man eine Art Querlektüre hat. Venus als Planet, Venus als mythischer Begriff der Weiblichkeit, also als der Eros, und Venus als Ei, in dem die Sonde als ein Sperma eindringt. Also, ich habe versucht, das Astronomische, das Mythische und das Biologische eins über das andere zu decken, und ich habe mir vorgestellt, daß man das in einem Clip von ungefähr fünf Minuten aufregend gut zeigen könnte, daß man Astronomie, Biologie und Mythos in Bildern übereinander decken kann und das mit Worten und Tönen begleiten kann.

Und in welchem neuen Verhältnis stehen nun die Zahlen, die Buchstaben und die Bilder?

Also ich sehe über der Flut der Buchstaben die Zahlen. Und unter ihr die Bilder. Und jetzt sehe ich die Tendenz, daß Buchstaben und Zahlen zu Bildern werden, so daß hinterrücks, also hinter dem Rücken des Alphabets, numerisch generierte synthetische Bilder entstehen. Es ist eine Art Zange, in der die entwertete Menge von Texten zerknackt wird, und das ist kein Zukunftsbild, das ist heute so.

Bedeutet das wir sind in einem kulturellen Umbruch?

Ich würde sagen ja, und zwar auf Grund von technischen Veränderungen. Diese Veränderungen schlagen auf das Bewußtsein zurück. Man spricht ja zurecht von der Steinzeit, von der Bronzezeit und jetzt von der Computerzeit. Mit Recht, denn die technischen Methoden schlagen auf das Bewußtsein zurück. Das bedeutet z.B., daß wir uns nicht mehr mit kausalen Erklärungen begnügen können, sondern wir müssen erkennen, daß Phänomene als Produkte eines Spiels mit Zufällen angesehen werden müssen. Wir sind gezwungen, die Kategorien unseres Denkens und unserer Wahrnehmung umzuformen.

Es geht darum, mit Hilfe dieser Bilder zu einer anderen Wahrnehmung zu kommen?

Ja. Denn diese Bilder projizieren Szenen, die sich an Konkretizität mit den von den Sinnen wahrgenommenen Szenen vergleichen lassen. Jane Fonda auf 3D ist genauso gut wie Jane Fonda Live. Es gibt ja keine unvirtuelle Realität - ich mag dieses Wort virtuell nicht - da Realität für mich ja ein Grenzbegriff ist. Man sollte also lieber von Konkretizitäten sprechen, denn diese sind steigerbar. Auch das Wort Simulation ist so ein Begriff. Dahinter steckt das Eingeständnis an einen transzendentalen Glauben. Denn, wenn ich glaube, daß ich etwas nachahmen kann, glaube ich, daß es etwas gibt, was ich nicht nachahmen kann, also fast im aristotelischen Sinn eines unbewegten Bewegers. Im Wort Simulation, und noch mehr im Wort Simulacrum verbirgt sich meiner Meinung nach ein Rest von Glauben an das Absolute. Wir sollten aber aufhören mit absoluten Begriffen zu arbeiten.

Das erinnert mich an den radikalen Konstruktivismus. Stimmen Sie mit den Positionen des radikalen Konstruktivismus überein?

Was ich meine geht weiter. Es geht um Konstellationen von Möglich-keiten. In diesem Sinne gehe ich davon aus, daß auch das Ich, die sogenannte Identität, eine Verknotung von Relationen ist, denn jeder führt ganz verschiedene, alternative Existenzen, die jeweils durch ihre Verhältnisse gekennzeichnet sind. Der radikale Konstruktivismus sagt, wir stellen die Welt her, aber es gibt kein "wir", denn das Her-stellen von Welt auf der einen Seite führt zum Herstellen des "wir" auf der anderen Seite. Man kann in den indogermanischen Sprachen nicht ausdrücken, was ich sagen will. Ich werde ein Beispiel geben. Wir denken doch so: Entweder sage ich, ein Hirt weidet eine Schaf-herde, oder aber eine Schafherde wird von einem Hirten gehütet. Das ist die aktive und die passive Form. Und die Konstruktivisten glauben an die aktive Form. Wir weiden die Schafe. Und die Positivisten meinen, es gibt Schafe, die geweidet werden. Aber ich meine, es gibt eine dritte Form, die wir verloren haben. Das würde heißen: es gibt ein Weiden von Hirten und Schafen. Dies ist ein Beispiel dafür, daß der linguistische Diskurs nicht mehr fähig ist, das gegenwärtige Bewußtseinsniveau zu artikulieren. Mathematisch jedoch kann ich das ganz leicht ausdrücken, nämlich in Funktionen. Um nun auf den radikalen Konstruktivismus zurückzukommen, wollte ich sagen, es ist zwar wahr, daß wir aktiv unsere Werkzeuge erzeugen, dadurch stellen wir Wirklichkeit her, aber ebenso wahr ist, daß diese Werk-zeuge auf uns zurückschlagen.

Was heißt das nun für den Bereich der Politik?

Das ist eine gewaltige Frage. Ich will nicht oberflächlich reden...
Was die gegenwärtige Informationsrevolution charakterisiert, ist nicht nur ein Umcodieren aus Buchstaben zu Zahlen einerseits und Bilder andererseits. Sondern es ist auch eine Umschaltung des Fluxus der Informationen.
Früher, wenn Sie Informationen erwerben wollten, mußten Sie sich in den öffentlichen Raum begeben. Der öffentliche Raum war der Ort, an dem Leute ausstellten, publizierten, und andere hinkamen, um das Publizierte nach Hause zu tragen. Der Ort der Politik ist jener Ort, an dem Leute exhibieren und andere das Exhibierte nach Hause tragen. Und jetzt hat sich dieser Strom gedreht, und Informationen gehen direkt in den Privatraum.

Die Öffentlichkeit im Sinne von öffentlichem Raum wird es also nicht mehr geben?

Es gibt sie nicht mehr. Wenn der Politiker in der Küche erscheint, und zu Ihnen redet, ohne daß Sie ihn eingeladen haben, das Höchste, was Sie getan haben war, auf einen Knopf zu drücken, und er erscheint, dann ist der Politiker kein Politiker mehr, sondern ein als Politiker verkappter Privatmensch.

Ich rede nicht von der Zukunft, also das ist keine Futurologie, wie Sie meinen. Ich behaupte, die Politik ist gegenwärtig dabei zu sterben. Der Untergang des Marxismus ist ein Beispiel dafür, die Art, wie der Krieg am Golf geplant und ausgeführt wurde, ist ein weiteres Beispiel dafür. Das Desinteresse der Jugend an den sogenannten politischen Ereignissen.

Ich glaube, wir sind Zeugen des Untergangs des politischen Bewußtseins, und an Stelle dieses Bewußtseins tritt etwas anderes auf. Ich will das mangels eines besseren Namens Intersubjektivität nennen. Die Buben und Mädel, die da vor den Terminalen sitzen und dank reversibler Kabel in Verbindung miteinander sind, die wenden der Politik den Rücken und wenden sich einander zu. Und das ist eine neue Struktur, keine politische, sondern eine Vernetzungsstruktur.

Die Menschen sind sich dann nahe über diese Netze?

Sie sind sich dann telenahe. Diese Telenähe ersetzt das Forum, ersetzt den öffentlichen Raum. Anstatt die Leute in den öffentlichen Raum gehen, um dort Informationen zu erwerben und zu brüllen, oder die Hände auszustrecken in Form von Fäusten, sitzen sie vor den Terminalen und reden miteinander durch reversible Kabel. Und ich glaube, daß ist eine Überholung der Politik dank einer anderen Schaltung, einer Vernetzung.

Und wie werden da Entscheidungen getroffen?

Sie haben zurecht Politik mit Entscheidung gekoppelt. Als ob Entscheidungsfreiheit eine der wichtigsten menschlichen Freiheiten wäre ...

Das begreife ich so.

Das ist meiner Meinung nach ein Irrtum. Ich glaube, daß Entscheidungen mechanisierbar sind. Daß Maschinen sich besser entscheiden als wir. Ich glaube, daß ein Schachautomat besser Schach spielt als ich, und in kürze besser Schach spielt, als der beste Schachspieler der Welt.
Natürlich entscheiden sich Maschinen anders als wir. Sehen Sie mal, wenn ich vor einem Schachbrett sitze, und ich sehe eine Schachsituation, dann überblicke ich sie ungefähr, ich habe einen intuitiven Einblick in die Lage, und aus diesem Einblick wähle ich einen Zug. Das alles fühle ich dumpf, aber empirisch überblicke ich die Sache und ziehe. Ich habe mich entschieden, aber ich kann nie wissen, ob ich mich richtig entschieden habe. Denn, um das zu wissen, hätte ich alle anderen Alternativen ausprobieren müssen. Das habe ich nicht getan. Ich bin mir infolgedessen auch wieder nur dumpf bewußt, daß ich, indem ich mich für einen Zug entschieden habe, alle anderen Virtualitäten verloren habe und zwar für immer. Aber, daß das Entscheiden so etwas entsetzliches ist, so eine Qual ... In Deutschland sagt man ja, wer die Wahl hat, hat die Qual, und das ist ernstzunehmen, daß das Entscheiden so etwas qualvolles ist ...
Ich muß mich ja ständig im Leben entscheiden, und wenn ich einmal aufhöre, dann habe ich die Entscheidungsfreiheit verloren. Infolgedessen, wenn ich das mechanisieren könnte, dann hätte ich nicht eine Freiheit aufgegeben, sondern eine neue Freiheit gewonnen.

Wie würde diese "Entscheidungsmaschine" funktionieren?

Eine Schachmaschine zum Beispiel zieht eine Reihe von Zügen provisorisch, entscheidet sich also nicht blindlings, sondern nach einem spezifischen Kriterium, und dieses Kriterium heißt Entscheidungsbaum. Und nach diesem Entscheidungsbaum trifft die Maschine ihre Entscheidungen, und die sind besser als meine, weil sie nicht blindlings getroffen sind. Und die Maschine hat dabei keine Qual. Sie entscheidet sich mechanisch und quantitativ, und zwar nach drei Parametern: erstens hat sie die Entscheidungsstruktur, den Entscheidungsbaum. Zweitens hat sie die Daten der Entscheidung, das gibt man ihr ein, und drittens hat sie ein Ziel, und dieses Ziel ist ein Wert. Und dies muß ich der Maschine vorschreiben.
Ich bin der Ansicht, was immer mechanisierbar ist, ist des Menschen unwürdig.

Wie einigt sich nun eine Gesellschaft, die keine Politik mehr kennt, in bezug auf diese Werte?

Ich glaube die Mechanisierung der Entscheidungen und die Entpolitisierung der Schaltungen führt - optimistisch gesehen - zu Dialogen, zu Sinngebungen.

Politische Entscheidungen werden Ihrer Meinung nach also mechanisierbar?

Nach dem Sturz der Politik treffen die Entscheidungen Maschinen. Kommen wir auf den Golfkrieg zurück. Bedenken Sie, wie war denn die Sache? Man hat vor dem Krieg in verschiedene Maschinen eine Reihe von Szenarien hineinprogrammiert. Dann hat man immer mehr Daten zugefüttert. Militärische, ökonomische, soziale sogar psychologische ... Ich glaube, man hat gesagt, man soll die Leute so lange bombardieren bis sie halb wahnsinnig werden. Und dann soll man sie überrollen. Das war die pychologische Entscheidung. Alles das hat man in die Maschinen hineingegeben. Dann wurden die Szenarien durchgespielt. Und dann haben sie sich für eine entschieden. Da hat dieser Schwarzkopf oder Weißkopf oder wie er heißt überhaupt keine Rolle gespielt, der hat ausgeführt, was die Maschinen entschieden haben. Und so war dies - wie der Saddam richtig gesagt hat - ein unpolitischer Krieg.

Aber jemand gibt der Maschine Daten ein ...

Dieser jemand, das ist ein schwieriges Wort. Man setzt Werte. Zum ersten Mal in der Geschichte beginnt sich eine Situation herauszukristallisieren, worin die Würde des Menschen darin besteht, seinem Leben und der Welt, in der er lebt, dialogisch Sinn zu verleihen.

Das wäre jetzt sehr positiv, bzw. sehr optimistisch gedacht. Und wenn die Entwicklung eher negativ verläuft ?

Ich weiß nicht, ob man das mit negativ und positiv bezeichnen sollte.

Sie haben das doch selbst so formuliert. Wenn der Mensch durch Maschinen befreit wäre darüber nachzudenken was die gesellschaft-

lich relevanten Werte sind, und wie diese umzusetzen wären, dann würde ich das durchaus als positive Entwicklung bezeichnen.

Wir sind gewöhnt "befreit" zu sagen, als ob wir unfrei wären. Also fragen wir immer: frei wovon? In der Situation, in der ich zu Ihnen spreche, ist das eine falsche Frage.

Aber Sie sprachen doch von dieser Qual der Entscheidungen.

Nicht mehr, ich meine, man kann das auf Maschinen abschieben. Also nicht: frei wovon, sondern: frei wozu? Wir sind Virtualitäten, die wir miteinander realisieren. Wir sind frei "für" eine Sinngebung, "für" eine Wertsetzung.

Für Religion?

Zum Beispiel. Aber wir können auch Werte ausarbeiten, die von unserer jetzigen Sicht her außerordentlich vernichtend sind. Es mag ja sein, daß im Verlauf des Dialogs ein Konsens entsteht, der von hier und jetzt aus gesehen, entsetzlich ist.

Was könnte das zum Beispiel sein?

Um ein einziges Beispiel zu erwähnen, und es ist ein entsetzliches Beispiel: wenn die Menschheit sich weiter in der Menge vermehrt, dann kann vielleicht das menschliche Leben als hoher Wert abgesetzt werden. Man kann sich eine Wertsetzung geben, die die Kindersterblichkeit oder Krankenvernichtung mit einschließt. Ich kann mir sehr gut vorstellen, daß sich eine freie, vernetzte, intersubjektive Gesellschaft entscheidet für einen systematischen Selbstmord und Kindermord.

Das wäre das Ende aller humanistischen Ideen.

Ich glaube, der Humanismus ist schon zu Ende. Falls Sie unter Humanismus die Einstellung meinen, für welche der Mensch, dieses Gattungswesen Mensch, der höchste aller Werte ist, dann ist das vorbei. Ich glaube, wir haben ganz andere Werte. Ich und Du, vor allen Dingen Du. Der Humanismus ist in dem Moment tot, wo Sie nicht mehr sagen, "Ich liebe die Menschheit", sondern wo Sie statt dessen sagen, "Liebe Deinen Nächsten".

"Liebe Deinen Nächsten" ist doch christlich?

Ja, aber das Christentum ist nicht humanistisch. Humanistisch ist: "liebe eine Milliarde Chinesen".

"Liebe eine Milliarde Chinesen"?

Ja, das wäre Humanismus. "Liebe die Menschheit", diesen Kuß der ganzen Welt. Das ist aber ganz unchristlich und ganz unjüdisch. Aber diese Tendenzen zurück zum Juden-Christentum, Sie manipulieren mich da ein wenig ... das würde ich nicht so sagen.
Ich würde sagen, mit der Entpolitisierung und mit der Mechanisierung von Entscheidungen entsteht ein Raum der zwischenmenschlichen Beziehungen zum Wertesetzen, zum Sinngeben. Und dieses Sinngeben kann von hier und jetzt aus gesehen außerordentlich positive, aber auch außerordentlich negative Aspekte haben.

So wie es im Moment aussieht überwiegen ja doch eher die negativen Aspekte.

würde die gegenwärtige Situation so neutral wie möglich bewerten. Dabei stelle ich fest, daß auf Grund von konvergierenden Tendenzen die moderne Lebensform zu Ende ist, die auf der Dialektik zwischen politisch und privat aufgebaut war. Wir sind nicht mehr modern. Und in dem Maße, in dem die Dialektik zwischen privat und öffentlich zu Ende geht, geht auch der Humanismus zu Ende. Auch der Humanismus ist eine moderne Ideologie. Und wie das in der Nachgeschichte, in der Postmoderne vor sich geht, das können wir jetzt schon voraussehen. Anstatt Humanismus ...

Terror ...

Nein, Proxemik. Was interessiert ist das Nächste. Und je weiter entfernt etwas ist, um so weniger interessant ist es.

Aber diese Form der Nähe ist doch sehr künstlich. Wenn ich mir jetzt vorstelle, dieses Gespräch wäre in der telematischen Gesellschaft

über Kabel und Monitore gelaufen, das ist doch keine zwischen-
menschliche Begegnung mehr.

In der Telematik ist der Begriff des Nächsten enthalten. Die Vorsilbe
"Tele" bedeutet das Ferne nahebringen. Das Teleskop zum Beispiel
ist ein Instrument, das den Mond näherbringt.
Was mich interessiert ist, was naheliegt. Und je ferner es liegt, desto
weniger interessiert es mich. Und die Telematik ist ein Mechanismus,
um Fernes nahezubringen und interessant zu machen.

Die visuellen Massenmedien bringen scheinbar alles näher, die Kon-
sequenz ist aber doch eher Desinteresse.

Ich bin mir nicht sicher, ob Sie da recht haben.
Wir haben davon gesprochen, daß der Humanismus einer neuen
Proxemik weicht. Der Humanismus ist eine unexistentielle Einstellung. Der Humanismus sagt: Ich liebe den Menschen. Das gibt es
aber nicht: den Menschen. Das ist kein existentieller Begriff, das ist
eine Abstraktion. Sie kennen den berühmten Satz: Ich liebe die
Menschheit, was ich nicht ausstehen kann sind die Leute. Es ist ja
unhaltbar, die Menschheit zu lieben.
Wenn Sie durch die Straßen gehen, sind ja die Leute nichts als Hin-
dernisse. Wie können wir die Menschen denn im Stau lieben? So
etwas ist doch eine Verlogenheit. Es ist doch vollkommen ausgeschlossen bei der demographischen Explosion. Solange es 5000
Leute auf der Welt gegeben hat, da war jeder einzelne außerordentlich wertvoll. Jetzt wo es 6 Milliarden gibt, da pfeift man doch auf die
Leute. Man sucht doch die Einsamkeit. Man will doch weg von den
Leuten.
Also, wenn wir das klägliche Ende des Humanismus einsehen, und
dabei will ich gar nicht reden von Dingen wie dem Nazismus oder
Stalinismus oder vom Verwandeln der Menschen in Asche, also die
wirkliche Vermassung, sondern von den alltäglichen Dingen, daß
einem die Leute auf die Nerven gehen. Also, wenn einem die Leute
auf die Nerven gehen, dann ist doch der Humanismus in sein
Gegenteil verkehrt.

Und mit der Proxemik halte ich mir die Leute vom Leibe?

Im Gegenteil. Ich beginne, existentiell bedeutende Fäden zu knüpfen. Wenn ich mit einigen Leuten in Verbindung stehe, und mit ihnen Informationen austausche zur Erzeugung neuer Informationen, dann entstehen Freundschaften, aber auch Feindschaften, die existentiell wertvoll sind.

Und dank der Telematik kann ich das Netz viel weiter spinnen, als ich es ohne Telematik könnte. Infolgedessen ist denkbar, daß ein Mensch eingebettet ist in verschiedene Netze und in diesen Netzen mit anderen bedeutungsvoll in Verbindung steht. Und das ist meiner Meinung nach, was gerade anstelle des Humanismus tritt.

Was bleibt dann von der sinnlichen Wahrnehmungsfähigkeit des Menschen? Die ja nicht nur aus Sehen und Hören besteht?

Sie glauben diese Technik ist nicht sinnlich? Ich mache Sie darauf aufmerksam, daß es so etwas gibt wie den Teleorgasmus.

Das kann ich mir nicht vorstellen, was das sein soll.

Gut. Ich werde Ihnen sagen, was das ist. Es gibt Möglichkeiten, daß Sie Querverbindungen herstellen, sexuelle Querverbindungen, dank Telepräsenz, die gegenseitig zum Orgasmus führen.

Über den Kopf, oder wie?

Ja, der Sitz des Orgasmus ist ja sowieso im Gehirn. Glauben Sie ja nicht, daß er in den Geschlechtsorganen sitzt.

Das dachte ich bisher immer.

Ja, aber das ist falsch. Die Organe sind, wie der Name schon sagt, Verlängerungen des Gehirns. Sie können einen zerebralen Orgasmus haben, und dieser zerebrale Orgasmus hat die Eigenschaft, im Unterschied zum anderen, daß er ununterbrochen sein kann. Man hat das übrigens bei Ratten schon erzeugt. Man kann Ratten durch die Einführung von Elektroden in Gehirne in einen ständigen Orgasmuszustand bringen, und diese Viecher sterben vor Glück.

Sie sterben ...

Vor Glück. Sterben tun wir alle. Der Akzent ist hier nicht das Sterben, sondern das Glück.
Aber nehmen wir das Wort "sinnlich" in einem weiteren Sinn. Sie meinen, was gesehen, gehört usw. werden kann. Vorläufig, Sie haben recht, ist die Telematik am besten für sehen und hören. Sie ist audiovisuell. Da ist sie allerdings sehr stark. Viel sinnlicher als Körper ohne Prothese, denn Sie können ja die Telematik als Prothese des Körpers ansehen.

Die Medien als Verlängerungen bzw. als Ersatz für den menschlichen Körper, das hat ja bereits McLuhan so angedacht ...

Nennen Sie nicht Namen! Man beginnt ja wie Sie wissen, mit Handschuhen und Hirnen auch taktile und chemische Sinneserfahrungen zu erzeugen, also Düfte und sehr bald auch Geschmäcker. Haben wir Vertrauen zur Technik, das ist das Einzige, wozu wir beim Menschen Vertrauen haben können. Die Menschen werden wahrscheinlich schlechter, aber die Technik wird besser ...

Also blindes Vertrauen in die Technik?

Wozu man beim Menschen absolutes Vertrauen haben kann, ist seine Fähigkeit immer bessere Werkzeuge zu erzeugen. Wozu er sie verwendet, dazu darf man kein Vertrauen haben, denn der Mensch verdient kein Vertrauen, auch das ist ein Ende des Humanismus.
Der Humanismus stirbt, weil wir zu den Menschen kein Vertrauen haben können. Da wären wir ja verrückt, wenn wir Vertrauen zu den Leuten hätten, nachdem was alles passiert ist. Also Vertrauen zum Alten, zum Untechnischen, können wir nicht haben. Wenn Sie die Leute zusammen lassen ohne Telematik, bringen sie einander einfach um, und das ist noch der beste Fall. Also die Telematik ist ein bißchen anständiger als nicht Telematik, wenigstens apriori.
Natürlich kann auch die Telematik mißbraucht werden, wie die Zähne oder die Fingernägel. Wenn Sie die Zähne als die erste Prothese ansehen und die Atombombe als die vorletzte oder letzte, warum soll sich der Mensch mit der Atombombe anständiger benehmen als mit den Zähnen. Es besteht ja kein Grund. Aber trotzdem, wir können doch Vertrauen haben, daß die Technik immer besser wird. In diesem Sinn, daß die Telepräsenz immer sinnlicher wird, viel sinnlicher als die "face to face" Präsenz.

Das würde ich nicht so sehen.

Ja, aber dann sehen Sie das falsch. Gestatten Sie, ich werde Ihnen ein Beispiel sagen. Wenn Sie zum Fußball gehen und stellen sich in eine Schlange und kaufen sich eine Karte, gehen auf einen unbequemen Platz und sehen nur ungefähr, was mit dem Ball geschieht, und dann brüllen Sie, wenn alle Leute brüllen, und dann gehen Sie müde nach Hause, oder wenn Sie das Fußballspiel im Fernsehen sehen, von verschiedenen Standpunkten, so daß Sie die ganze Struktur und die ganze Strategie des Spiels sehen können, dann behaupte ich, daß die Telesicht unverhältnismäßig sinnlicher, tiefer und bedeutender ist, als die "face to face" Sicht, und solche Beispiele kann ich Ihnen viele geben. Also diejenigen, die da anderer Meinung sind, irren sich. Ich sage ja nicht, daß die "face to face"-Gegenwart völlig durch die Telegegenwart ersetzt wird. Ich sage nur, daß es Fälle gibt, in denen die Telepräsenz der "face to face"-Gegenwart vorzuziehen ist. Ich sehe mir viel lieber das, was in Jugoslawien passiert, im Fernsehen an, als daß ich nach Zagreb führe, nicht weil es unangenehmer wäre in Jugoslawien zu sein, sondern weil ich einen viel besseren Überblick habe, wenn ich es mir in der Television anschaue.

Für Sie mag das so gelten, denn Sie haben Ihre Theorie und Ihren Standpunkt. Aber all die anderen, die sind schlichtweg froh, daß Sie mit diesen Ereignissen nicht direkt konfrontiert sind und es sich zu Hause im Fernsehsessel bequem machen können.

Sie tun mir Unrecht. Ich glaube, jeder Mensch, der sich in der Television Zagreb anschaut, weiß mehr darüber, als die Leute in Zagreb. Das ist doch die alte Frage von Bergson "Wer kennt Paris besser, der dort wohnt, aber sich nicht auskennt, oder wer dort nie war, aber die Geschichte von Paris kennt und genau den Stadtplan?" Entscheidungen darüber sind nicht zu treffen. Es sind zwei verschiedene Arten von Kenntnis. Ich mache kein Plädoyer gegen "face to face". Ich argumentiere gegen jede naive Meinung, daß die Telepräsenz weniger sinnlich sei, als die "face to face" Präsenz.

Und was passiert mit dem, ich nenne das jetzt mal "Rest", daß ich jemanden direkt anfassen, riechen, lachen sehen kann?

Diese Direktheit gibt es doch gar nicht. Es ist doch alles vermittelt. Es gibt keine natürliche, unvermittelte Begegnung zwischen Menschen. Es ist ja nicht wahr, daß, wenn ich Sie sehe, ich mich sofort auf Sie stürze als ein Männchen auf ein Weibchen, wie ich es natürlicherweise tun sollte. Sondern unser Verhalten ist ja außerordentlich kodifiziert. Wenn wir hier "face to face" zusammensitzen, sitzen wir ja nicht unmittelbar, sondern wir sind vernetzt durch eine ganze Reihe von Sitten, denn Sinnlichkeit ist Sittlichkeit. Wissen Sie, es gibt nichts Unvermitteltes. Der Mensch ist ein mittelbares Wesen, ein mediales Wesen, wie man heute sagt, er ist ein anti-natürliches Wesen.

Ein natürliches Verhalten, wo ich, wenn ich zum Beispiel die geringste Wut auf Sie habe, Ihnen die Augen ausreiße, so etwas gibt es doch nicht mehr. Ich würde sagen, zum Glück. Stellen Sie sich doch vor wie eine angeblich natürliche Gesellschaft ausgesehen hat. Da waren Weibchen mit einigen Jungen, und ringsherum waren die Männchen, die sind herumgestrolcht und haben darauf gewartet, daß der Vater krank wird, und dann haben sie sich auf ihn gestürzt und ihn zu Tode gebissen, um sich auf die Mütter zu stürzen und ihnen Kinder zu machen. Das war doch nicht so schrecklich sympathisch, oder?

Nein. Aber die Vorstellung einer telematischen Gesellschaft finde ich auch nicht so schrecklich sympathisch.

Ich finde den Menschen überhaupt nicht sympathisch.

Ich möchte noch etwas anderes fragen. Sie schreiben innerhalb ihrer Kulturtheorie von diesen zwei großen Zäsuren. Von der Ablösung des traditionellen Bildes durch die Schrift und später von der Ablösung der Schrift durch die technischen Bilder. Können Sie das hier etwas konkretisieren?

Die Schrift entstand, und das können wir an bestimmten Tafeln genau sehen, als man Bilder in Teile zerlegte. Heute würden wir sagen in Pixels, damals sagte man in Piktogramme.

Die Schrift diente also ursprünglich dazu, Bilder zu erklären? Und zwar ganz ausschließlich?

Ja, aber warum muß man ein Bild erklären? Doch nur weil es irgendwie unklar ist. Es ist etwas Undeutliches an Bildern, etwas Vieldeutiges. Und diese Vieldeutigkeit verstellt, was es meint. Man hat angefangen zu schreiben, als Bilder zu kompliziert wurden. Und als sie infolgedessen dazu verleitet haben, daß sich die Leute die Bilder anschauten, nicht um sich an ihnen in der Welt zu orientieren, sondern um ihre Erfahrungen in der Welt dazu zu benutzen, die Bilder zu entziffern. Das nenne ich Magie, und das ist gar nichts Abstraktes, das ist etwas außerordentlich Konkretes.

Die Schrift ist also davon ausgegangen, die Bilder zu erklären. Und das ist ihr gelungen. Dann wurde sie immer unvorstellbarer. Wenn Sie sich die Texte in der Wissenschaft anhören, so können Sie sich darunter überhaupt nichts vorstellen. Die Texte sind soweit vorgedrungen, daß sie eine vollkommen unvorstellbare Welt zeigen. Zum Beispiel die Quantentheorie besagt Ihnen, Teilchen der Atome sind stehende Wahrscheinlichkeitsfälle. Das hören Sie sich an, aber Sie können sich darunter nichts vorstellen. Die Welt ist unvorstellbar geworden. Aber in einem ganz anderen Sinn. Sie ist nämlich erklärt und dennoch unvorstellbar. Oder gerade weil sie erklärt ist, ist sie unvorstellbar.

In dieser unvorstellbaren Welt hat man versucht, sich wieder Bilder von der Welt zu machen. Und dazu hat man die Wissenschaft benutzt. Die Wissenschaft, die die Welt unvorstellbar geschaltet hat, soll mir Maschinen bauen, die mir erlauben, mir diese Welt wieder vorzustellen. Und das ist die Photokamera. Die Photokamera ist eine Vorrichtung, die auf wissenschaftlichen Erkenntnissen beruht, auf Mechanik, auf Optik, auf Chemie, und diese Vorrichtung soll mir erlauben, mir aus der unvorstellbar gewordenen Welt Szenen im deutschen sagt man aufzunehmen, um mir das Aufgenommene wieder vorstellen zu können. In diesem Sinne habe ich in einigen meiner Bücher von diesen zwei Zäsuren gesprochen.

Monsieur Flusser, ich bedanke mich für dieses Gespräch.

Interview mit Paul Virilio[3]

Monsieur Virilio, in Deutschland spricht man von Ihnen - und Ihre Bücher sind viel diskutiert - als Philosoph, als Kommunikations- und Medientheoretiker. Wie würden Sie sich selbst bezeichnen?

Ich bin kein Medientheoretiker, ich bin Urbanist. Das ist sehr wichtig! Sie interviewen mich in meiner Hochschule für Architektur, die ich seit langem leite. Ich bin Urbanist nicht im klassischen Sinn des Wortes, nicht als Stadtplaner, sondern als derjenige, der über die Stadt nachdenkt.

Ich glaube man hat vergessen, daß die Philosophie aus der Stadt geboren ist. Wenn man sagt Virilio ist Philosoph, sage ich nein. Ich bin als Urbanist "vor" der Philosophie, d.h. ich gehe von einer Idee aus, die die Philosophie überhaupt erst möglich machte. Die Stadt ist für mich die übergeordnete politische Form der Geschichte in einem sehr weiten Sinn, nämlich hinsichtlich der Geistesgeschichte, der Geschichte des Krieges, der Geschichte der Ökonomie und der demografischen Geschichte.

Also, zuallererst beziehe ich mich auf die Stadt, auf die "civitas". Von dieser Position aus untersuche ich die Technik, besonders die Transport- und Kommunikationstechniken.

Am Beginn Ihrer Arbeit über die Stadt stand die Frage des Krieges.

Das ist für mich ganz zentral. Wenn ich über den Krieg spreche so ganz ohne Wertung. Ich bin keinesfalls Militarist... Ich erinnere daran, daß der Krieg aus der Stadt geboren wurde. Der erste Bürgermeister war ein Militärstratege. Das heißt: die Stadt hat den Krieg organisiert, indem sie seinen Ort organisiert.

Heißt das, ohne die Existenz einer Stadt existiert auch keine kriegerische Auseinandersetzung? Mir fallen da spontan die Mongolen ein ...

Das waren Konflikte, Tumulte. Man kann erst dann von einem Krieg reden, wenn eine territoriale und disziplinierte Organisation vorliegt.

---

3   Auszüge eines Interviews, das im Januar 1995 in Paris stattfand und von der Autorin aus dem Französischen ins Deutsche übersetzt wurde.

Erst mit der Stadt existiert eine Strukturierung des Krieges als Disziplin und damit beginnt die Politik, denn auch diese beiden Bereiche sind miteinander verbunden. Der Citoyen ist ein Soldat und der Soldat ein Citoyen.

Die Stadt muß ihrer Meinung nach einerseits mit dem Krieg zusammengedacht werden, aber auch mit der Wissenschaft und dem Reichtum?

Im Herzen dieser Frage steht die Geschwindigkeit. Denn die Geschwindigkeit ist das verborgene Gesicht des Reichtums. Für mich ist die Geschichte der Welt gebunden an die Ökonomie - das ist banal - an den Reichtum, an das Kapital, um einen gebräuchlichen Terminus zu gebrauchen ... Dabei hat man aber vergessen, daß Reichtum und Geschwindigkeit zusammengehören.
Meine Arbeit ist eine Arbeit über die verborgene Seite der Ökonomie, über die Geschwindigkeit. Und zwar die Geschwindigkeit bezogen auf den Krieg, auf die Ethik und die Moral und heute natürlich bezogen auf die Informations- und Kommunikationstechnologien.

Auf die Ethik und die Moral?

Im Moment bin ich dabei einen Text über die Telesexualität zu schreiben, über die Cybersexualität. Das ist nichts Pornographisches (lacht)... Der Titel heißt "Die Ablenkung". Denn die Virtualisierung der zwischenmenschlichen Beziehungen, sei es durch Cyberspace oder durch Datenautobahnen, ist eine Ablenkung, eine Weise die Realität auseinander laufen zu lassen, sie zu spalten. Und das ist ein enormes Phänomen ... das ist nur duch die rechnergesteuerte Geschwindigkeit möglich.

Gibt es angesichts der zunehmenden Auflösung einer als allgemein verbindlich akzeptierten Realität - Sie sprechen in diesem Zusammenhang von der Ästhetik des Verschwindens - eine Zukunft für die Stadt?

Ja. Unglücklicherweise oder glücklicherweise sind wir heute am Ende des 20. Jahrhunderts. Wir sind an einem Punkt, an dem die politischen Formen zusammenbrechen. Das heißt, wenn die Stadt früher die Quelle der Wissenschaft und der Philosophie war, ist es heute die

Virtualität. Die Lokalisation in Form der großen Städte hat heute wesentlich weniger Bedeutung als die Virtualisierung. Das heißt, es geht zunehmend um die reele Zeit und die Welt-Zeit, wie ich sie nenne. Wenn man das Internet benutzt, benutzt man eine Hyperstadt, eine Stadt ohne Raum, ohne physische Begegnung. Das ist der Bruch mit dem großen politischen Theater der Stadt. Die alte Stadt war definiert durch physische Nähe. Im Forum ist man zusammen-gekommen, um Politik zu machen und um sich zu streiten.

Mit Hilfe der Telekommunikation kann man zusammen sein und gleichzeitig getrennt sein, d.h. man kann sich in der Distanz verbin-den, was ja ein absolutes Paradox ist. Also nicht nur Cybersexualität, sondern auch Cyberpolitik, Cybermarkt und natürlich Cyberkrieg. Damit zerbricht die Einheit von Zeit und Ort. Dieser Bruch kennzeichnet das Ende des 20. Jahrhunderts, er bedeutet das Ende der alten Politik. Man stößt auf etwas, was keine Form, keine konkrete Gestalt mehr hat. Wir befinden uns in einer völlig neuen Situation, ohne es recht zu bemerken. Die Stadt war früher etwas topisches, eingeschrieben in einen Ort in ein "hic et nunc". Dieses "hic et nunc" ist ersetzt durch eine "Stadt", die tele-topisch ist, eine "Stadt", die hier und anderswo ist zur gleichen Zeit.

Es geht Ihnen primär um die Frage der Zeit und der Geschwindigkeit, aber die Quantität ist doch auch ein Problem?

Natürlich. Quantität und Intensität... Aber das Wichtigste ist im Moment die rechnergesteuerte Geschwindigkeit. Hier spielt sich auch der große Konflikt zwischen der Schrift und dem Bildschirm ab. Ich sage nicht zwischen der Schrift und dem Bild. Vorsicht hier! Der Bildschirm, nicht das Bild.

Sie schreiben in Ihren Büchern sehr viel und im Unterschied zu ande-ren Autoren sehr differenziert über die Bilder, die mentalen, die kine-matografischen und heute besonders die Video-, Fernseh- und Com-puterbilder. Ich habe mich immer gefragt, wieso Sie sich nie über die Schrift, das Schreiben und die Bücher äußern?

Ja, da haben Sie vollkommen recht. Ich liebe vielleicht die Poesie zu sehr, um den Willen zu haben, Schrift zu dekonstruieren. Es kommt mir fast etwas barbarisch vor ... Aber Sie haben recht, hier ist eine Aufgabe, die ich noch nicht in Angriff genommen habe.

Ich glaube im Moment ist die Schrift durch den Bildschirm bedroht. Man riskiert die Situation einer allgemeinen Infantilisierung, das sieht man ja bereits überall, also "Infans" im Sinne dessen, der nicht spricht, der nicht liest usw. ...

Wie erklären Sie sich das Phänomen, daß die Philosophie die Technik bzw. die Medien so wenig reflektiert bzw. kritisiert?

Ja, das ist wahr. Die technische Kultur wird wenig bedacht. Also, es gibt eine künstlerische Kultur, die sich seit Generationen, seit Jahrhunderten entwickelt hat, wohingegen die technische Kultur total elitär ist. Selbst die Techniker haben keine technische Kultur, selbst diejenigen die z.b. in der Computertechnologie arbeiten ... Ich kenne jemanden, der Computer herstellt, CD Roms und solche Sachen. Ich habe ihm neulich ein Buch über die virtuelle Realität gegeben, und er hat nichts verstanden. Überlegen Sie mal, jemand der CD Roms herstellt ... Demgegenüber bin ich unfähig einen komplizierten Computer zu bedienen. Die technische Kultur, in der wir leben, kennt keine kollektive Intelligenz, keine allgemeine Kritik. Kritik existiert nur sehr vereinzelt.

Vielleicht hat diese Problematik, also das Fehlen einer Kritik, auch viel mit Psychologie zu tun in dem Sinn, daß die Technik in jedem Fall eine Form der Befreiung verheißt ...

Ja, das ist gerade der Bluff der Technologie. Die Technologie braucht die Öffentlichkeit, um sich zu entwickeln. Sie ist liiert mit dem Markt. Das ist kein Zufall: Sony, Microsoft, das ist eine riesige Industrie, die auf den Markt angewiesen ist. Und Internet, die Datenautobahnen das ist eine Öffentlichkeit! Und im Moment spüren wir die Konsequenzen ... Ich bin nicht dagegen, ich sage nur: Wir sind denen scheißegal, und das ist ein Bluff.
Für mich heißt sich für Technik zu interessieren, sich für ihre Negativität zu interessieren. Die elektronischen Entgleisungen der Datenautobahnen beispielsweise, die ganzen virtuellen Katastrophen, die ganzen Konfusionen ... das ist ja nicht sichtbar. Es gibt keine Toten, aber es gibt die Arbeitslosigkeit, es gibt die "Delokalisation", es gibt die großen Konzentrationen. Darüber arbeite ich, das ist nichts Negatives, im Gegenteil das ist sehr postiv.

Wie sehen nun die Gegenstrategien aus? Was ist Ihre "message" in bezug auf diese technologischen Entwicklungen. Was kann man tun, wie kann man sich schützen?

Ich bin Christ. Das heißt für mich ist der Dialog von Mensch zu Mensch fundamental. Er ist autonom. Und diese Autonomie ist meiner Meinung nach gut. Erst dadurch wird es möglich die Beziehung der Menschen untereinander zu zivilisieren. Die Beziehung zu anderen Menschen in den ehemaligen Gesellschaften, in den alten Kulturen sind Gewaltbeziehungen: der Raub, die Vergewaltigung von Frauen und der Tod der Männer oder die Sklaverei... Also ist die erste quasi tierische Sprache die Gewalt zwischen Gruppen. Und damit etwas anderes als die Gewalt da ist, braucht es die Sprache und die Schrift. Ich glaube diese Schrift, diese Sprache ist für mich heilig, weil sie die gewalttätigen Beziehungen zwischen den Menschen zivilisiert hat, über und durch den Dialog. Ich bin nicht sicher, ob diese neuen, digitalen Bildschirmbilder zivilisieren. Im Moment glaube ich eher nicht. Allerdings spreche ich nur von der momentanen Situation, ich mache also keinen definitiven Aussagen.

Was kann man machen, um den Dialog zu rekultivieren?

Zunächst einmal muß man die physische Präsenz der Menschen mit den Menschen bewahren, das "hic et nunc". Der Dialog fordert die physische Präsenz. Durch das Telefon, aber v.a. ab morgen durch Cyberspace und all diese neuen Dinge wird es möglich werden, daß ich jetzt und hier sitzend jemandem in New York die Haare streichle. Ja, das gibt es bereits! Das alles ist schon da! Ich denke, das ist etwas ganz wichtiges, weil es die physische Präsenz aufhebt. In diesem Zusammenhang schreibe ich gerade über die Telesexualität.
Ich denke die Philosophie beginnt bei diesem "hic et nunc". Es gibt keine Existenz ohne das Hier und Jetzt. Ab dem Moment, wo man sagt Existenz das ist hier und da, ist etwas zerbrochen. Und dieses Etwas bringt den zivilen Krieg, den Krieg aller gegen alle. Das heißt die Form von Krieg, die der Sprache vorangegangen ist. Der originäre Krieg. Vor der allgemeinen Sprache war die Sprache die Gewalt. Die kriegerischen Tänze und die Morde, Morde der Kommunikation ...
Die Situation heute ist die, daß diese neuen Technologien die originäre Gewalt und physische Auseinandersetzungen zurückbringen. Anders ausgedrückt, es ist die Frage der Stadt, der Agora, des

Forums. Das ist nämlich das hier und jetzt. Zusammen sein im hier und jetzt. Die Politik ist genau das. Und das Fernsehen, wenn man darauf nicht aufpaßt, wenn es keine Form von "Blocksystem" gibt, dann ...

Ein merkwürdiges Wort, "Blocksystem" ...

Ungewöhnlich. Um die Entgleisung zu vermeiden. Ein technischer Terminus, um den Unfall zu vermeiden.

"Blocksystem". Das erinnert mich an die Nazi-Terminologie ...

Nein, das ist ein rein technischer Terminus, der aus dem englischen kommt. Eine Zugentgleisung ist ein Unfall einer physischen Präsenz. Ich gebe ein Beispiel: Ich habe eine Freundin und möchte mich von ihr trennen. Ich möchte sie einladen zum Frühstück, um ihr zu sagen es ist Schluß. Oder telefoniere ich besser? Sehen Sie, was ich sagen will? Das ist schlimmer! Das ist eine Entgleisung der Freundschaft, des Dialogs.
Mit der Telekommunikation ist es dasselbe. Das ist ein enormer Unfall. Franz Kafka hat bereits in seinen Briefen geschrieben, daß die Mittel der Telekommunikation ein außergewöhnlicher Unfall sind.

Kafka hat darüber in seinen Briefen geschrieben. Das heißt bereits damals gab es diesen Bruch des Dialogs, der menschlichen Kommunikation ...

Natürlich. Aber dies war nicht vergleichbar mit der Macht der Information auf Grund der elektronischen Datenautobahn von heute, mit dem kybernetischen Informationssystem, das weltweit existiert. Mit dem Fernsehen, mit den Computern, mit den "tradern", mit der Bürokommunikation, mit dem Verteidigungssystem des Pentagon usw. ...
Bei Kafka geht es nur um die Briefe. Aber natürlich ist es ganz offensichtlich, daß es bereits ihm um die physische Anwesenheit ging.

Wenn das Sein sich über die Wahrnehmung konstituiert und Wahrnehmung eine Sprache ist, müßte man dann nicht viel genauer untersuchen, wie einzelne Medien, wie einzelne Techniken unsere Wahrnehmung vororganisieren?

Aber natürlich. Das erinnert mich an Berkeley. Man muß zurück zu Berkeley. Sein ist wahrnehmen und wahrgenommen werden. Und Berkeley sagt, daß das Sehen eine Sprache ist, die man lernt, ohne es zu wissen. Erinnern Sie sich, das ist sehr kompliziert. Aber es ist wahr. Und ich glaube, man kann heute nicht über die Digitalisierung bzw. das Analoge sprechen, ohne zu verstehen, daß die Digitalisierung der Bilder etwas mit der Sprache zu tun hat, von der Berkeley spricht. Mein Lehrer ist hier Merleau-Ponty, der Phänomenologe der Perzeption. Ich glaube, daß es eine Sprache der Perzeption gibt und daß die Phänomenologen und andere versucht haben dies anzuschneiden. Das muß alles noch genauer untersucht werden ...

Ich habe schon oft gesagt, jedesmal, wenn man eine Epoche wechselt, wechselt man auch die Optik. Heute brauchen wir eine Philosophie der Optik. Nicht nur der analogen Optik, sondern der numerischen Optik.

Könnte die Ästhetik eine Strategie gegen die Destruktion sein?

Ja, wie die Poesie. Ja. Aber Vorsicht! Die Frage der Ästhetik ist mit der Geschwindigkeit verbunden. In der Geschwindigkeit der Videobilder zum Beispiel ist das Vergessen, das, was ich die Ästhetik des Verschwindens nenne. Ein Bild, das sich Ihnen aufdrängt, ohne daß die Zeit bleibt, darüber nachzudenken. Die Zeit, in der die elektronischen und digitalen Bilder produziert und verteilt werden, verändert alles. Live, immer live. Die Geschwindigkeit dieser Bilder wird zu schnell, ein Phänomen das vergleichbar ist mit Drogen und Halluzinationen. Sie werden konditioniert, Sie sind nicht länger frei und damit existiert keine Kommunikation mehr.

Für mich lassen sich Ihre medientheoretischen Thesen folgendermaßen polarisieren: Medien derealisieren, sie bringen Materialität, raum-zeitliche Erfahrung zum Verschwinden; auf der anderen Seite: die Medien repräsentieren Welt, sind erfahrungserweiternd, wie es zum Beispiel Vilém Flusser diagnostiziert hat.

Bis zu welchem Punkt, das ist die entscheidende Frage. Wenn man aus dem territorialen Körper ausgetreten ist, ist man außerhalb der Erde, außerhalb jeglicher Distanz. Die Lichtjahre sind keine Jahre und keine Distanzen. Das ist ohne Namen, deshalb hat man das

Wort Lichtjahre erfunden oder Megasekunden. Also außerhalb der territorialen Körper gibt es keinen Horizont. Außerhalb der Erde gibt es kein Reisen. Selbst wenn es morgen eine Kolonie auf dem Mars gibt, wird das meiner Meinung nach keine Eroberung sein. Im Moment ist für mich die Frage interessant, und davon spreche ich in meinem neuen Buch, was ist außerhalb der Erde. Was ist da? Ist es ein Raum? Auf jeden Fall kein Raum wie wir ihn auf der Erde kennen. Die Zeit? Sicher nicht. Also was entdecken, erobern wir, wenn wir uns von der Erde entfernen, was kann die Technik außerhalb der Erde erobern, außerhalb unserer Körper?

Ich glaube, alles ist dann außerhalb einer Meßbarkeit, ohne Referenz. Und das ist eine Form eines generellen Unfalls. Immer wenn es eine neue Technik gibt, kommt es auch zu neuen Unfällen. Beim Zug die Entgleisung. Beim Flugzeug der Absturz. Bei der Elekrizität der Stromausfall usw. Aber das sind partikuläre Unfälle. Lokale Unfälle! Die neuen Technologien hingegen ziehen alles zusammen, sie sind in der Lage einen Unfall zu produzieren ohne Referenz, einen generellen, globalen Unfall. Durch einen kleinen Fehler am Computer resultiert eine globale Katastrophe bisher nicht bekannten Ausmaßes, eine globale Katastrophe, die alle Realitäten betrifft. Der "Fortschritt" der Technik besteht daraus, daß sie uns einem generellen Unfall annähert.

Und haben wir schon den neuralgischen Punkt erreicht?

Er ist erreicht: Wir leben bereits alle in einer Weltstadt. Der Imperialismus hat seine Grenze erreicht. Ich erinnere daran, daß Cäsar im gallischen Krieg mit dem folgenden Satz angegriffen wurde: "Du hast aus einer Welt eine Stadt gemacht." Das war in der romanischen Zeit, und heute ist das wahr geworden. Damals war es metaphorisch gesprochen, heute ist es wahr. Der Imperialismus hat seine Grenze erreicht, ich spreche hier von einem technischen Imperialismus, ich spreche nicht von Amerika ... Es geht hier um apokalyptische Fragen. Damit meine ich nicht, daß wir alle eines Tages sterben, nein, sondern daß der Sinn der Welt zum Ende gekommen ist. Und das ist schon da!

Monsieur Virilio, ich bedanke mich für dieses Gespräch.

Literaturverzeichnis

Adorno, Theodor W. (1970): Gesammelte Schriften, Frankfurt am Main.

Adoni, Hanna/Sherrill Mane (1984): Media and the social construction of reality. Towards an integration of theory and research. In: Communication Research, 11: 323-340.

Agentur Bilwet (Hrsg.) (1993): Medien - Archiv. Mit einem Vorwort zur deutschen Ausgabe von Diedrich Diederichsen, Bensheim und Düsseldorf.

Alpers, Svetlana (1992): Interpretation ohne Darstellung - oder: Das Sehen von Las Meninas. In: Wofgang Kemp (Hrsg.): Der Betrachter ist im Bild. Kunstwissenschaft und Rezeptionsästhetik, Berlin: 123-142.

Anders, Günther (1987): Die Welt als Phantom und Matrize. Philosophische Betrachtungen über Rundfunk und Fernsehen. In: ders.: Die Antiquiertheit des Menschen. Über die Seele im Zeitalter der zweiten industriellen Revolution. Bd. 1, München: 97-213.

Aristoteles (1871): Drei Bücher über die Seele. De anima (Übersetzt und bearbeitet von J. Kirchmann), Berlin.

Assmann, Aleida (1988): Die Sprache der Dinge. Der lange Blick und die wilde Semiose. In: Hans Ulrich Gumbrecht/Karl Ludwig Pfeiffer (Hrsg.): Materialität der Kommunikation, Frankfurt am Main: 83-120.

Assmann, Aleida/Jan Assmann (1990): Schrift-Kognition-Evolution. Eric A. Havelock und die Technologie kultureller Kommunikation. In: Eric A. Havelock (Hrsg.): Schriftlichkeit. Das griechische Alphabet als kulturelle Revolution, Weinheim: 1-37.

Baacke, Dieter (1974): Kritische Medientheorien. Konzepte und Kommentare, München.

Baacke, Dieter (1975): Kommunikation zwischen Zwang und Freiheit. In: Hermann Glaser (Hrsg.): Kybernetikon, München: 38-87.

Balázs, Béla (1979a): Der sichtbare Mensch. In: Franz-Josef Albersmeier (Hrsg.): Texte zur Theorie des Films, Stuttgart: 227-236.

Balázs, Béla (1979b): Zur Kunstphilosophie des Films. In: Franz-Josef Albersmeier (Hrsg.): Texte zur Theorie des Films, Stuttgart: 204-226.

Barthes, Roland (1980): La chambre claire. Note sur la photographie, o.O.

Barthes, Roland (1989): Die helle Kammer. Bemerkung zur Photographie, Frankfurt am Main.

Barthes, Roland (1990): Der entgegenkommende und der stumpfe Sinn. Kritische Essays III, Frankfurt am Main.

Baudrillard, Jean (1978): Agonie des Realen, Berlin.

Baudrillard, Jean (1985): Die Rituale der Transparenz. In: Christoph Wulf (Hrsg.): Lust und Liebe. Wandlungen der Sexualität, München, Zürich: 395-411.

Baudrillard, Jean (1989a): Videowelt und fraktales Subjekt. In: Ars Electronica (Hrsg.): Philosophien der neuen Technologie, Berlin: 113-133.

Baudrillard, Jean (1989b): Paradoxe Kommunikation, Bern.

Baudrillard, Jean (1990a): Das Jahr 2000 findet nicht statt, Berlin.

Baudrillard, Jean (1990b): Kool Killer oder der Aufstand der Zeichen. In: Karlheinz Barck/Peter Gente/Heidi Paris/Stefan Richter (Hrsg.): Aisthesis. Wahrnehmung heute oder Perspektiven einer anderen Ästhetik, Leipzig: 214-229.

Baudrillard, Jean (1991): Der symbolische Tausch und der Tod, München.

Baudrillard, Jean (1993): Der Xerox und das Unendliche. In: Florian Rötzer (Hrsg.): Cyberspace. Zum medialen Gesamtkunstwerk, Himberg bei Wien: 274-280.

Baudry, Jean-Louis (1994): Das Dispositiv: Metapsychologische Betrachtungen des Realitätseindrucks. In: Psyche, Jg. 48, 11: 1047-1074.

Bazin, André (1975): Ontologie des fotografischen Bildes. In: ders.: Was ist Kino? Bausteine zur Theorie des Films, Köln: 24-86.

Bazin, André (1979): Die Entwicklung der kinematographischen Sprache. In: Franz-Josef Albersmeier (Hrsg.): Texte zur Theorie des Films, Stuttgart: 257-277.

Beck, Ulrich/Elisabeth Beck-Gernsheim (1990): Das ganz normale Chaos der Liebe, Frankfurt am Main.

Benjamin, Walter (1977): Das Kunstwerk im Zeitalter seiner technischen Reproduzierbarkeit. In: ders.: Illuminationen. Ausgewählte Schriften 1, Frankfurt am Main: 136-170.

Benjamin, Walter (1991a): Der Autor als Produzent. Ansprache im Institut zum Studium des Fascismus in Paris am 27. April 1934. In: ders.: Gesammelte Schriften, Bd. 2, 2. Buch, Frankfurt am Main: 683-701.

Benjamin, Walter (1991b): Pariser Brief II. Malerei und Photographie. In: ders.: Gesammelte Schriften, Bd. 6, Frankfurt am Main: 495-507.

Bell, Daniel (1989): Die nachindustrielle Gesellschaft, Frankfurt am Main, New York.

Berg, Klaus/Marie-Luise Kiefer (Hrsg.) (1992): Massenkommunikation IV. Eine Langzeitstudie zur Mediennutzung und Medienbewertung 1964-1990, Baden-Baden.

Berghaus, Margot (1978): Inhaltsanalytische Untersuchungen des Fernsehfilms "Versteckspiele". In: Hertha Sturm (Hrsg.): Emotionale Wirkungen des Fernsehens, München, New York: 45-81.

Blumler, Jay G./Elihu Katz (eds.) (1994): The uses of mass communications. Current perspectives in gratification research, Beverly Hills.

Boehm, Gottfried (1994a): Die Bilderfrage. In: ders.: Was ist ein Bild?, München: 325-344.

Boehm, Gottfried (1994b): Die Wiederkehr der Bilder. In: ders.: Was ist ein Bild? München: 11-39.

Böhme-Dürr, Karin/Jürgen Emig/Norbert M. Seel (Hrsg.) (1990): Wissensveränderung durch Medien. Theoretische Grundlagen und empirische Analysen, München, London, New York, Paris.

Bohn, Volker (1990): Bildlichkeit. Internationale Beiträge zur Poetik, Frankfurt am Main.

Bolz, Norbert (1990): Theorie der neuen Medien, München.

Bolz, Norbert (1993a): Am Ende der Gutenberg-Galaxis. Die neuen Kommunikationsverhältnisse, München.

Bolz, Norbert (1993b): Zur Theorie der Hypermedien. In: Jörg Huber/Alois Martin Müller (Hrsg.): Raum und Verfahren Interventionen 2, Basel: 17-29.

Bolz, Norbert (1993c): Mensch-Maschine-Synergetik unter neuen Medienbedinungen. In: Symptome "Zeitschrift für epistemologische Baustellen", 11: 34-37.

Bolz, Norbert (1994): Das kontrollierte Chaos. Vom Humanismus zur Medienwirklichkeit, Düsseldorf, Wien.

Bot, Marc le (1989): Medienkunst. In: Kunstforum International, Bd. 98: 95-100.

Braun, Christina von (1994): Céci n`est pas une femme. Betrachten, Begehren, Berühren - von der Macht des Blicks. In: Lettre International, 25: 80-84.

Braun, Christina von (1994): Kollektives Gedächtnis und individuelle Erinnerung. Selbst- und Fremdbilder unter der Einwirkung von Photographie und Film. In: Kunstforum International, Bd. 128: 156-165.

Brecht, Bertolt (1971): Der Rundfunk als Kommunikationsapparat. In: ders.: Über Politik und Kunst, Frankfurt am Main: 19-24.

Brünne, Michael/Franz-Rudolf Esch/Hans-Dieter Ruge (1987): Berechnung der Informationsüberlastung in der Bundesrepublik Deutschland, Ms., Saarbrücken.

Burkart, Roland (1983): Kommunikationswissenschaft, Wien und Köln.

Cassirer, Ernst (1960): Was ist der Mensch? Versuch einer Philosophie der menschlichen Kultur, Stuttgart.

Couchot, Edmond (1991): Die Spiele des Realen und des Virtuellen. In: Florian Rötzer (Hrsg.): Digitaler Schein. Ästhetik der elektronischen Medien, Frankfurt am Main: 346-356.

Dewey, John (1916): Democracy and education, London, New York.

Derrida, Jacques (1974): Grammatologie, Frankfurt am Main.

Doelker, Christian (1989): Kulturtechnik Fernsehen. Analyse eines Mediums, Stuttgart.

Dröge, Franz (1972): Wissen ohne Bewußtsein - Materialien zur Medienanalyse, Frankfurt am Main.

Dröge, Franz W./Rainer Weissenborn/Henning Haft (1973): Wirkungen der Massenkommunikation, Frankfurt am Main.

Eco, Umberto (1977): Zeichen - Einführung in einen Begriff und seine Geschichte, Frankfurt am Main.

Eco, Umberto (1986): Über Gott und die Welt (4. Aufl.), München, Wien.

Eco, Umberto (1990): Im Labyrinth der Vernunft. Texte über Kunst und Zeichen, Leipzig.

Eisenstein, Elizabeth (1979): The Printing Press as an Agent of Change: Communications and Cultural Transformations in Early-Modern Europe, New York.

Eisenstein, Elizabeth (1983): The Printing Revolution in Early Modern Europe, Cambridge.

Enzensberger, Hans Magnus (1962): Einzelheiten, Frankfurt am Main.

Enzensberger, Hans Magnus (1970): Baukasten zu einer Theorie der Medien. In: Karl-Markus Michel/Harald Wieser (Hrsg.): Kursbuch, 20: 159-186.

Enzensberger, Hans Magnus (1989): Mittelmaß und Wahn. Gesammelte Zerstreuungen, Frankfurt am Main.

Faulstich, Werner (1979): Kritische Stichwörter zur Medienwissenschaft, München.

Faulstich, Werner (1988): Die Filminterpretation, Göttingen.

Faulstich, Werner (1991): Medientheorien, Göttingen.

Fink, Eugen (1966): Vergegenwärtigung und Bild. In: ders.: Studien zur Phänomenologie, Den Haag: 1-77.

Flusser, Vilém (1987): Die Schrift. Hat Schreiben Zukunft? Göttingen.

Flusser, Vilém (1988): Krise der Linearität, Bern.

Flusser, Vilém (1989): Angenommen. Eine Szenenfolge, Göttingen.

Flusser, Vilém (1989a): Ins Universum der technischen Bilder (2. Aufl.), Göttingen.

Flusser, Vilém (1989b): Gedächtnisse. In: Ars Electronica (Hrsg.): Philosophien der neuen Technologie, Berlin: 41-57.

Flusser, Vilém (1989c): Im Stausee der Bilder. Fotografie und Geschichte. In: Jörg Boström (Hrsg.): Dokument und Erfindung. Fotografien aus der Bundesrepublik Deutschland 1945 bis heute, Berlin:13-18.

Flusser, Vilém (1990a): Aktuelles Denken. In: Kunstforum International, Bd. 108: 94-102.

Flusser, Vilém (1990b): Nachgeschichten. Essays, Vorträge, Glossen, Düsseldorf.

Flusser, Vilém (1990c): Fernsehbild und politische Sphäre im Lichte der rumänischen Revolution. In: Peter Weibel (Hrsg.): Von der Bürokratie zur Telekratie. Rumänien im Fernsehen, Berlin: 103-115.

Flusser, Vilém (1990d): Eine neue Einbildungskraft. In: Volker Bohn (Hrsg.): Bildlichkeit. Internationale Beiträge zur Poetik, Frankfurt am Main: 115-129.

Flusser, Vilém (1991a): Für eine Philosophie der Fotografie (5. Aufl.), Göttingen.

Flusser, Vilém (1991b): Gesten. Versuch einer Phänomenologie, Düsseldorf.

Flusser, Vilém (1991c): Vom Fernsehen und der Vorsilbe >Tele<. In: Weiterbildung und Medien, Jg. 14, 1: 27-29.

Flusser, Vilém (1991d): Bilderstatus. In: Christos Joachimides (Hrsg.): Metropolis. Ausstellungskatalog der internationalen Kunstausstellung, Stuttgart: 48-53.

Flusser, Vilém (1991e): Räume. In: Gesellschaft für Filmtheorie (Hrsg.): Außen-Räume, InnenRäume. Der Wandel des Raumbegriffs im Zeitalter der elektronischen Medien, Wien: 75-84.

Flusser, Vilém (1991f): Digitaler Schein. In: Florian Rötzer (Hrsg.): Digitaler Schein. Ästhetik der elektronischen Medien, Frankfurt am Main: 147-160.

Flusser, Vilém (1992): Bodenlos. Eine Philosophische Autobiographie, Düsseldorf.

Flusser, Vilém (1993): Schriften Bd.I. Lob der Oberflächlichkeit. Für eine Phänomenologie der Medien, Bensheim.

Forest, Fred (1991): Die Ästhetik der Kommunikation. In: Florian Rötzer (Hrsg.): Digitaler Schein. Ästhetik der elektronischen Medien, Frankfurt am Main: 323-334.

Foucault, Michel (1971): Die Ordnung der Dinge. Eine Archäologie der Humanwissenschaften, Frankfurt am Main.

Foucault, Michel (1978): Dispositive der Macht. Über Sexualität, Wissen und Wahrheit, Berlin.

Foucault, Michel (1981): Überwachen und Strafen. Die Geburt des Gefängnisses, Frankfurt am Main.

Freud, Sigmund (1923): Das Ich und das Es. In: ders.: Gesammelte Werke, Bd. 13, Frankfurt am Main: 235-289.

Freud, Sigmund (1974): Das Unbehagen in der Kultur. In: ders.: Kulturtheoretische Schriften, Frankfurt am Main: 191-271.

Gadamer, Hans-Georg (1994): Bildkunst und Wortkunst. In: Gottfried Boehm (Hrsg.): Was ist ein Bild? München: 90-105.

Giesecke, Michael (1991): Der Buchdruck der frühen Neuzeit. Eine historische Fallstudie über die Durchsetzung neuer Informations- und Kommunikationstechnologien, Frankfurt am Main.

Gelb, Ignace Jay (1958): Von der Keilschrift zum Alphabet. Grundlagen einer Sprachwissenschaft, Stuttgart.

Glasersfeld, Ernst von (1990): Einführung in den radikalen Konstruktivismus. In: Paul Watzlawick (Hrsg.): Die erfundene Wirklichkeit (6. Auflage), München: 15-39.

Godart, Jean-Luc (1989): >Wenn die Wälder absterben, dann, weil die Clips aufblühen<. In: Filmwärts, 13: 16-26.

Goody, Jack (1977): The Domestication of the Savage Mind, Cambridge.

Goody, Jack (1981): Literalität in traditionalen Gesellschaften, Frankfurt am Main.

Grab, Christoph (1993): Event Display: Visualisierung in der Teilchenphysik. In: Jörg Huber/Alois Martin Müller (Hrsg.): Interventionen 2, Basel: 189-205.

Greenfield, Patricia M. (1987): Kinder und neue Medien, München und Weinheim.

Gumbrecht, Hans Ulrich/Karl Ludwig Pfeiffer (Hrsg.) (1988): Materialität der Kommunikation, Frankfurt am Main.

Gumbrecht, Hans Ulrich (1994): Wahrnehmung vs. Erfahrung oder die schnellen Bilder und ihre Interpretationsresistenz. In: Kunstforum International, Bd. 128: 172-177.

Habermas, Jürgen (1962): Strukturwandel der Öffentlichkeit. Untersuchungen zu einer Kategorie der bürgerlichen Gesellschaft, Darmstadt und Neuwied.

Habermas, Jürgen/Niklas Luhmann (1971). Theorie der Gesellschaft oder Sozialtechnologie. Was leistet die Systemforschung? Frankfurt am Main.

Habermas, Jürgen (1980): Handlung und System. Bemerkungen zu Parsons` Medientheorie. In: Wolfgang Schluchter (Hrsg.): Verhalten, Handeln und System. Talcott Parsons` Beitrag zur Entwicklung der Sozialwissenschaften, Frankfurt am Main: 68-105.

Habermas, Jürgen (1981): Theorie des kommunikativen Handelns, Bd. 2, Frankfurt am Main.

Habermas, Jürgen (1989): Volkssouveränität als Verfahren. Ein normativer Begriff von Öffentlichkeit. In: Merkur "Deutsche Zeitschrift für europäisches Denken", Jg. 43, 6: 465-477.

Haefner, Klaus (1989): Der Mensch in seiner zunehmend technisch geprägten informationellen Umwelt. In: Michael Klett (Hrsg.): Wissensvermittlung, Medien und Gesellschaft, Gütersloh: 14-34.

Havelock, Eric A. (1963): Preface to Plato, Cambridge.

Havelock, Eric A. (1990): Schriftlichkeit. Das griechische Alphabet als kulturelle Revolution, Weinheim.

Hensel, Matthias (1990): Die Informationsgesellschaft. Neuere Ansätze zur Analyse eines Schlagwortes, München.

Hentig, Hartmut von (1985): Ergötzen, Belehren, Befreien. Schriften zur ästhetischen Erziehung, München.

Hentig, Hartmut von (1987): Das allmähliche Verschwinden der Wirklichkeit. Ein Pädagoge ermutigt zum Nachdenken über die Neuen Medien (3. erw. Aufl.), München.

Hertel, Thomas (1992): Von der "Massenzivilisation" zur "Kulturindustrie". Theodor W. Adornos Zuwendung zur "Massenkultur"-Thematik. In: Norbert Krenzlin (Hrsg.): Zwischen Angstmetapher und Terminus. Theorien der Massenkultur seit Nietzsche, Berlin: 118-136.

Hickethier, Knut (1988): Das "Medium", die "Medien" und die Medienwissenschaft. In: Rainer Bohn/Eggo Müller/Rainer Ruppert (Hrsg.): Ansichten einer zukünftigen Medienwissenschaft, Berlin: 51-74.

Hickethier, Knut (1991): Apparat-Dispositiv-Programm. Skizze einer Programmtheorie am Beispiel des Fernsehens. In: ders./Siegfried Zielinski (Hrsg.): Medien/Kultur. Schnittstellen zwischen Medienwissenschaft, Medienpraxis und gesellschaftlicher Kommunikation, Berlin: 421-449.

Hickethier, Knut (1992): Hermetik der Medien. In: Ästhetik und Kommunikation, Jg. 21, 79: 58-64.

Hickethier, Knut/Irmela Schneider (1992): Fernsehtheorien, Berlin.

Hickethier, Knut/Hartmut Winkler (1990): Filmwahrnehmung, Berlin.

Hilmes, Michèle (1985): The television apparatus: direct adress. In: Journal of Film and Video, Jg. 37, 1: 27-36.

Holzer, Horst (1981): Verkabelt und verkauft? Streitpunkt: Kabelfernsehen, Frankfurt am Main.

Hörisch, Jochen/Gérard Raulet (1992): Sozio-kulturelle Auswirkungen moderner Informations- und Kommunikationstechnologien. Der Stand der Forschung in der Bundesrepublik Deutschland und in Frankreich, Frankfurt am Main, New York.

Hörisch, Jochen (1993): Non plus ultra. Paul Virilios rasende Thesen vom rasenden Stillstand. In: Merkur "Deutsche Zeitschrift für europäisches Denken", Sonderheft Medien. Neu? Über Macht, Ästhetik, Fernsehen, Jg. 47: 784-794.

Hörisch, Jochen (1994): Die Wirklichkeit der Medien und die mediatisierte Wirklichkeit. In: Funkkolleg Literarische Moderne, Studieneinheit 29, Universität Tübingen: 1-40

Horkheimer, Max/Theodor W. Adorno (1980): Dialektik der Aufklärung. Philosophische Fragmente (56-60 Tausendste Aufl.), Frankfurt am Main.

Huyssen, Andreas (1992): Im Schatten McLuhans: Jean Baudrillards Theorie der Simulation. In: Norbert Krenzlin (Hrsg.): Zwischen Angstmetapher und Terminus. Theorien der Massenkultur seit Nietzsche, Berlin: 165-181.

Illich, Ivan (1991): Im Weinberg des Textes. Als das Schriftbild der Moderne entstand, Frankfurt am Main.

Imdahl, Max (1994): Ikonik. Bilder und ihre Anschauung. In: Gottfried Boehm (Hrsg.): Was ist ein Bild? München: 300-325.

Ingarden, Roman (1962): Untersuchungen zur Ontologie der Kunst, Tübingen.

Innis, Harold A. (1951): The Bias Of Communication, Toronto.

Ito, Youichi (1989): Information society studies today. In: Michael Schenk (Hrsg.): Medienökonomie. Einführung in die Informations- und Mediensysteme, München: 13-34.

Jensen, Stefan (1984): Aspekte der Medientheorie: Welche Funktion haben die Medien in Handlungssystemen? In: Zeitschrift für Soziologie, Jg. 13, 2: 145-164.

Kamper, Dietmar (1991): Die vier Grenzen des Sehens. In: Christos Joachimides (Hrsg.): Metropolis. Ausstellungskatalog der internationalen Kunstaustellung, Stuttgart: 54-58.

Kamper, Dietmar (1994): Das Bild der unmöglichen Gegenwart. Vom Aufhören der Theorie. In: Kunstforum International, Bd. 128: 106-115.

Kemp, Wolfgang (1992): Der Betrachter ist im Bild. Kunstwisssenschaft und Rezeptionsästhetik, Berlin, Hamburg.

Kerckhove, Derrick de (1990): Von der Bürokratie zur Telekratie. In: Peter Weibel (Hrsg.): Von der Bürokratie zur Telekratie. Rumänien im Fernsehen, Berlin: 61-81.

Kiefer, Marie-Luise (1987): Massenkommunikation 1964-1985. Trendanalyse zur Mediennutzung und Medienbewertung. In: Media Perspektiven, 3: 32-95.

Kittler, Friedrich A. (1986): Grammophon Film Typewriter, Berlin.

Kittler, Friedrich A. (1987): Aufschreibesysteme 1800/1900 (2. erw. u. korr. Aufl.), München.

Kittler, Friedrich A. (1989a): Fiktion und Simulation. In: Ars Electronica (Hrsg.): Philosophien der neuen Technologien, Berlin: 57-81.

Kittler, Friedrich A. (1989b): Synergie von Mensch und Maschine. In: Kunstforum International, Bd. 98: 108-118.

Kittler, Friedrich A. (1990): Aktuelles Denken. In: Kunstforum International, Bd. 108: 143-148.

Kittler, Friedrich A. (1990): Unter dem Diktat der Zeit. In: Volker Rapsch (Hrsg.): Über Flusser. Die Festschrift zum 70. von Vilém Flusser, Düsseldorf: 151-169.

Kittler, Friedrich A. (1993): Geschichte der Kommunikationsmedien. In: Jörg Huber/Alois Martin Müller (Hrsg.): Raum und Verfahren. Interventionen 2, Basel: 169-189.

Klett, Michael (1989): Wissensvermittlung, Medien und Gesellschaft, Gütersloh.

Kloock, Daniela (1991): Video an Universitäten und Hochschulen. In: Video-Akzente "Zeitschrift für Jugend-Videoarbeit in Deutschland", 2: 12-15.

Kloock, Daniela (1992): Medienpädagogik an der Technischen Universität Berlin. In: Zeitschrift der Gesellschaft für Medienpädagogik und Kommunikationskultur, 32: 32-34.

Kloock, Daniela (1992): Proxemik. In: Medium, Jg. 22, 2: 61-67.

Kloock, Daniela (1992): Telepräsenz. In Medium, Jg. 22, 4: 10-12.

Kloock, Daniela (1993): "Die Menschen werden wahrscheinlich schlechter, aber die Technik wird besser..." Über Vilém Flusser. In: Information Philosophie, 1: 34-41.

Kloock, Daniela/Angela Spahr (1993): Ästhetik total. In: Ästhetik und Kommunikation, Jg. 21, 80/81: 10-12.

Kloock, Daniela (1993): Krieg und Fernsehen. In: Medium, Jg. 23, 3: 78-80.

Kloock, Daniela (1994): Lichtblicke - Durchblicke - Anblicke. In: Technische Universität Wien (Hrsg.): Lichtarchitektur, Computeranimation, Video, Neoinstallation, Wien: 27-31.

Kloock, Daniela (1995): Bild, Text und Zeichen in aktuellen Medientheorien. In: Klaus Peter Dencker (Hrsg.): Interface 2: Weltbilder/Bildwelten. Computergestützte Visionen, Hamburg: 120-145.

Knilli, Friedrich (1970): Deutsche Lautsprecher. Versuche zu einer Semiotik des Radios, Stuttgart.

Knilli, Friedrich (1979): Medium. In: Werner Faulstich (Hrsg.): Kritische Stichwörter zur Medienwissenschaft, München: 230-250.

Knops, Tilo Rudolf (1990): Wahrnehmung oder Projektion? Die Legende der autonomen Ursprünge des Films aus komparativer Sicht. In: Knut Hickethier/Hartmut Winkler (Hrsg.): Filmwahrnehmung, Berlin: 113-123.

Koch, Gertrud (1994): Das Bild als Schrift der Vergangenheit. In: Kunstforum International, Bd. 128: 192-196.

Köck, Wolfram Karl (1990): Die kognitionstheoretische Perspektive am Beispiel von Untersuchungen zur Verständlichkeit von Wissenschaftssendungen des deutschen Fernsehens. In: Knut Hickethier/Hartmut Winkler (Hrsg.): Filmwahrnehmung, Berlin: 58-67.

Koslowski, Peter (1987): Die postmoderne Kultur. Gesellschaftlich-kulturelle Konsequenzen der technischen Entwicklung, München.

Köster, Werner (1993): Ein Nomade zwischen Kunst und Wissenschaft. Über Peter Weibel als Vertreter des Techno-Diskurses. In: Merkur "Deutsche Zeitschrift für europäisches Denken". Sonderheft Medien. Neu? Über Macht, Ästhetik, Fernsehen, Jg. 47: 795-806.

Kracauer, Siegfried (1979): Die Errettung der physischen Realität. In: Franz-Josef Albersmeier (Hrsg.): Texte zur Theorie des Films, Stuttgart: 243-258.

Kunczik, Michael (1975): Gewalt im Fernsehen, Köln.

Künzler, Jan (1987): Grundlagenprobleme der Theorie symbolisch generalisierter Kommunikationsmedien bei Niklas Luhmann. In: Zeitschrift für Soziologie, Jg. 16, 5: 317-333.

Lacan, Jacques (1986): Das Spiegelstadium als Bildner der Ichfunktion wie sie uns in der psychoanalytischen Erfahrung erscheint. In: ders.: Schriften 1 (ausgew. u. hrsg. von Norbert Haas), Weinheim, Berlin: 62-70.

Lacan, Jaques (1994): Was ist ein Bild/Tableau. In: Gottfried Boehm (Hrsg.): Was ist ein Bild? München: 75-95.

Laermann, Klaus (1990): Schrift als Gegenstand der Kritik. In: Merkur "Deutsche Zeitschrift für europäisches Denken", Jg. 44, 2: 120-134.

Lasswell, Harold D. (1946): Propaganda, communication, and public opinion. A comprehensive guide, Princeton.

Lessing, Gotthold Ephraim (1825): Laokoon, od. über die Grenzen der Malerei und Poesie. In: ders.: sämtl. Schriften, Bd. 2, Berlin.

Lévi-Srauss, Claude (1991): Traurige Tropen (8. Aufl.), Frankfurt am Main.

Lévi-Strauss, Claude (1968): Das Wilde Denken, Frankfurt am Main.

Lindlau, Dagobert (1985): Der Realitätsverlust des Fernsehens und seiner Kritiker - Eine Revision der journalistischen Vernunft. In: Dieter Prokop (Hrsg.): Medienforschung, Bd. 1, Frankfurt am Main: 368-383.

Lueken, Verena (1994): In Bildern erzählen, Emotionen wecken. Gespräch mit Michael Ballhaus. In: epdFilm, Jg. 11, 3: 23-35.

Luhmann, Niklas (1971): Öffentliche Meinung. In: ders.: Politische Planung, Opladen: 9-34.

Luhmann, Niklas (1974): Einführende Bemerkungen zu einer Theorie symbolisch generalisierter Kommunikationsmedien. In: Zeitschrift für Soziologie, Jg. 3, 3: 236-255.

Luhmann, Niklas (1975): Macht, Stuttgart.

Luhmann, Niklas (1981): Veränderungen im System gesellschaftlicher Kommunikation und die Massenmedien. In: ders.: Soziologische Aufklärung Bd. III, Opladen: 309-320.

Luhmann, Niklas (1984): Soziale Systeme, Frankfurt.

Luhmann, Niklas (1987): Sprache und Kommunikationsmedien. Ein schieflaufender Vergleich. In: Zeitschrift für Soziologie, Jg. 16, 6: 467-468.

Luhmann, Niklas (1990a): Gesellschaftliche Komplexität und öffentliche Meinung. In: ders.: Soziologische Aufklärung Bd. V, Opladen: 170-182.

Luhmann, Niklas (1990b): Aktuelles Denken. In: Kunstforum International, Bd. 108: 102-108.

Lurija, Aleksandr Romanovic (1986): Die historische Bedingtheit individueller Erkenntnisprozesse, Weinheim.

Lüscher, Kurt (1985): Medienökologie: Der Anteil der Medien an unserer Gestaltung der Lebenswelten. In: Zeitschrift für Sozialisationsforschung und Erziehungssoziologie, Jg. 5, 3: 186-204.

Machlup, Fritz (1962): The production and distribution of knowledge in the United States, Princeton, New York.

Maletzke, Gerhard (1980): Kommunikationsforschung als empirische Sozialwissenschaft. Anmerkungen zur Situation und Problematik, Berlin.

Maletzke, Gerhard (1984): Bausteine zur Kommunikationswissenschaft 1949-1984. Ausgewählte Aufsätze zu Problemen, Begriffen, Perspektiven, Berlin.

Maletzke, Gerhard (1988a): Kulturverfall durch Fernsehen, Berlin.

Maletzke, Gerhard (1988b): Massenkommunikationstheorien, Tübingen.

Mattenklott, Gert (1982): Der übersinnliche Leib. Beiträge zu einer Metaphysik des Körpers, Hamburg.

McLuhan, Marshall (1965): Understanding media. The extensions of man, New York.

McLuhan, Marshall (1968a): Die magischen Kanäle. Understanding Media, Düsseldorf und Wien.

McLuhan, Marshall (1968b): Die Gutenberg-Galaxis. Das Ende des Buchzeitalters, Düsseldorf und Wien.

Merleau-Ponty, Maurice (1966): Phänomenologie der Wahrnehmung, Berlin.

Merleau-Ponty, Maurice (1994): Der Zweifel Cézannes. In: Gottfried Boehm (Hrsg.): Was ist ein Bild? München: 39-60.

Merten, Klaus (1991): Artefakte der Medienforschung. Kritik klassischer Annahmen. In: Publizistik, Jg. 36, 1: 36-56.

Merten, Klaus/Siegfried J. Schmidt/Siegfried Weischenberg (Hrsg.) (1994): Die Wirklichkeit der Medien. Eine Einführung in die Kommunikationswissenschaft, Opladen.

Metz, Christian (1979): Probleme der Denotation im Spielfilm. In: Franz-Josef Albersmeier (Hrsg.): Texte zur Theorie des Films, Stuttgart: 324-374.

Metz, Christian (1994): Der fiktionale Film und sein Zuschauer. Eine metapsychologische Untersuchung. In: Psyche, Jg. 48, 11: 1004-1046.

Meyer-Eppler, W. (1959): Grundlagen und Anwendungen der Informationstheorie (2. Aufl. neub. u. erw. von G. Heike u. K. Löhn), Berlin, Heidelberg, New York.

Meyrowitz, Joshua (1990): Überall und nirgends dabei. Die Fernseh-Gesellschaft I, Weinheim und Basel.

Meyrowitz, Joshua (1990): Wie Medien unsere Welt verändern? Die Fernseh-Gesellschaft II, Weinheim und Basel.

Mikos, Lothar (1992): Ist das Fernsehen eine Black Box? Über Skinner, Schrödingers Katze und das Verhalten von Fernsehforschern. In: Knut Hickethier/Irmela Schneider (Hrsg.): Fernsehtheorien, Berlin: 109-127.

Mikos, Lothar (1994): Fernsehen im Erleben der Zuschauer. Vom lustvollen Umgang mit einem populären Medium, München.

Mitchell, W. J. T. (1990): Was ist ein Bild? In: Volker Bohn (Hrsg.): Bildlichkeit. Internationale Beiträge zur Poetik, München: 17-69.

Negt, Oskar (1991): Keinen Augenblick mehr allein gelassen. Medien-Wirklichkeit und Erfahrungsverlust. In: Weiterbildung und Medien, Jg. 14, 1: 30-35.

Negt, Oskar/Alexander Kluge (1972): Öffentlichkeit und Erfahrung. Zur Organisationsanalyse von bürgerlicher und proletarischer Öffentlichkeit, Frankfurt am Main.

Ong, Walter J. (1987): Oralität und Literalität. Die Technologisierung des Wortes, Opladen.

Paech, Joachim (1992): Bilder - Passagen. In: Synema - Gesellschaft für Film und Medien (Hrsg.): Kinoschriften, Wien: 181-199.

Paech, Joachim (1994): Film, Fernsehen, Video und die Künste. Strategien der Intermedialität, Stuttgart, Weimar.

Panofski, Erwin (1990): Die Renaissancen der europäischen Kunst, Frankfurt am Main.

Parry, Milman (1971): The Making of Homeric Verse. The Collected Papers of M. Parry, Oxford.

Parsons, Talcott (1968): Soziologische Texte, Neuwied am Rhein und Berlin.

Parsons, Talcott (1976): Zur Theorie sozialer Systeme, Opladen.

Parsons, Talcott (1971): Die Konstitution sozialer Systeme. In: ders.: Soziale Systeme - Materialien zur Dokumentation und Kritik sozialer Ideologien (151-169), Neuwied am Rhein und Berlin.

Parsons, Talcott (1977): Sozial Systems And The Evolution Of Action Theory, New York, London.

Parsons, Talcott (1980): Zur Theorie der sozialen Interaktionsmedien, Opladen.

Pascal, Blaise (1978): Über die Religion und über einige andere Gegenstände (Pensées) (Übertragen und herausgegeben von Ewald Wasmuth, 8. Aufl.), Heidelberg.

Plato (1961): Der Staat. Über das Gerechte, Hamburg.

Plato (1991): Phaidros oder vom Schönen. (Übertragen und eingeleitet von Kurt Hildebrandt), Stuttgart.

Pöttker, Horst (1989): Wozu brauchen wir Medien? Erwartungen an die Informationsvermittlung in der Gegenwartsgesellschaft. In: Wolfgang Wunden (Hrsg.): Medien zwischen Markt und Moral. Beiträge zur Medienethik, Stuttgart: 87-101.

Postman, Neil/Charles Weingartner (1972): Fragen und Lernen. Die Schule als kritische Anstalt, Frankfurt am Main.

Postman, Neil (1961): Television and the Teaching of English, New York.

Postman, Neil (1983): Das Verschwinden der Kindheit, Frankfurt am Main.

Postman, Neil (1986): Amusing Ourselves to Death. Public Discourse in the Age of Show Business, London.

Postman, Neil (1988a): Die Verweigerung der Hörigkeit, Frankfurt am Main.

Postman, Neil (1988b): Conscientious Objections. Stirring Up Trouble About Language, Technology, and Education, New York.

Postman, Neil (1992a): Das Technopol. Die Macht der Technologien und die Entmündigung der Gesellschaft, Frankfurt am Main.

Postman, Neil (1992b): Wir amüsieren uns zu Tode. Urteilsbildung im Zeitalter der Unterhaltungsindustrie (Sonderausgabe), Frankfurt am Main.

Postman, Neil (1992c): Sieben Thesen zur Medientechnologie. In: Werner D. Fröhlich/Rolf Zitzlsperger/Bodo Franzmann (Hrsg.): Die verstellte Welt. Beiträge zur Medienökologie, Weinheim und Basel: 9-23.

Postman, Neil (1992d): Informing Ourselves to Death. Pressetext eines Vortrages anläßlich des Kongresses "Zur Aktualität des Ästhetischen", Hannover.

Preikschat, Wolfgang (1987): Video. Die Poesie der Neuen Medien, Weinheim und Basel.

Prokop, Dieter (1985): Medienforschung, 3 Bde., Frankfurt am Main.

Pross, Harry (1972): Medienforschung. Film. Funk. Presse. Fernsehen, Darmstadt.

Rapsch, Volker (1990): Über Flusser. Die Festschrift zum 70. von Vilém Flusser, Düsseldorf.

Renckstorf, Karsten (1984): Massenmedien, Gesellschaft und Massenkommunikationsforschung. In: Hans-Bredow-Institut (Hrsg.): Internationales Handbuch für Rundfunk und Fernsehen, Hamburg: 22-82.

Riesman, David (1954): The Lonely Crowd - A study of the changing American character, New York.

Riesman, David (1957): Books: Gunpowder of the Mind. In: Atlantic Monthly 20, December 1957: 123-130.

Rötzer, Florian (1991): Mediales und Digitales. Zerstreute Bemerkungen und Hinweise eines irritierten informationsverarbeitenden Systems. In: ders.: Digitaler Schein. Ästhetik der elektronischen Medien, Frankfurt am Main: 9-81.

Salje, Gunther (1980): Film, Fernsehen, Psychoanalyse, Frankfurt am Main, New York.

Saxer, Ullrich (1980): Grenzen der Publizistikwissenschaft. In: Publizistik, 4: 525-543

Schenk, Michael (1987): Medienwirkungsforschung, Tübingen.

Schivelbusch, Wolfgang (1981): Geschichte der Eisenbahnreise. Zur Industrialisierung von Raum und Zeit im 19. Jahrhundert, Frankfurt am Main.

Schmidt, Siegfried J. (1990): Aktuelles Denken. In: Kunstforum International, Bd. 108: 148-153.

Schmidt, Siegfried J. (1991): Der Diskurs des Radikalen Konstruktivismus, Frankfurt am Main.

Schmidt, Siegfried J. (1992): Medien, Kultur: Medienkultur. Ein konstruktivistisches Gesprächsangebot. In: ders.: Kognition und Gesellschaft, Frankfurt am Main: 425-451.

Schmidt, Siegfried J. (1994): Die Wirklichkeit des Beobachters. In: Klaus Merten/Siegfried J. Schmidt/Siegfried Weischenberg (Hrsg.): Die Wirklichkeit der Medien. Eine Einführung in die Kommunikationswissenschaft, Opladen: 3-20

Schulte-Sasse, Jochen (1988): Von der schriftlichen zur elektronischen Kultur: über neuere Wechselbeziehungen zwischen Mediengeschichte und Kulturgeschichte. In: Hans Ulrich Gumbrecht/K. Ludwig Pfeiffer (Hrsg.): Materialität und Kommunikation, Frankfurt am Main: 429-454.

Schulze, Gerhard (1993): Die Erlebnisgesellschaft. Kultursoziologie der Gegenwart, Frankfurt, New York.

Sebeok, Thomas Albert (1986): I think I am a verb. More contributions to the doctrine of signs, New York.

Seeßlen, Georg (1993): Gesellschaft, Gewalt und Kamera. Vortragsmanuskript einer Tagung der Evangelischen Akademie Arnoldsheim, Düsseldorf.

Sennett, Richard (1991): Verfall und Ende des öffentlichen Lebens. Die Tyrannei der Intimität, Frankfurt am Main.

Shannon, Claude E./Warren Weaver (1976): Mathematische Grundlagen der Informationstheorie, München, Wien.

Sichtermann, Barbara (1994): Fernsehen, Berlin.

Simon, Gérard (1992): Der Blick, das Sein und die Erscheinung in der antiken Optik. Mit einem Anhang: Die Wissenschaft vom Sehen und die Darstellung des Sichtbaren. Der Blick der antiken Optik, München.

Stearn, Gerald Emanuel (1969): Für und Wider M. McLuhan, Düsseldorf und Wien.

Tully, Claus J. (1994): Lernen in der Informationsgesellschaft. Informelle Bildung durch Computer und Medien, Opladen.

Vief, Bernhard (1991): Digitales Geld. In: Florian Rötzer (Hrsg.): Digitaler Schein. Ästhetik der elektronischen Medien, Frankfurt am Main: 117-147.

Virilio, Paul (1977): Vitesse Et Politique, Essai De Dromologie. Edition Galilee, Paris.

Virilio, Paul (1978): Fahren, fahren, fahren... Berlin.

Virilio, Paul (1980): Esthétique De La Disparition. Edition Balland, Paris.

Virilio, Paul (1980): Geschwindigkeit und Politik. Ein Essay zur Dromologie, Berlin.

Virilio, Paul (1984): Der Reine Krieg, Berlin.

Virilio, Paul (1986a): Ästhetik des Verschwindens, Berlin.

Virilio, Paul (1986b): Krieg und Kino. Logistik der Wahrnehmung, München, Wien.

Virilio, Paul (1987): Cinéma français. In: FilmFaust, Internationale Filmzeitschrift, 60/61: 10-29

Virilio, Paul (1989a): Die Sehmaschine, Berlin.

Virilio, Paul (1989b): Der Negative Horizont: Bewegung-Geschwindigkeit-Beschleunigung, München, Wien.

Virilio, Paul (1990a): Die Endlichkeit der Welt bricht an. In: Peter Weibel (Hrsg.): Von der Bürokratie zur Telekratie. Rumänien im Fernsehen, Berlin: 150-161.

Virilio, Paul (1990b): Aktuelles Denken. In: Kunstforum International, Bd. 108: 89-94.

Virilio, Paul (1990c): Technik und Fragmentierung. Ein Gespräch mit Sylvère Lotringer. In: Karlheinz Barck et al. (Hrsg.): Aisthesis. Wahrnehmung heute oder Perspektiven einer anderen Ästhetik, Leipzig: 72-82.

Virilio, Paul (1991a): Die Ästhetik des Verschwindens. Ein Gespräch zwischen Fred Forest und Paul Virilio. In: Florian Rötzer (Hrsg.): Digitaler Schein. Ästhetik der elektronischen Medien, Frankfurt am Main: 334-345.

Virilio, Paul (1991b): Echtzeit-Perspektiven. In: Christos Joachimides (Hrsg.): Metropolis. Ausstellungskatalog der internationalen Kunstausstellung, Stuttgart: 59-64.

Virilio, Paul (1992a): Bunker-Archäologie, München.

Virilio, Paul (1992b): Das Öffentliche Bild, Bern.

Virilio, Paul (1992c): Rasender Stillstand, München.

Virilio, Paul (1993): Krieg und Fernsehen, München, Wien.

Virilio, Paul (1993a): Revolutionen der Geschwindigkeit, Berlin.

Virilio, Paul (1993b): Das letzte Vehikel. In: Florian Rötzer (Hrsg.): Cyberspace. Zum medialen Gesamtkunstwerk, Himberg bei Wien: 267-274.

Virilio, Paul (1994a): Die Ent-Täuschung. In: Lettre International, 12: 16-19.

Virilio, Paul (1994b): Der Medienputsch. In: Lettre International, 25: 30-32.

Virilio, Paul (1994c): Vom Sehen, Wahrnehmen, Tasten, Fühlen, Erkennen, Was Wirklich ist - Im Zeitalter Des Audiovisuellen. In: FilmFaust "Internationale Filmzeitschrift", 89/90: 22-49.

Virilio, Paul (1994d): Die Eroberung des Körpers. Vom Übermenschen zum überreizten Menschen, München.

Wackernagel, Wolfgang (1994): Subimaginale Versenkung. Meister Eckharts Ethik der bild-ergründenden Entbildung. In: Gottfried Boehm (Hrsg.): Was ist ein Bild? München: 184-209.

Wagner, Gerhard (1992): Walter Benjamin. Die Medien der Moderne. Beiträge zur Film- und Fernsehwissenschaft, Berlin.

Weibel, Peter (1988): Territorium und Technik. In: Ars Electronica (Hrsg.): Philosophien der neuen Technologien, Berlin: 81-113.

Weibel, Peter (1990): Medien als Maske: Videokratie. In: ders.: Von der Büro-kratie zur Telekratie. Rumänien im Fernsehen, Berlin: 124-150.

Weibel. Peter (1991): Transformation der Techno-Ästhetik. In: Florian Rötzer (Hrsg.): Digitaler Schein, Frankfurt am Main: 205-249.

Weingarten, Rüdiger (1989): Die Verkabelung der Sprache. Grenzen der Technisierung von Kommunikation, Frankfurt am Main.

Weizenbaum, Joseph (1977): Die Macht der Computer und die Ohnmacht der Vernunft, Frankfurt.

Weizenbaum, Joseph (1991): Das Menschenbild im Licht der künstlichen Intelligenz. In: Gesellschaft für Filmtheorie (Hrsg.): AußenRäume/InnenRäume. Der Wandel des Raumbegriffs im Zeitalter der elektronischen Medien, Wien: 103-109.

Welsch, Wolfgang (1991): Platons neue Höhle. Einschnürung und Verkümmerung im Zeichen gigantischer Wahlfreiheit. In: Weiterbildung und Medien, Jg. 14, 1: 36-39.

Welsch, Wolfgang (1993): Unsere postmoderne Moderne (3., durchges. Aufl.), Weinheim.

Werkbund Archiv in Zusammenarbeit mit dem museumspädagogischen Dienst Berlin (Hrsg.) (1990): Bucklicht Männlein und Engel der Geschichte: Walter Benjamin, Theoretiker der Moderne, Gießen.

Wiener, Norbert (1961): Cybernetics, New York, London.

Winkler, Hartmut (1990): Der Zuschauer und die filmische Technik. Apparatus Theorien, Frankreich 1969-75. In: Knut Hickethier/Hartmut Winkler (Hrsg.): Filmwahrnehmung, Berlin: 19-25.

Winkler, Hartmut (1990): Switching, ein Verfahren gegen den Kontext. In: Knut Hickethier/Hartmut Winkler (Hrsg.): Filmwahrnehmung, Berlin: 137-143.

Winkler, Hartmut (1992): Das Ende der Bilder? Das Leitmedium Fernsehen zeigt deutlich Symptome der Ermüdung. In: Knut Hickethier/Irmela Schneider (Hrsg.): Fernsehtheorien, Berlin: 228-236.

Winkler, Hartmut (1994): Tearful reunion auf dem Terrain der Kunst? Der Film und die digitalen Bilder. In: Joachim Paech (Hrsg.): Film, Fernsehen, Video und die Künste. Strategien der Intermedialität, Stuttgart: 297-307.

Wohlfahrt, Günter (1994): Das Schweigen des Bildes. In Gottfried Boehm (Hrsg.) Was ist ein Bild? München: 163-184.

Youngblood, Gene (1991): Metadesign. In: Florian Rötzer (Hrsg.): Digitaler Schein. Ästhetik der elektronischen Medien, Frankfurt am Main: 305-323.

Zec, Peter (1991): Das Medienwerk. Ästhetische Produktion im Zeitalter der elektronischen Kommunikation. In: Florian Rötzer (Hrsg.): Digitaler Schein. Ästhetik der elektronischen Medien, Frankfurt am Main: 100-113.

Zielinski, Siegfried (1989): Audiovisionen. Kino und Fernsehen als Zwischenspiele in der Geschichte, Reinbek bei Hamburg.

Zielinski, Siegfried (1993): Expanded Realitiy. In: Florian Rötzer/Peter Weibel (Hrsg.): Cyberspace. Zum medialen Gesamtkunstwerk, Himberg bei Wien: 47-65.

Zimmer, Hubert D. (1983): Sprache und Bildwahrnehmung. Die Repräsentation sprachlicher und visueller Information und deren Interaktion in der Wahrnehmung, Frankfurt am Main.